食品供应商审核实践

主编　熊传武　汪伟伟

合肥工業大學出版社

编 委 会

序 言

在全球化迅猛发展的今天，食品质量与安全已成为消费者、企业乃至整个社会高度关注的核心议题。食品供应链的复杂性使得许多风险源自上游供应商，因此，全球范围内越来越多的品牌企业正加大对供应商的管理力度，而食品供应商审核则是其中至关重要的一环。如何开展高效、专业的食品供应商审核，已成为众多企业关注的重点，同时，市场对具备卓越审核能力的专业人才需求也日益增长。

然而，当前全球供应商审核领域正面临一个共同挑战——优秀的审核员相对匮乏。这一现象背后，一方面是审核员职业发展的吸引力有所下降，另一方面，培养一名合格审核员不仅需要长期的经验积累，还离不开系统化的培训和优秀导师的指导。如果能够将资深审核员的经验进行提炼和总结，必将大大加速审核人才的成长。本书——《食品供应商审核指南》的诞生，正是为应对这一行业需求而来。

本书内容全面、实用性强，从食品质量与安全管理体系审核的基础知识入手，深入解析食品企业的现场审核与体系审核，涵盖食品供应链的多个关键环节，包括农场、包装材料、物流、贸易等，结合实际审核案例和最佳实践方法，提供高效审核工作的核心要点。书中的案例生动具体，方法切实可行，既便于理解，又易于落地执行。此外，本书还特别关注审核员能力的培养与提升，探讨职业发展路径，并结合行业趋势，介绍数字化工具在审核工作中的应用。

作为长期深耕全球食品安全领域的从业者，我深知审核工作的挑战与价值。本书的出版，不仅是一部凝聚实战智慧的专业指南，更希望能为中国乃至全球食品供应链的安全保障贡献一份力量。我相信，无论是刚踏入行业的审核新人，还是经验丰富的食品安全专家，都能从本书中获得启发，提升审核能力，为全球食品安全筑起更坚实的防线。

前麦当劳全球食品安全风险管理高级总监 & GFSI 全球董事

全球食品安全大使、食品安全专家

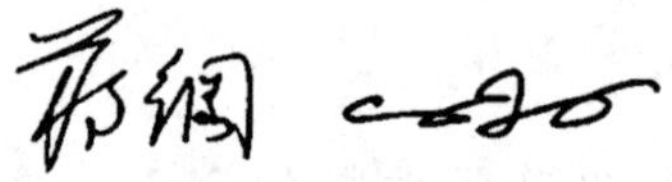

2025 年 3 月

美国

前言

在当今时代，食品安全如同高悬于我们头顶的达摩克利斯之剑，备受瞩目。随着消费者对食品安全重视程度与日俱增，食品供应链的透明度与安全性已然成为公众、媒体和监管机构关注的焦点。食品供应链如今已走向全球化的宏大格局，这一链条错综复杂，涵盖从原料采购起始，历经加工、包装、运输，直至销售的诸多环节，其中任何一环都犹如关键的齿轮，一旦出现问题，便可能对食品安全造成威胁。

国际上，各国对于供应链的食品安全法规与标准愈发严格。像欧盟的《一般食品安全法规》(178/2002)、美国的《食品安全现代化法案》(FSMA)，还有 ISO 22000 等国际标准，它们犹如一盏盏明灯，为食品供应商的管理明确了前行的方向与规范。在此背景之下，食品供应商的管理意义非凡，犹如构筑食品安全大厦的基石。

回溯往昔，2023 年作者主编的《食品供应商管理指南》在行业内得到广泛认可，书中明确审核是对食品供应商管理最主要的手段。然而，如何确保审核的有效性却是一个棘手的难题。审核不应只是走走过场的形式主义，而应成为助力食品企业改善与提升的有力杠杆，切实化解企业面临的食品安全风险，这无疑是一个极具研究价值的重要课题。遗憾的是，当前市场上在如何提升食品企业审核技巧方面的书籍存在空白。于是，在 2024 年 9 月，作者积极联系食品行业内超过 30 位来自不同领域的专家，大家齐心协力、集思广益，共同撰写了这本《食品供应商审核指南》。

本书精心布局，共分为六个章节，分别为：质量和食品安全体系审核概述、良好审核实践流程、加工企业案例分享、供应链其他环节分享、审核能力建设与提升、食品管理体系审核的国际趋势与未来发展等。本书独具三大特色：其一，知识的系统性。本书的作者犹如一支多兵种协同作战的军队，他们来自全产业链的不同代表方，包括生产加工、餐饮零售、技术服务方等。这些作者从不同的视角出发，以食品企业审核的流程、模块实践、行业最佳实践案例为切入点，对审核管理进行全面且系统的阐述，既有严谨的理论框架作为支撑，又有丰富的实践分享作为例证。其二，内容的实操性。本书各个章节的作者皆为食品行业头部企业和技术服务方质量管理领域的专家，他们所撰写的内容并非纸上谈兵，而是在自己的企业中经过实战检验的宝贵经验。这些内容经过多年的实际运用，历经多次迭代优化，堪称行之有效的最佳实践，恰似一把把已经开刃且锋利无比的宝剑，能够直接助力读者应对实际工作中的难题。其三，实践的可复制性。本书的众多作者来自集团公司总部，他们所分享的最佳实践往往起始于某个工厂的成功尝试，而后成功复制到集团旗下的多个工厂。这种成功的经验对于读者而言具有很强的可操作性，读者能够依据书中内容进行实践，并且预期能够取得良好的效果。我们衷心希望，通过本书的出版发行，能够为食品安全管理从业人员呈上一本“拿来即用，用之有效”的指导工具，宛如为他们配备了一位得力的助手。同时，本书也可作为内部团队培训的工具书，进而推动整个食品行业的食品安全管理水平不断提升。

本书一共有六章，第一章由郭巍和汪伟伟编写；第二章分为三个小节，第一节由胡涛、单义琴和刘俊编写，第二节由梁宝生编写，第三节由吕坤编写；第三章是案例分享，共分为三个小节，第一节由陈军华、顾祥、郝晓蕾、谢琳淼、张莉、邵磊、张翰玲、夏燕燕、王永彪、蒋洋编写；第二节由张茜、钟玉虎、于兰、支永海、邱慧俊、岳清洪、郭巍、李玉峰、吕坤和潘正杰编写；第三节由于兰、林惠晓 、何禄、李建锋、于莉和梁宝生编写；第四章由周晶菁、周兰兰、曾云、蒋国豪、俞瑞和郭巍编写；第五章由李玉峰、汪伟伟和姚立霞编写；第六章由熊传武编写。全书由杨艳红、汪伟伟、熊传武进行统稿，由姜录、梁福艳、杨光、于莉审阅。

本书的很多内容都来源于作者们的工作积累和体会，仅供读者参考。在本书撰写过程中，作者参考了大量的文献专著，也引用了一些网络文章和图片，对于部分没能找到原文出处的材料，作者没有在参考文献中一一列出，在此向原作者表示感谢并表达歉意。由于作者水平有限，成书仓促，本书遗漏和不足之处在所难免，恳请同行和广大读者批评指正，联系邮箱：info@iqc-china.com。

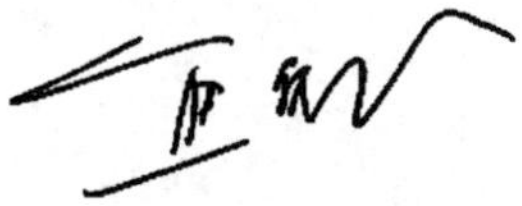

2025 年 3 月

目录
Contents

第一章

质量和食品安全管理体系审核概述

质量管理体系（Quality Management System，QMS）是确保产品或服务符合规定要求的重要措施。在食品行业中，该体系通过对原料采购、生产加工、储存运输等各个环节进行严格的质量控制，确保产品的质量符合标准要求。通过建立完善的质量管理体系，可以提高企业的生产效率和管理水平，增强消费者对产品的信任和满意度。

食品安全管理体系（Food Safety Management System，FSMS）是确保食品在生产、加工、储存和销售过程中安全的重要措施。它涵盖了从农田到餐桌的整个食品链，包括原料采购、生产加工、储存运输、销售等各个环节。通过建立完善的食品安全管理体系，可以有效预防和控制食源性疾病的发生，保障公众的健康和生命安全。

质量和食品安全管理体系审核是确保组织的质量和食品安全活动及其结果符合预定要求和标准的重要过程。这一过程涉及对质量管理体系的有效性和符合性进行评估，旨在发现和纠正不符合规定的行为，从而提高产品质量和食品安全水平。

审核一词对从事体系管理的人来说再熟悉不过了，与审核相关的术语如审核发现，不符项、审核结论等也常常出现在审核活动中。因此，我们将与审核相关的定义总结如下，以便大家更好地理解审核工作。

第一节　相关术语和定义

GB/T 19011—2021《管理体系审核指南》/ISO 19011：2018 标准是国际标准化组织（ISO）发布的管理体系审核指南标准，旨在为各种类型的审核提供指导。该标准强调了以客户为中心、全面质量管理、系统管理和持续改进的理念。

ISO19011 中界定的术语和定义适用于本书，下面列举 GB/T 19011 中与本书内容关联度大的术语和定义。

一、审核 audit

为获得客观证据并对其进行客观的评价，以确定满足审核准则的程度所进行的系统的、独立的并形成文件的过程。

二、多体系审核 combined audit

在一个受审核方，对两个或两个以上管理体系一起实施的审核。

注：当两个或多个不同领域的管理体系整合到单一管理体系中时，称为整合管理体系。

三、审核方案 audit programme

针对特定时间段所策划并具有特定目标的一组（一次或多次）审核安排。

四、审核范围 audit scope

审核的内容和界限。

注 1：审核范围通常包括对实际和虚拟位置、职能、组织单元、活动和过程以及所覆盖的时期的描述。

注 2：虚拟位置时指组织执行工作或服务所使用的在线环境，该在线环境运行无论实际位置如何的个人执行过程。

五、审核计划 audit plan

对审核活动和安排的描述。

六、审核准则 audit criteria

用于与客观证据进行比较的一组要求。

注 1：如果审核准则是法定的（包括法律或法规的）要求，则审核发现中经常使用“合规”或“不合规”这两个词。

注 2：要求可以包括方针、程序、作业指导书、法定要求、合同义务等。

七、客观证据 objective evidence

支持事物存在或其真实性的数据。

注 1：客观证据可通过观察、测量、试验或其他方法获得。

注 2：通常，用于审核目的的客观证据，是由与审核准则相关的记录、事实陈述或其他信息所组成并可验证。

八、审核证据 audit evidence

与审核准则有个关并能够证实的记录、事实陈述或其他信息。

九、审核发现 audit findings

将收集的审核证据对照审核准则进行评价的结果。

注 1：审核发现表明符合或不符合。

注 2：审核发现可导致识别风险、改进计划或记录良好实践。

注 3：如果审核选自法律要求或法规要求，审核发现被称为合规或不合规。

十、审核结论 audit conclusion

考虑了审核目标和所有审核发现后得出的审核结果。

十一、审核委托方 audit client

要求审核的组织或个人。

注：在内部审核的情况下，审核委托方也可以是受审核方或审核方案管理人员。外部审核的要求可以来自监管机构、合同方或潜在客户或现有客户等。

十二、受审核方 auditee

被审核的组织或组织的一部分。

十三、审核组 audit team

实施审核的一名或多名人员，需要时，由技术专家提供。

注1：审核组中的一名审核员被指定为审核组长。

注2：审核组可包括实习审核员。

来源：GB/T 19000—2016，3.13.14

十四、审核员 auditor

实施审核的人员。

十五、技术专家 technical expert

（审核）向审核组提供特定知识或专业技术的人员。

注1：特定知识或专业技术是指与受审核的组织活动、过程、产品、服务、专业领域，或语言或文化有关的知识或技术。

注2：对审核组而言，技术专家不作为审核员。

十六、管理体系 management system

组织建立方针和目标以及实现这些目标的过程的相互关联或相互作用的一组要素。

注1：管理体系可以针对单一的领域或几个领域，例如质量管理、财务管理、环境管理。

注2：管理体系要素规定了组织的结构、岗位和职责、策划、运行、方针、惯例、规划、理念、目标，以及实现这些目标的过程。

注3：管理体系的范围可能把控整个组织，组织中可被明确识别的职能或可被明确识别的部门，以及跨组织的单一职能或多个职能。

十七、风险 risk

不确定性的影响。

注 1：影响是指偏离预期，可以是正面的或负面的。

注 2：不确定性是一种对某个事件，或是事件的局部的结果或可能性缺乏理解或知识方面的信息的情形。

注 3：通常，风险是提供有关可能事件（GB/T 23694—2024 中的定义，3.3.11）和后果（GB/T 23694—2024 中的定义，3.3.18）或两者的组合来描述其特性的。

十八、能力 competence

应有知识和技能实现预期结果的本领。

十九、要求 requirement

明示的、通常隐含的或必须履行的需求或期望。

注 1：“通常隐含”是指组织和相关方的惯例或一般做法，所考虑的需求或期望是不言而喻的。

注 2：规定要求是经明示的要求，如：在成文信息中阐明。

二十、有效性 effectiveness

完成策划活动并得到策划成果的程度。

第二节　审核分类和认证分类

质量和食品安全管理体系审核是一个系统性的过程，旨在确保组织的质量和食品安全管理活动符合预定要求，并通过持续改进提高产品和服务的质量。就审核而言，我们常常会听到外审，官方审核、有机认证审核，体系认证审核等等，那么这些审核究竟是怎么分类的，下面我们将从供应商审核的分类及认证标准的分类两个方面进行叙述。

一、供应商审核的分类

作为食品企业的供应商通常面临很多来自客户的审核，有访厂的、有准入的，还有进行问题调查的等等，通常供应商审核从不同的维度可以有不同的分类，通常有如下：

（一）按审核方分类：一方审核、二方审核和三方审核。一方审核是指企业自己审核，二方审核是指委托相关方审核，三方审核是指为了获得认证证书委托第三方进行的审核。

（二）按时间节点分类：分为准入审核、跟进审核、年度审核。准入审核是指新供应商审核，跟进审核是指对于审核过程中发现的重大风险进行特别审核，年度审核是指每年或者定期进行审核。

（三）按照审核的实施方来分：分为品牌方自己审核、委托审核及二者相结合审核。目前的供应商审核有自己质量人员审核，委托外部服务方审核，或者二者结合。质量人员自己审核对于审核人员能力及成本是较大的考验，但是自己审核更能了解产品的风险和使用场景；委托审核需要选择有能力且服务好的服务方，否则审核容易流于形式。

（四）按照审核的全面性来分：审核和技术访厂。审核是根据审核条款进行全面审核，会要求全面覆盖条款；除了全面审核，部分品牌企业会有技术访厂，其不求面面俱到，而是技术人员就其关心的某个主题进行访厂与交流。

（五）按照审核的触发因素来分：日常审核和问题调查/针对性审核。日常审核是根据年度计划，预先安排的计划性审核。而问题调查是由于出现问题进行针对性的审核。目前很多企业对于问题调查/针对性审核的策划不充分，因此导致问题不能根本解决，反复出现。

（六）按照审核是否通知来分：通知和非通知审核。通知审核是事先通知供应商进行审核，而非通知审核是在没有事先通知的情况下进行审核。目前不少品牌企业越来越倾向于非通知审核。

二、认证分类

供应商审核虽然不是官方的合格评定认证，但是其与合格评定认证中与很多相似之处，同时认证审核中的很多流程方法和要求也值得借鉴。因此，接下来描述一下认证的主要分类。

合格评定认证主要是指由第三方认证机构对企业进行审核，然后颁发相应认证证书的过程，合格评定认证主要是分为两类：

（1）产品、过程和服务认证。通常简称为产品标准认证。其主要的依据是 ISO 17065：2012《合格评定　产品过程和服务认证机构的要求》标准，重点是关注产品、过程和服务本身的质量特性及认证要求，如产品是否符合相关标准、过程是否稳定可靠、服务是否满足客户要求等。

（2）管理体系认证。其主要是依据 ISO 17021《合格评定　管理体系审核认证机构要求》标准，关注管理体系的建立、实施、保持和改进。

产品标准认证与管理体系标准的异同主要体现在认证对象、适用范围、表述形式以及目的和作用上。

认证对象：产品标准认证要满足 ISO 17065 的要求。其认证对象是特定产品，主要验证产品是否符合相关标准或技术规范。而体系标准认证要满足 ISO 17021 的要求，其认证对象是企业的质量管理体系，主要评估企业的质量管理体系是否符合某一标准或规范。

适用范围：产品标准适用于特定产品，而体系标准适用于各种类型、不同规模和提供不同产品的组织。

目的和作用：产品标准的目的和作用是通过认证，向消费者证明产品的符合性，便于消费者识别，增强产品的市场信誉和竞争力。体系标准的目的则是确保企业具备稳定、有效的质量管理体系，以提高产品质量水平和企业的市场竞争力。

管理体系认证，大家比较熟悉的标准有 ISO 9001：2015《管理管理体系要求》，ISO 22000：2018《食品安全管理体系　食品链中各类组织的要求》，FSSC 22000《食品安全管理认证计划及附加方案要求》，ISO 14001：2015《环境管理体系要求及使用指南》认证等，而产品标准认证，大家比较熟悉的有 BRCGS，IFS，GLOBAL GAP 等国际标准。关于二者在区别，在 IFS 审核指南中就二者的异同进行了归纳总结，见表 1－1。

表 1－1　ISO/IEC 17065：2012 和 ISO/IEC 17021－1：2015 的主要区别

类别	ISO/IEC 17065 产品标准认证	ISO/IEC 17021 管理体系标准
认证周期	每年全范围	每三年一次全面覆盖有限范围的监督审核
评估技术	审核、检查、抽样	审核管理系统
评估的内容是什么	产品/工艺特征合规性	可以改进的系统管理
主要问题/目标是什么	进行的过程是否能达到预期的结果：总体和持续的安全性，合规性和质量合规性？	公司的管理系统是否有效，并有持续改进的地方吗？
审核员能力	必须具备产品/过程知识	产品/过程知识不是重点关注的领域：必须具备管理系统的能力
什么是认证的？认证上提到了什么？	导致产品符合的过程	管理系统

综上所述，产品标准和体系标准虽然都是为了提高产品质量和管理水平，但它们在认证对象、适用范围、表述形式以及目的和作用上存在明显的区别。企业可以根据自身需求和产品特点选择合适的认证方式。食品企业在供应商管理时，建议更多参考产品标准认证的相关流程和要求。

第三节　国内外质量和食品管理体系常见标准概述

一、食品供应商管理发展阶段

食品行业有众多管理标准，随着时代进步，这些标准不断更新，从 19 世纪显微镜在食品检验中的应用，到 20 世纪 60 年代 GMP 的推行，再到 20 个世纪 80 年代至 21

世纪初的 ISO 9001，ISO 22000，BRCGS，IFS，FSSC 22000 及 GFSI 标准，以及 2010 年至今食品安全文化的发展，这些标准无疑促进了企业食品安全和质量的管理。与管理标准发展历程同步，食品企业和其供应商的管理可以分成不同阶段。

从图 1-1 中，我们可以将食品供应商的管理可以分成四个阶段：

如上四个阶段正好与我们通常说的“质量是检验出来的”“质量是生产出来的”“质量是管理出来的”“质量是文化出来的”相呼应。

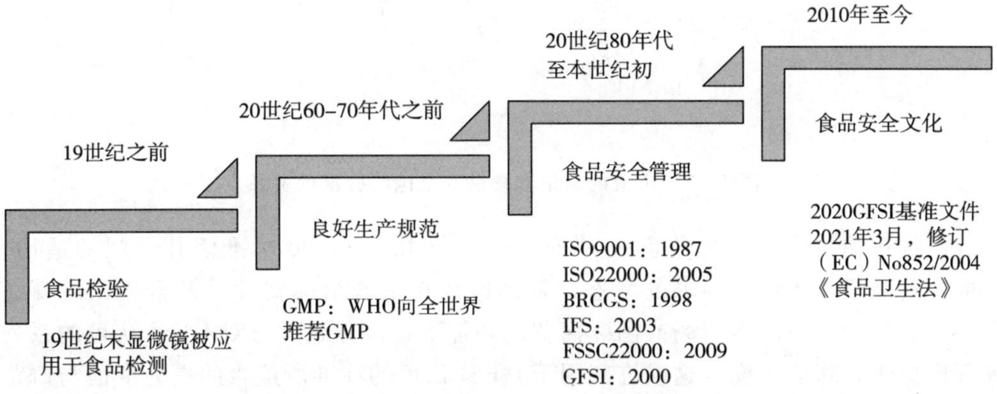

图 1-1　食品供应商的管理阶段

二、食品安全和质量相关标准介绍

与食品供应商管理相关的质量和食品安全标准，主要有三大类：国际组织的相关标准要求、各国法规标准要求以及各个企业二方审核标准要求这三大类。

(一) 国际组织标准要求

食品领域的国标标准组织主要有两大类别：

(1) ISO 国际标准化组织；

(2) GFSI 全球食品安全倡议。

为了便于理解，我们将从范畴、架构，以及对标准的认可程度这三个视角对不同的国际标准进行简要概述。

从范畴上考量，ISO 系列规范涵盖了 ISO 9001 与 ISO 22000；而 GFSI 系列则包含 13 项认可标准（Benchmark）。国内采用的主流标准主要包括 BRCGS、FSSC 22000、IFS 以及 China HACCP，目前这些标准已在行业内被广泛采纳与遵循。

从架构的角度审视，这些标准皆以 ISO 9001 的框架为基础，以 PDCA 为基本原则。ISO 22000 标准则专门用于食品供应链管理，相较于 ISO 9001，其针对食品行业特性，融入了一系列专门条款，增添了 HACCP（危害分析与关键控制点）及前提方案的要素。GFSI 为践行其“一处认证、处处认可”的宗旨，对被其认可的标准提出了更为严苛的要求。例如，GFSI 标准中特别强调了食品安全文化、产品真实性、过敏原、食品防护以及对食品欺诈行为的防范等要求。图 1-2 对主流的国际标准之间的内在逻辑关联给予了更直观的说明。读者可参照图 1-2 以获得更直观的理解。

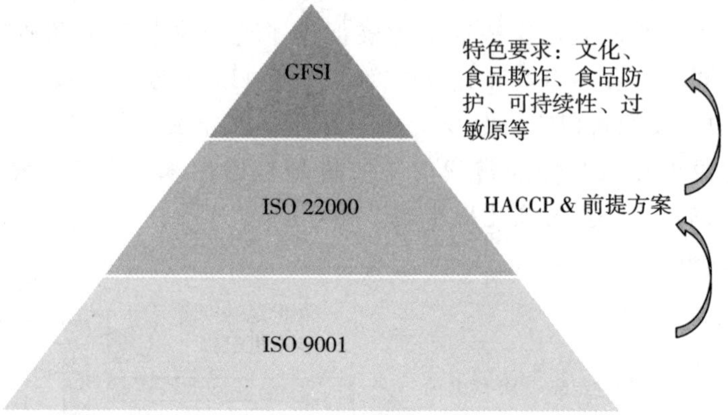

图 1-2　主流的质量和食品安全国际标准的关系

从市场接纳与认可的视角审视，ISO 9001 与 ISO 22000 标准因其广泛的适用性，已然成为食品行业入门级要求的常态，具体体现在采购招标文件以及合格供应商必备条件之中。然而，在高端市场或国际商贸的环境下，部分采购方对 GFSI 认可的系列标准展现出更为青睐的态度。这或许归因于 GFSI 认可的标准所蕴含的更为全面与严苛的治理机制，包括但不限于标准持有者对审核员的明确与严格要求，以及对认证机构、投诉处理和诚信管理的高标准管理要求。

各标准之间存在着共性与差异，就标准类型而言，ISO 9001、ISO 22000、FSSC 22000 与 China HACCP 皆属体系标准，其证书有效期限为三年；而 BRCGS、IFS 与 SQF 则为聚焦于产品及过程的标准，其证书效期为一年，且每年需进行全条款的全面审核。相较于体系标准，产品及过程标准基于产品特性，设有更为详尽描述性条款，如在标准条款中对洗手程序有明确规范，更具实际操作性。

从标准性质观之，ISO 标准属于公共标准，BRCGS、IFS、FSSC 22000 与 SQF 则属私有标准，China HACCP 则为国家市场监督管理局所有。论及标准适用范围，ISO 9001 覆盖所有行业；ISO 22000 则专用于从农场到餐桌的整个食品链；BRCGS、IFS、FSSC 22000 适用范围为农场以外的食品链，包括宠物食品。

具体主流食品安全标准的异同见表 1-2：

表 1-2　主流食品安全标准的对比

标准名称	标准类型	标准性质	适用范围	证书有效期
ISO 9001	体系标准	公共标准	所有行业	3 年
ISO 22000	体系标准	公共标准	食品链	3 年
BRCGS	产品和过程	私有	农场以外的食品链	1 年
IFS	产品和过程	私有	农场以外的食品链	1 年
FSSC 22000	体系标准	私有	农场以外的食品链	3 年
China HACCP	体系标准	中国政府	农场以外的食品链	3 年

（二）各国官方法规要求

食品领域发展，除了上面提及的国际组织的相关要求对于行业产生重要影响外，另外一个非常关键的影响因素是各国法规标准要求，各国法规标准侧重于食品安全方面的规定和要求，而对于质量方面的要求则相对较少。

关于各国法规的要求，不得不提及由联合国粮农组织和世界卫生组织共同建立的政府间国际组织—国际食品法典委员会（Codex Alimentarius Commission，简称CAC），其制定的相关标准是全球各国制定法规时的重要参考依据之一。

目前全球主要的食品安全相关的法规要求如表1－3：

表1－3　主流食品安全标准的对比

国家	法规名称
CAC	《国际推荐操作规范　食品卫生总则》
中国	《中华人民共和国食品安全法》及《食品安全法实施条例》
美国	《FSMA食品安全现代化法案》，其中食品使用最多的是117法规。
欧盟	（EC）No 178/2002《食品基本法规》（EC）No 852/2004《关于食品卫生的法规》
加拿大	《加拿大食品安全法》
澳新	《食品标准条例》
日本	《食品安全基本法》和《食品卫生法》

（三）二方审核标准

国内和国际食品品牌企业建立的供应商审核标准，通常包括合规、食品安全、质量和品牌四个方面的要求，如图1－3所示。

（1）合规要求。更多的是满足生产国和销售国相关法规要求。

（2）食品安全要求。与国际相关的标准在标准条款上，有很多共同之处，即相似的要求，只是在标准的结构方面和内容的细化方面有所不同。

（3）质量要求。对于产品的相关标准，通常是二方审核中特别提出的要求。这一点，不同品牌客户对于质量要求的严格程度也不同。

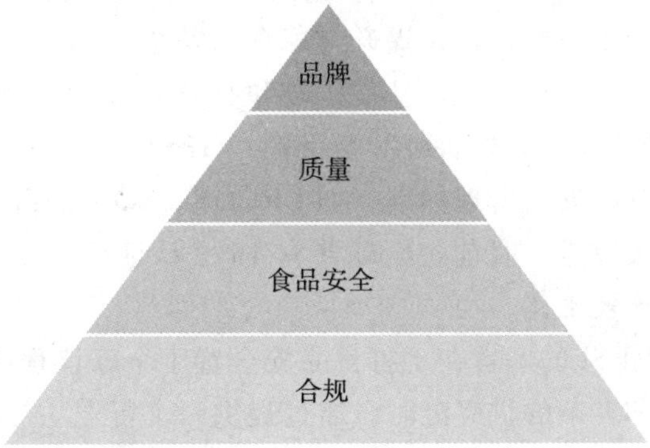

图1－3　标准要求的四大模块

（4）品牌要求。二方供应商审核标准中，不乏一些头部品牌会加入自己的一些特殊的品牌要求，如宣传、商业行为、保密等相关特殊要求。

目前国际知名品牌的供应商审核都有其相应的供应商审核标准，如表 1－4 是部分知名品牌的供应商审核标准：

表 1－4 各品牌方的供应商审核标准名称

品牌客户名称	供应商审核标准名称	含义说明
麦当劳	SQMS	供应商质量管理体系
肯德基	YUM STAR	百胜 STAR 标准
星巴克	D58	第 D58 号文件
玛氏	EMQA	外部供应商质量保证
百事	PSA	百事供应商审核
亿滋	SQE	供应商期望手册
雀巢	FSMS	食品安全管理体系

第四节 GFSI 基准比较标准要求

一、什么是 GFSI

全球食品安全倡议（GFSI）是一个独立的非营利国际组织，成立于 2000 年，是一个由全球 70 个国家和地区的 650 余家世界领先的食品生产商、零售商、制造商、服务提供商和其他利益相关者组成，总部位于法国，在全球（包括中国）设有 7 个区域办公室和工作组，旨在提升全球食品安全标准。GFSI 的主要目标是协调各类食品安全认证制度，进行等效性基准比较和整合，减少各生产商、零售商的重复认证审核，实现“一处认证，处处认可”的目标。GFSI 并不是一个标准，而是一个平台，通过认可现有的食品安全管理标准（如 BRCGS、SQF、IFS、FSSC 22000 等），推动全球食品安全的持续改进。目前，全球共有 16 个认证标准正在进行或已经完成与 GFSI 技术标准的基准比较工作。

GFSI 的宗旨在于将食品安全置于全球议程的中心，尤其是在面对日益增长的国际贸易和复杂的供应链时。通过提供一个行业主导的框架，GFSI 帮助企业理解并遵循必要的食品安全标准，从而降低食品安全事件的风险，保护消费者健康，让每个消费者都有权获得安全食品。

二、什么是 GFSI 基准比较

随着全球化进程的加快，国际贸易的增加使得食品供应链更加复杂，各国之间的食品安全标准也存在差异。GFSI 为各国家的企业尤其是跨国企业提供了一个统一的对标要求，确保其产品能够在全球范围内更好的流通，减少食品安全风险、重复审计和审核成本，实现“一处认证、处处认可”的终极目标。

GFSI 通过发布 GFSI Benchmarking Requirements（简称 BMR）对标要求，对现有的全球食品安全相关标准进行认可和基准比较，GFSI BMR 对标要求的主要版本发布历史如下：

（1）Version 7：发布于 2016 年。并在 2017 年及之后发布了更新的 7.1 和 7.2 版本。

（2）Version 2020：发布于 2020 年，之后更新了 2020.1 版本。

（3）Version 2024：于 2024 年发布的版本。

GFSI BMR 的对标要求，目前主要是分为两种类型：

（一）归属政府标准的对标。归属政府标准通过对标的相关标准称为“技术等同 Technical Equivalence”，获得 GFSI BMR 技术等同的归属政府的标准目前有三个（见图 1－4）：

图 1－4　通过 GFSI 技术等同的归属国家的标准

（1）中国 HACCP：首次于 2015 年 11 月 2 日获得对标通过。

（2）美国农业部农业市场服务局 USDA AMS：首次于 2018 年 8 月 13 日获得对标通过。

（3）加拿大谷物委员会（CGC）HACCP：首次于 2018 年 8 月 27 日获得对标通过。

根据 GFSI 官方公布的信息，其将不再接受新的政府相关标准开展技术等同的对标工作，上述三个也将是仅有的三个归属政府标准通过 GFSI 技术等同比较。

（二）归属于市场主体或协会标准的对标。归属市场主体或者协会标准的对标称为“认可 Recognized”，获得 GFSI BMR V2024 认可标准目前共有 13 个，如图 1－5 所示。分别为：BRCGS、IFS、SQF、FSSC 22000、GRMS、Primus GFS、GLOBAL GAP、Jfsm、BAP、Canada GAP、AsiaGAP、GRMA，及 Freshcare。

三、GFSI 对标文件的内容框架

根据 GFSI BMR V2020 版本的要求，对标文件针对不同供应链环节制定了不同对

图 1－5　通过 GFSI 认可的归属市场主体的标准

标要求，GFSI 对标覆盖供应链环节见表 1－5：

表 1－5　GFSI 对标要求覆盖的供应链环节

代码	供应链环节
AI	动物饲养（用于肉类/牛奶/鸡蛋/蜂蜜）
AII	鱼类和海鲜养殖
BI	植物种植（除谷物和豆类外）
BII	谷物和豆类种植
C0	动物初级加工
BIII	植物产品的预处理
CI	易腐动物产品的加工
CII	易腐植物产品的加工
CIII	易腐动植物产品的加工（混合产品）
CIV	常温稳定动植物产品的加工（混合产品）
D	饲料生产
E	餐饮
FI	零售/批发
FII	食品贸易商/代理商
G	提供储存和发货服务
H	提供食品安全服务
I	食品包装生产
JI	食品建筑和加工设备的卫生设计（针对建筑承包商和设备制造商）
JII	食品建筑和加工设备的卫生设计（针对建筑和设备使用者）
K	生产（生物）化学品和生物培养物，用作食品成分或食品生产中的加工助剂

食品供应商多数是属于C类（CI～CIV）的加工产品，C类产品的基准比较条款内容多数是相同的，因此我们将以供应链CIV常温稳定动植物产品为例，介绍GFSI BMR对标要求的主要内容，涉及三大模块要求，见图1-6：

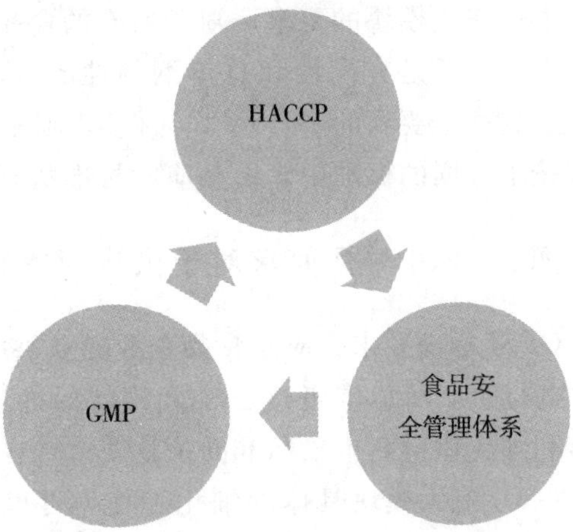

图1-6　GFSI对标文件三大模块要求

（一）HACCP标准要求

其要求是企业根据食品法典委员会CAC《食品卫生通用规则》附件HACCP要求建立相应的体系。

（二）食品安全管理体系要求

该要求中包括众多的子模块，主要有食品安全合规、管理承诺和职责、食品安全文化、食品防护、食品欺诈、过敏原、文件要求、产品规格、采购管理、追溯、产品放行、设备管理、产品标识、检测、环境监测、投诉管理、危机管理、不合格品管理、纠正预防措施等要求。

例如在GFSI对标要求中，对于合规、食品安全文化、过敏原分别只有一条标准要求，如表1-6所示：

表1-6　GFSI对标要求具体条款要求

FSM 4.1 食品安全法规	应建立、实施并维护程序，以确保遵守适用的法规（包括生产国和预期销售国的法规）。
FSM 2 管理层承诺与 食品安全文化	应提供高级管理层致力于建立、实施、维护和持续改进食品安全管理体系的证据。这至少应包括食品安全文化的要素，主要包括：沟通、培训、员工反馈以及食品安全相关活动的绩效测量。
FSM 16.1 过敏原管理	应建立、实施并维护过敏原管理计划。这包括对过敏原交叉污染的风险评估，实施控制措施以降低或消除该风险，以及确保食品标签符合预期销售国家/地区的过敏原标签法规。

（三）GMP要求

GMP要求主要包括场所环境、场所布局和流程、分区隔离、个人卫生、清洗消毒、返工、培训、现场检查、空气、水、废弃物、虫害管理、储存运输、设备管理和维护等方面要求。

例如对于返工和虫害管理的要求，对标文件分别只有一条要求，见表1-7所列：

表1-7　GFSI对标要求（GMP9和GMP13）

GMP 9 返工	返工应被管理以最小化食品安全风险，且不得损害可追溯性。
GMP 13 虫害控制	应建立、实施并维护一项程序，以预防、监控、控制或消除场所的害虫侵扰风险。

上述三大模块的要求，对于所有的食品加工企业皆是比较适用的，GFSI 给出的对标要求，主要是方向性和总体纲领性的内容，明确描述标准需要包括“What 什么”，至于达成这个要求的“How 如何做”，则不提相应的要求，具体的细化要求，在每个对标或技术等同的标准中，由相应的标准所有者对其进行细化。

四、GFSI 对标要求对于供应商审核的价值

GFSI 标准要求，对于食品企业建立供应商审核标准提供了很好的依据，食品企业建立的标准，可以参考这三个大模块的内容框架，结合企业自己的流程习惯和要求，丰富和细化供应商审核标准的条款要求。在具体细化标准的要求时，有如下相关建议：

（一）三大模块具体的细化工作，可以参考其认可的标准，比如 IFS 或者其他标准。特别强调的是 HACCP 模块，国内很多供应商审核标准非常弱化甚至没有 HACCP 模块，HACCP 是需要作为重要的基础模块之一。

（二）质量标准要求。GFSI 对标文件中，对于质量标准要求涉及非常少，品牌方可以根据自己的产品要求严格程度，增加相关的质量标准要求，比如原料要求、工艺要求等。

（三）品牌相关要求。对于头部品牌企业或者网红品牌企业，其对于品牌保护可能有特殊的要求（如品牌对外宣传、商业保密等），可能在供应商审核标准中增加相关的品牌具体要求。

（四）审核计分准则。由于 GFSI 对标文件是总体的要求，并未给出具体的计分准则，企业需要建立自己的条款判分准则。合理的判分准则对于供应商的等级划分是非常重要的，不恰当的判分很难将不同水平的供应商区分开来。

第五节　审核的意义和常见问题

一、供应商审核的意义

供应商审核是企业供应链管理中的重要环节，它的意义在于帮助企业选择合适的供应商，提高采购效率，确保供应商的质量、可靠性和合规性，以满足企业的产品和服务的需求。具体来说，包括以下几个方面。

（一）确保供应商的合规性：通过审核可以评估供应商食品安全和质量管理体系的符合性，包括法律法规的符合性，确保企业在食品安全与质量方面符合国家的要求，避免法律风险；

（二）确保质量、成本、交期和服务：对供应商的场地进行全面评估，确保其以具有优势的成本和优质的服务持续稳定、保质保量、并按时交付；

（三）降低产品风险：通过供应商审核，企业可以识别和评估供方物料的潜在食品安全风险和质量风险，采取相应的预防和纠正措施，从而降低产品风险；

（四）改善供应商沟通：供应商审核可以有效改善公司与供应商之间的协作；

（五）提升供应商竞争力：通过审核与反馈，供应商能够清晰地认识到自身的优势与不足，激发其自我提升与改进的动力，从而更具竞争力。

二、供应商审核常见问题

供应商审核是一个有序的活动，它包括供应商基本信息收集、资质审核、生产能力评估、质量管理体系审核等环节，最终进行现场审核、绩效评估和分类管理。食品企业在开展供应商审核工作时，往往会遇到一些常见的问题，了解和解决这些问题，对提高审核效率和审核质量极为必要。

（一）审核流程

不了解审核流程，无法保证审核过程有条不紊地进行。

（二）审核员能力

审核员能力不足导致一些问题。

(1) 审核效果不佳：如果审核员对审核的活动、过程、产品和服务不熟悉，即使使用详细的检查表，也无法提高审核的有效性，因为缺乏延伸性的提问能力。

(2) 审核缺乏深度：在审核过程中，如果缺乏对管理难点和重点的识别和判断能力，可能无法探究问题的根源和广度。

(3) 审核技巧不足：良好的听、看、查、问、记录并用才是有效的工作方式，但有些审核员在这些方面技巧不足。

(4) 审核标准不一：如果审核员对标准和要求理解不一致，可能会导致审核结果缺乏统一性和可比性。

(5) 后续跟进不足：审核工作的整个过程需要遵循 PDCA 循环，但有些审核员在后续的整改关闭把关不严，导致审核价值降低。

（三）审核策划

审核策划不充分导致以下问题：

审核的目的，审核依据以及审核范围不清晰，对审核的产品和流程没有了解，没有了解多场地的情况等导致审核过程中出现混乱和不确定性，影响审核效果。

（四）审核实施

(1) 首次会议缺失或沟通不充分，相关重要人员没有出席首次会议，如厂长、生产、采购、质量、人力等，审核的目的没有表述，保密声明未提及、审核过程中将要使用的工具（如相机等）。

(2) 沟通访谈方法不得当，如先入为主、关闭性问题过多，导致无法获得更多的有效信息，从而忽略一些风险的识别。

(3) 审核时间控制不当，导致现场审核时间过短，无法验证相关规定的现场执行情况。

（4）审核员没有在审核过程中起主导作用，审核路线规划不合理或被企业带着走，导致时间不足。

（5）末次会议可能会出现以下问题：

① 审核发现证据不足，或审核员的记录不完整，或前期没有进行有效的沟通，导致企业对审核发现提出异议。

② 参会人员缺失，如可以做决策的人员，导致整改方案不能达成共识，后期整改所需的资源也不到位。因此必要的管理人员一定要参加末次会议。

（五）报告编写

审核报告中不符合项的描述不准确，不能还原现场。

（六）跟踪整改

很多供应商审核后的跟踪整改形同虚设，缺乏资源及方法管理跟踪整改。

第六节　本章小结

本章我们了解了质量和食品安全管理体系审核的相关术语和定义，介绍了国内外质量和食品安全管理体系常见的标准，并重点阐述了 GFSI 基准比较标准的要求。同时简单介绍了产品标准与体系标准之间的差异和供应商审核的分类。最后对供应商审核的意义和供应商审核中常见问题进行了概括。后面的章节中，我们将进一步阐述供应商审核管理方法和最佳实践。

第二章

良好审核实践流程

供应商审核是企业选择合适供应商的一个重要环节，其目的是评估供应商的合规性、生产管理能力、质量控制和保证能力、食品安全风险控制能力、技术水平等方面是否符合公司期望的要求，确保其能够持续稳定地提供满足质量标准和交付要求的产品或服务。通过现场审核，可以评估供应商在运营过程中的优势、潜在风险及改善机会点，促进供应商持续改进，同时也为企业与供应商的合作决策提供参考。此外，审核也能加强与供应商的沟通与交流，促进双方在质量、交付、成本等方面的协同合作，共同提升供应链的整体绩效。

审核在供应商管理中发挥如此重要的作用，因此建立一个完善的审核流程则显得尤为重要，供应商审核实践流程在头部外资品牌企业中已经形成了一套较成熟流程机制。本章节将以实际案例来描述审核实施前的准备工作，同时介绍供应商现场审核实施过程以及审核后的报告及整改关闭工作。

第一节　审核实施前准备工作

当前，不同品牌方进行的供应商二方审核的流程和标准会有所差异。国际品牌客户在供应商审核方面有多年经验。近些年，越来越多的国内品牌企业也在不断完善自己的供应商审核工作，使供应商审核在供应商管理中发挥越来越大的作用。四川天味食品集团股份有限公司（以下简称“天味食品”）作为国内调味品龙头企业，自2021年起，通过与上海悦孜咨询合作，不断提升和完善供应商审核流程，天味将供应商实际情况与国际品牌企业的供应商审核良好实践相结合，形成了天味自己的供应商管理方法和流程。本章节结合天味食品供应商审核体系的实际案例进行讲解。

出色的供应商审核工作，需要从良好的审核准备和策划开始，主要包括审核依据制定、审核方案编制、审核团队组建、审核前信息准备及审核通知几个方面内容，接下来，逐一进行阐述。

一、审核依据和准则的制定

审核依据和准则是审核的重要参考标准和指导原则，其制定原则源于国家、行业相关的法律法规、标准规范、质量管理体系标准、产品相关国家标准以及产品特性和企业要求等。不同企业的审核依据内容会不尽相同，但是通常会包括如下几个方面内容：

（1）合规性要求；

（2）食品安全要求（例如GMP，HACCP，内审，管理评审等）；

（3）产品品质和工艺实现要求；

（4）其他特殊专项审核要求。

以天味食品供应商审核依据为例，天味食品根据自身的期望和行业特点需求，制定了一套适合自己的评审标准和评分体系，以确保审核的客观性、全面性和公正性。

（一）供应商评审标准

天味食品制定的供应商评审标准分为三个模块：评审通则部分、食品安全风险专项和产品专项。

1. 通则部分

从法律法规、管理体系、人员管理、良好操作规范GMP、过程控制和测量分析几个方面出发，分别制定相应的条款要求，以评估供应商综合管理能力。通则按照产品类别又分为食品类（含添加剂）、包材类、农副产品类三个大类。每个大类的评价条款要求框架见表2-1、表2-2、表2-3所列。

表2-1 食品类供应商审核表框架

项目	条款	分项目
1. 法律法规	1.1	生产资质
2. 管理体系	2.1	高级管理者职责
	2.2	文件和记录要求
	2.3	HACCP体系
	2.4	投诉处理
	2.5	内部审核
	2.6	食品欺诈
	2.7	食品防护
	2.8	可追溯性
3. 人员管理	3.1	人力资源
	3.2	培训要求
	3.3	个人卫生与健康
	3.4	员工设施
4. 良好操作规范GMP	4.1	厂区布局和外部环境
	4.2	厂房与建筑
	4.3	设施与设备
	4.4	水、冰、蒸汽和气体
	4.5	异物管控
	4.6	清洁与清洗
	4.7	虫鼠害综合管理
	4.8	仓储与运输
	4.9	废弃物处置

（续表）

项目	条款	分项目
5. 过程控制和测量分析	5.1	产品研发
	5.2	采购和供应商管理
	5.3	图稿和印刷控制
	5.4	工艺控制
	5.5	监视、测量设备管理
	5.6	不合格产品处理
	5.7	产品标识和标签
	5.8	检验计划与产品放行

表 2-2　包材类供应商审核表框架

项目	条款	分项目
1. 法律法规	1.1	生产资质
2. 管理体系	2.1	高级管理者职责
	2.2	文件和记录要求
	2.3	HACCP 体系
	2.4	投诉处理
	2.5	内部审核
	2.6	食品欺诈
	2.7	食品防护
	2.8	可追溯性
3. 人员管理	3.1	人力资源
	3.2	培训要求
	3.3	个人卫生与健康
	3.4	员工设施
4. 良好操作规范 GMP	4.1	厂区布局和外部环境
	4.2	厂房与建筑
	4.3	设施与设备
	4.4	水、冰、蒸汽和气体
	4.5	异物管控
	4.6	清洁与清洗
	4.7	虫鼠害综合管理
	4.8	仓储与运输
	4.9	废弃物处置

（续表）

项目	条款	分项目
5. 过程控制和测量分析	5.1	产品研发
	5.2	采购和供应商管理
	5.3	图稿和印刷控制
	5.4	工艺控制
	5.5	监视、测量设备管理
	5.6	不合格产品处理
	5.7	产品标识和标签
	5.8	检验计划与产品放行

表 2-3　农副产品类供应商审核表框架

项目	条款	分项目
1. 法律法规	1.1	生产资质
2. 管理体系	2.1	记录要求
	2.2	可追溯性
	2.3	食品欺诈
3. 人员管理	3.1	个人卫生和设施
4. 良好操作规范 GMP	4.1	厂区和建筑
	4.2	设施与设备
	4.3	水和气体
	4.4	异物管控
	4.5	清洁与化学品
	4.6	虫鼠害综合管理
	4.7	仓储与运输
	4.8	废弃物处置
5. 过程控制和测量分析	5.1	产品规范
	5.2	采购和供应商管理
	5.3	工艺控制
	5.4	监视、测量设备管理
	5.5	不合格产品处理
	5.6	产品标识和标签
	5.7	检验计划与产品放行

2. 食品安全风险专项

天味食品根据多年“开放式访谈问答”积累的审核经验，对原料和产品数据分析以及食品安全部门建立“食品安全风险预警模型”，形成了一整套系统化的风险评估和控制流程。基于以上基础，天味食品建立了塑化剂、添加剂、农残、兽残、微生物与致病菌、生物毒素、重金属、污染物等八大类的“食品安全风险专项评估表”，用于对识别出的风险项目进行专项风险控制能力评估。以塑化剂这一食品安全风险专项为例，天味食品制定的风险专项检查表内容框架如下表 2-4：

表 2-4　塑化剂风险专项检查表目录框架

条款	项目类别
1.1	人员能力和意识
1.2	原辅、包材
1.3	生产过程接触材质管理
1.3.1	发酵池床
1.3.2	设备接触材质
1.3.3	工器具
1.4	检测
1.5	管理（变更）

3. 产品专项

根据原料行业现状、原料特点、加工工艺特性，制定产品专项检查表，产品专项检查表涵盖原料、过程和产品检测三个模块。原料包括关键指标的要求、风险指标识别和管控等特殊管理要求；过程包括可追溯性、关键工序或节点证据保留（如拍照留存、系统可防篡改的历史记录）、工艺执行和参数的验证等要求；产品检测包括除了执行标准项目要求之外的关键项目，还有安全指标、密封性、CCP 执行符合性、产品均一性、产品评价（品酒师、调香师的品评/评价）等的要求。天味食品对于部分原料制定了特殊的产品专项检查表，比如牛油、泡制品、豆瓣、干料包等附加产品特定要求的产品专项检查表。

（二）评分体系

评分体系在供应商评价中，是对供应商分级的重要依据，好的评分体系能够系统体现出供应商的水平，而不好的评分体系，则很难将不同水平的供应商区分开来。每个品牌商的评分体系会有所不同，以天味食品的供应商审核评价为例：

1. 条款权重分级

根据法律法规、标准规范、质量管理体系标准、产品相关国家标准、产品特性和天味食品自身的要求，制定了评审标准的权重分级条款，将标准条款分为 KO、5 分、3 分三个权重等级。KO 条款主要涉及违反法律法规、实验室真实运行、数据真实性等不能接受的内容，5 分条款涉及对产品造成直接影响的内容，3 分条款为文件制度和管理方面的要求。

2. 条款评价

对于单个条款，根据事实内容按照严重不符合、不符合、轻微不符合、符合、不适用或未检查五个维度进行评价，相应的得分准则见表 2-5：

表 2-5　不同条款评价级别的计分方法

严重不符合	扣总得分的 5%
不符合	对应条款不得分
轻微不符合	对应条款得一半分
符合	对应条款得满分
不适用	不计分

所有条款打分后，根据其权重和条款评价，得出总的得分，计算其得分比例。

3. 食品安全风险评价

该部分内容，审核员通过现场评估后做综合评估，评估等级分为Ⅰ级高风险，Ⅱ级中风险，Ⅲ级低风险，对应给予 85%、95%、100%的系数。

4. 供应商评审得分计算规则

根据评分体系规则，计算供应商最终评审得分：

最终得分=［实际评价得分/（总分－不适用项）×100－严重不符合扣分（总得分的 5%）－KO 项扣分（总得分的 50%）］×食安风险评价等级系数。

5. 供应商评审分级

根据供应商分类、评审类型、评审得分，将供应商分为 A/B/C/D/E 五个等级，对应五个不同的结论见表 2-6：

表 2-6　供应商评审结论表

结论				
序号	供应商类型 供应商等级	战略供应商	一般供应商	
		年度评审	年度评审	准入评审
1	A［90 分（含）～100 分（含）］	A－优秀，保持供货。	A－优秀，保持供货。	A－优秀，建议引进。
2	B［75 分（含）～90 分］	B－合格，保持供货。	B－合格，保持供货。	B－合格，建议引进。
3	C［60 分（含）～75 分］	C－不合格，限期 2 个月内完成整改。	C－暂停供货，6 个月内不得重新申请评审。	C－不合格，不引进。6 个月内不得重新申请评审。

（续表）

<table>
<tr><th rowspan="2">序号</th><th rowspan="2">供应商类型
供应商等级</th><th>战略供应商</th><th colspan="2">一般供应商</th></tr>
<tr><th>年度评审</th><th>年度评审</th><th>准入评审</th></tr>
<tr><td>4</td><td>D（60 分以下）</td><td>D—不合格，暂停供货，并限期 6 个月内完成整改，且由采购中心约谈供应商。</td><td>D—取消供货，12 个月内不能重新申请评审。</td><td>D—不合格，不引进。12 个月内不能重新申请评审。</td></tr>
<tr><td>5</td><td>E（0 分否决）</td><td>/</td><td>E—取消供货，不予再次评审。</td><td>E—不合格，不引进。不予再次评审。</td></tr>
</table>

二、审核方案和审核计划制定

对于供应商审核安排有审核方案和审核计划两种概念。审核方案是针对特定时间段的一个或一组审核是如何安排的，通常是说年度/半年度审核方案；审核计划是针对某一次审核活动的组织和安排。不同企业对供应商的审核方案和审核计划可能存在较大不同，以天味食品供应商审核安排为例：

（一）审核方案

采购部门每年初按照供应商年度供货合格率、现场评审得分、物料风险级别等维度得出供应商质量安全保障能力等级，并根据该等级制定合格供应商《年度现场评审计划》；但新原料的引进不论风险高低均需开展现场评审。供应商质量管理部门根据《年度现场评审计划》以及新供应商准入评审需求，并按照新准入供应商紧急程度，以月、周为单位，安排距离相近或交通方便的供应商制定评审方案，确定拟审核的供应商、审核计划日期、审核组长。审核组长按照审核方案提前确定好大致行程路线，包括交通、住宿、往返时间等。

（二）审核计划实施

根据确定的审核计划，确定审核的时间范围，包括出发日期、到达供应商现场时间、审核实施的日程安排以及预计结束时间等，合理安排时间，确保对现场各个关键环节都能进行充分审核。在首次会议上，审核组长将上述审核实施日程安排的内容编制成 PPT，并向供应商传达。企业二方审核的实施计划，可以参考“表 2－7：审核日程安排计划表”示例（以现场审核时间：××××年××月××日—××日，为期 2 天为例）：

表 2－7　审核日程安排计划表

<table>
<tr><th colspan="2">日期</th><th>时间</th><th>内容</th></tr>
<tr><td rowspan="5">第一天</td><td rowspan="5">上午</td><td>8：50</td><td>到达供应商现场</td></tr>
<tr><td>8：50—9：00</td><td>首次会议准备（投影、会议签到表等准备）</td></tr>
<tr><td>9：00—9：20</td><td>首次会议</td></tr>
<tr><td>9：20—9：30</td><td>去现场前的文件初步审核［查看厂区/车间布局、蚊虫设施、工艺流程说明（关键参数信息）、HACCP 危害控制计划等］</td></tr>
<tr><td>9：30—12：00</td><td>现场审核实施（按照审核方案实施）</td></tr>
</table>

（续表）

日期		时间	内容
第一天	中午	12：00—13：00	午餐 & 休息
	下午	13：00—17：00	现场审核（补充审核）
		17：00—17：30	文审准备（根据现场查看情况，抽查关键记录）
第二天	上午	9：00—12：00	文件审核
	中午	12：00—13：00	午餐 & 休息
	下午	13：00—13：30	审核组内部沟通、审核发现整理、末次会议准备
		13：30—14：30	末次会议 & 讨论交流

三、审核团队的组建

中小型企业往往没有专门的审核部门，通常会临时组建或聘请第三方机构来进行审核。对于大型企业和上市公司，通常会在内部设置自己的二方审核部门，并同时由相关部门的人员共同组成审核团队，对供应商进行审核。天味目前的审核皆是由自己的人员进行。

（一）人员能力需求

审核团队组员是由具备丰富专业知识和实践经验的人员组成，包括质量工程师、采购、研发工程师、技术专家等，审核人员应熟悉审核标准和要求。

（二）团队人员选择

审核团队通常由 2 个及以上不同部门的人员组成，审核组长负责整体策划和协调工作，审核组长会收集计划审核供应商的相关信息并确定当次审核的侧重点、审核的指标和期望达到的结果。根据供应商物料的特性，选择审核组员时遵循“寻源回避”原则，以确保审核的公正性和客观性。团队成员应该具备较强的专业性和互补性，分别来自品质、食安、体系、合规、检验、采购和研发等部门。在审核标准中与体系相关的条款内容，需要审核组员中具有体系相关知识或具备相应审核能力的人员负责审核。另外，如果所审核的拟供应物料对天味食品的产品影响较大，且应用要求高，关键理化指标稳定性要求强，那么在选择审核组员时，还会选择一名具备相关审核能力的研发人员参与。

（三）审核团队组员分工

审核小组组长在审核前提前分配组员审核任务，根据分配任务的审核条款，各组员提前准备文件审核时需要的资料清单，由审核组长汇总，在首次会议结束后发送给供应商对接人员，安排人员提前准备部分应审资料。

(四) 审核团队沟通

在正式审核前，由审核组长召集评审组员进行小组沟通，沟通内容包括本次审核时间、路线安排、审核安排、供应商基本情况、审核的范围、审核重点、历史相似产品供货或抽检异常以及审核前准备的必要资料等。

四、审核前的准备

供应商的审核方式分为两种，一种是审核前不事先通知审核时间的飞行检查，另一种是审核前通知准确审核时间和内容的通知审核（如准入审核）。无论哪种形式，审核组长在审核之前收集供应商的资料和信息，这些信息包括公共披露的信息、供应商信息、HACCP 体系文件、产品工艺及标准、产品风险和质量表现、以往审核不符合项、审核工具这几个方面。通过收集这些信息，审核团队的组员事先了解供应商的资质、规模、工艺、风险管理和产品检验等方面，为后续的现场审核做好充分准备。

(一) 公共披露信息

关于供应商的公众披露信息主要关注供应商信用信息、投诉和媒体负面报告、食品安全监督抽检数据 3 个方面。

(1) 供应商信用信息。可以从“国家企业信用信息公示系统”查询相关失信信息、违法记录（查询网址：http：//www. gsxt. gov. cn/index. html）。

(2) 投诉和媒体负面报告。信息获取方式：中国市场监管行政处罚文书网、网络搜索、媒体，重点关注查实的投诉举报、媒体负面报道（查询网址：http：//cfws. samr. gov. cn/）。

(3) 食品安全监督抽检数据。数据来源于全国 12315 公共平台、网页搜索、重点关注国抽、省抽、市抽产品不合格数据。天味食品整合了这些行业检测数据，建立了“天味食品信息服务系统”，便于审核员在审核前查询所审核产品的行业抽检统计信息，见图 2－1、图 2－2。

图 2－1　审核前搜索原料风险

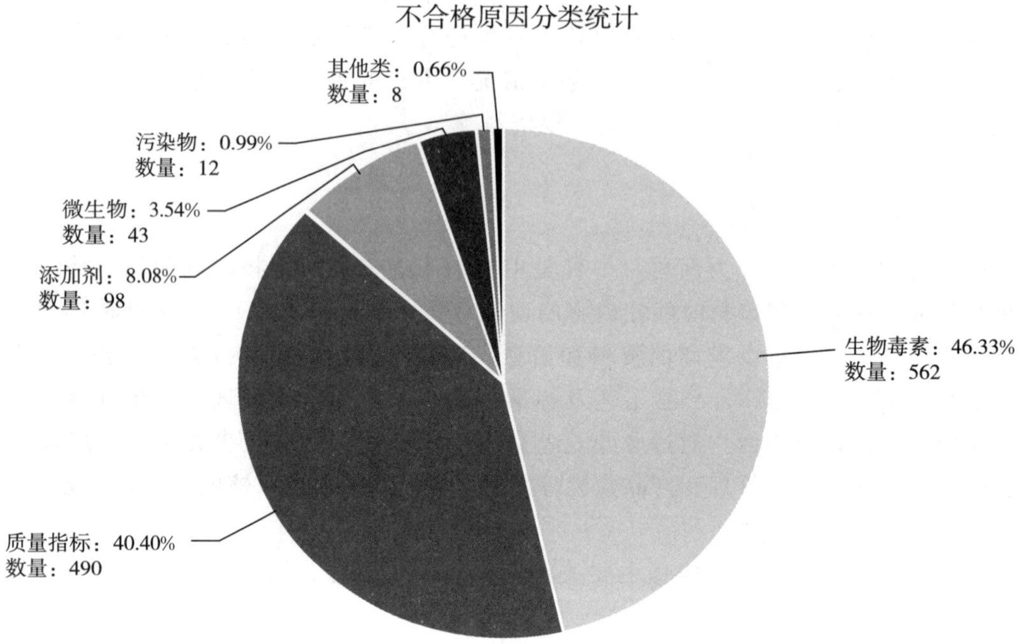

图 2－2　原料花生 23 年 10 月—24 年 10 月国内抽检不合格分类

（二）供应商及产品基本信息

审核前准备供应商及原料信息，既为了再次确认供应商的运营状况、资质和物料合规性（防止上一节点的识别出现错误）等，也为了在正式实施审核时，现场确定供应商提交的这些信息的一致性和真实性。

1. 供应商信息

供应商的资料信息来源于与外部对接的部门（如采购）和公司系统保存的信息资料，这些资料包含了供应商的基本信息：营业执照、生产许可证及附件明细、占地面积、员工数量、主要部门人员数量、组织架构、产能、认证体系、检验能力、工艺流程及流程说明、产品标签、特殊说明等信息。

2. 产品基本信息

产品基本信息包含有：是否清真、辐照，有无限量添加剂要求，质量和安全指标和应用分析数据，原料使用合规性，原料动态风险识别和大小评估，包装材料和材质、储藏条件，运输条件，产品标签等信息。

（三）HACCP 体系文件

这里所说的体系文件主要指 HACCP 计划，适用于新引进供应商。HACCP 计划书涵盖了相关产品的重要信息：原辅料和产品规格信息、原辅材料和过程工艺的风险识别、产品工艺流程及相关参数介绍、关键控制点、关键参数、控制措施及纠偏等信息。

通过 HACCP 计划从文件策划的角度了解供应商质量策划、管理能力和风险识别能力。

工艺流程及工艺说明：了解产品实现过程的工艺流程、工艺参数，通过文件、经验事先识别关键工序的风险引入的可能点和现场重点关注点。

（四）产品工艺及标准

这里所说的产品工艺应与 HACCP 计划工艺流程及工艺说明进行区分，主要指企业研发部门对产品的工艺要求、预期使用条件、特定要求等，如：

（1）物料的预期用途：即食、OEM/ODM 代工、加工炒制、作为配料直接混合使用等。

（2）物料的使用条件：如需要满足高温下使用、保质期限制、某些理化和关键指标的要求、感官保持要求等。

（3）物料的特殊要求：如清真、不含添加剂、地理标志特征等。

（4）产品标准要求：产品标准主要是标签标注的执行标准、相应的国家强制性标准、企业内控标准这三者之间的关系。产品必须符合国家强制性标准，以指标限值为关注点。产品执行标准与企业内控标准之间的关注点在于一致性和差异性，需要保证在符合国家强制性标准的前提下，供应商执行标准项目指标（或在现场审核时沟通后）与企业内控标准要求相符。对于符合强制性标准要求的检测项目，如果其指标限值高于企业内控要求，在现场审核时重点检查历史数据来评估。对于天味食品来说，希望供应商的内控要求在符合国家强制性标准的前提下，符合或严于天味食品的标准要求。

（五）产品风险和质量表现

1. 内部监测和风险评估

已合作供应商供应的产品，由食品安全部门制定动态的风险监测计划，按照监测计划对所供应产品进行抽检，监测风险指标；审核组在现场评审前，由食品安全部门提供历史风险监测数据以及对应物料食品安全动态风险评估表给审核组长，审核组长事先了解供应商供应产品的风险等级及历史风险监测情况，同时确定现场评审时，“食品安全风险专项评审表”需评估的风险项目，见表 2－8。

2. 质量表现

适用于年度飞行检查和准入现有相同物料的供应商的审核前准备。所有合作状态的物料，入厂由品控部门人员进行验收，验收发现的感官、理化、微生物指标及其他不符合天味食品内控标准的异常。审核组长在审核前，先收集上述异常信息，筛选出关键的、重复性的质量异常，用于审核实施前审核组员之间的沟通，并根据沟通结果，在审核实施时对生产现场和文件记录重点关注。

（六）以往审核不符合项

供应商历次审核发现的问题，均要求供应商按照整改要求对不符合项进行原因分析、制定整改措施，并提交整改证据作为支撑。部分供应商整改后的持续性不佳，或整改只是针对点对点的问题，没有系统化的整改。针对这一现象，审核组长在每次实施现场审核前，需收集上一次评审的不符合项在组员间沟通，尤其关键性不符合的整改。在本次实施现场评审时，予以重点关注。

表 2-8　风险评估和内外部监测表

明细表 1											国家监督抽检			出口对华预警	进境食品通报	食品安全监测		
危害类型	危害类别	具体项目	标准值参考值	单位	依据法律法规或标准	标准中食品类别	风险评估备注 1	严重性	可能性	指标风险等级	抽检数量	不合格项目数量	项目绝对不合格占比	出口对华预警不合格项目数量	进境食品通报不合格数量	食品安全监测抽检数量	食品安全监测不合格项目数量	食品安全监测项目绝对不合格占比

（七）审核工具

配备合适的审核工具能更有效地实施现场审核，审核员必备的审核工具如手电、反光镜、磁力棒、金属文件夹板、可金探笔等，其他审核工具可准备抠缝刀、内窥镜等，必要时还可以准备专用工作服、安全头盔等，见图 2－3。

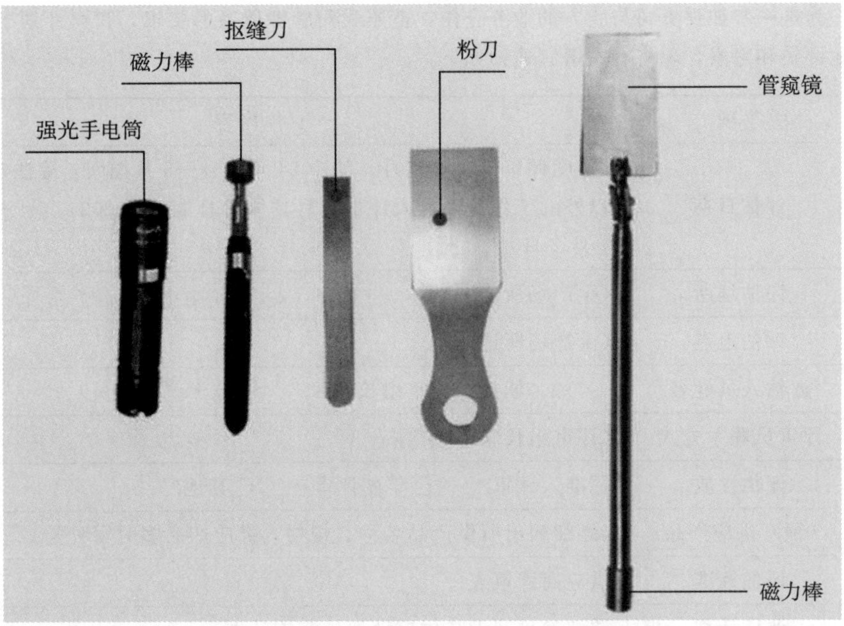

图 2－3　审核工具（图片来源质安选淘宝店铺）

五、审核通知与沟通

年度供应商审核为飞行检查（审核前不进行通知），但以下两种特殊情况除外：

一是因供应商审核流程复杂或不可抗拒的特殊原因，则发送确定审核时间段（如某周周一至周五），但是不规定具体审核日期的通知函。

二是因为工艺等关键原因审核未通过，复审时需要拟供应物料处于生产状态才能核实的，则发送确定审核日期的通知函。

针对准入审核的供应商，则是以确定审核日期的通知审核。在审核实施前，由采购部门与供应商做充分的沟通，包括但不限于审核的时间、审核期间确保相关产品或生产工艺相似产品正常生产、注意事项、企业的特殊要求（如现场拍照）等，在与供应商沟通确定后，由采购部门按照要求向供应商发送正式的“评审通知函”和“审核计划”。

评审通知函内容包括沟通确认的供应商实际生产地、计划审核日期、产品范围、审核组信息、联系方式等。

审核计划包括审核的时间安排、首末次会议参与人员、供应商应审部门、现场审核查看的工厂区域、文件审核的内容等信息。

审核通知和审核实施计划见表 2－9：

表 2－9　天味供应商现场评审通知函

供应商现场评审通知函

致：____________

您好！为进一步加强贵司与我方的业务合作，遵照我司管理体系的要求，我司计划于近日对贵司进行实地评估和考察，现将有关事宜通知如下：

序号	事项	具体内容
1	评估日期	（年度评审仅填写到月，如 2024 年 4 月—5 月期间，除法定节假日以外的工作日。准入评审填写具体的日期，如 2024 年 4 月 1 日—4 月 2 日）
2	评估场所	（生产场所）
3	评估地点	（生产场所地址）
4	评估人员姓名	（×××职务＋评审组长、×××职务＋评审组员）
5	评审员联系方式	（评审组长联系电话）
6	评估性质	□准入评审　　□年度评审　　□其他
7	（预）供应产品	（详细列出所供产品名称、规格，供应产品多时写种类）
8	评估标准	供应商评审表
9	评估计划	详细参见《天味供应商评估实施计划》

特别要求说明：

√ 请务必保证审核当天处于生产状态。评估当天生产为供应或计划供应的产品或者工艺相近产品。

√ 高级管理者参加。首末次会议高级管理层必须参加。

√ 拍照声明。评估过程将对评估场所进行拍照，以便于后期的整改跟进。如涉及技术秘密不便拍照的，以及现场不能进入的地点或不能提供的文件或记录请预先告知，并做特殊情况说明，盖有公章，否则视为所有文件和记录都可获取和所有场所均可进入。

√ 配合审核承诺。若出现包括但不限于单方面更改审核时间或现场拒绝按照审核通知书确认事宜审核的情况，准入供应商我司将采取不引进，并不予再次评审处理，合格供应商我司将采取暂停或取消供货处理。

四川天味食品集团股份有限公司（盖章）

日　期：

总之，审核前的充分准备是一个好的审核非常重要的组成部分，正所谓“好的开始是成功的一半”，良好的审核准备是一个优秀审核必不可少的环节，如上是结合天味的良好实践进行阐述的，其中多数的内容是具有通用性。希望企业在供应商审核时，能够做好充分的准备。

第二节　现场审核实施

一、审核实施概述

高质量的供应商审核对于供应商管理至关重要，现场审核是确保审核有效性的关键环节，而开展一次高质量现场审核并不容易，一方面，其本身具有高度复杂性，涵盖内容多且企业情况各异；另一方面，信息获取量大，且不易判断重要程度，资料与实际情况的核实要求高；此外，现场审核对审核人员的综合能力要求非常高。

在现场审核中，时间分配是影响审核质量的一个重要因素。在有限的审核时间内，若分配不当，如在体系环节检查耗时过多，可能压缩现场关键审核时间，遗漏重大风险；若在现场分配过多时间，则可能无法充分评估供应商管理体系的成熟度；若平均分配时间，则重点环节的审查可能不够深入。现场审核时间分配需综合考虑企业规模、工艺复杂度、过往情况及风险评估结果，以优化时间分配，确保审核既全面又深入，帮助企业提升食品安全水平。关于时间分配，表 2－10 展示了 IFS 审核及多数品牌客户关于审核实施时间分配的良好实践案例。

表 2－10　品牌客户审核实施良好实践案例

项目	首次会议	评估准备	现场检查	文件/记录抽样	末次会议
时间比例	5%	5%～10%	50%	30%～40%	5%
主要内容	了解工厂概况 审核标准介绍 审核的大致安排 所需陪同人员	追溯抽样 工艺流程图 产品信息 过程流程图	作业活动和流程 员工行为 工厂状况 GMP 检查 工厂员工面谈 生产现场记录	程序文件 运行记录 交叉检查相关信息 检测报告	不符合项沟通 疑问解答

接下来，我们从首次会议、现场审核、人员访谈、文件记录审核及末次会议这几个方面来进行描述如何现场开展一次高质量审核。

二、首次会议

(一) 首次会议目的

正所谓“好的开端是成功的一半”，无论是外部审核还是内部审核，首末次会议作为审核中重要的沟通平台，是客户与审核员集中了解工厂信息的窗口，也是工厂管理层协调资源配合好审核的平台。首次会议主要目的有如下：

（1）审核方和被审核方双方公司和人员的大致了解。

（2）被审核方对于审核要求和计划的了解及知晓如何进行配合。

（3）审核方和被审核方对于相关注意事项的声明。

（二）首次会议主要内容

1. 审核人员和参会人员的基本介绍

审核前，审核人员应告知本次审核的大致安排和主要活动时间节点，明确高级管理需参加首次会议。在沟通确认环节，审核员与工厂参会人员分别进行自我介绍，包括姓名和岗位，借此快速熟悉工厂组织架构，促进双方交流，为审核工作的开展创造良好的沟通环境。

2. 审核方、审核委托方及受审核方的基本介绍

审核时，可以通过书面或口头方式快速沟通审核委托方、审核实施方及受审核方的企业基本信息，相关方公司信息快速沟通交流，会帮助审核员更全面了解审核任务的总体背景情况。

受审核方主要介绍与审核相关的产品信息、作息安排、工艺流程、生产计划、岗位架构及目前的产品供应等信息。

3. 审核人员介绍审核的基本信息

4. 审核日程

审核员沟通并确认生产线状态、作息安排、审核向导和过程陪同人员，同时明确追溯抽样要求，询问自上次审核以来是否有重大变更和召回等事故。初步确认末次会议时间及高级管理者访谈时间。

5. 审核依据与不符合项等级

在首次会议上，审核员向企业解释审核依据标准或客户相关要求，及不同的不符合项等级要求，说明关键不符合的级别判定原则，以及发现关键不符合时需采取的措施和对审核进程的影响。

6. 审核方法

简述审核工作的特点和审核方法，审核方法主要包括“走现场、看文件、查记录、问人员”四个主要方面，见图 2－4。四种审核方法在侧重点上会有所不同，也有相互交叉验证。同时强调审核是抽样过程，抽样有一定风险，且原则上不重复抽样，以抽样结果作为审核发现的判定依据。

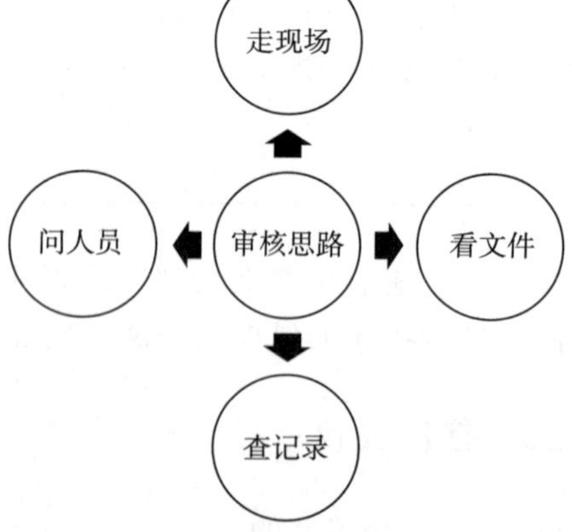

图 2－4　审核方法和思路

7. 审核相关的声明和配合事项说明

首次会议应进行相关声明，包括健康声明、商业诚信声明、保密性承诺、公正声明和拍照要求，明确企业需要配合的相关事项，如用餐从简、安全注意事项等。

（三）首次会议注意事项

1. 参加人员

首次会议参加人员有审核团队成员，包括组长和审核组成员，企业方则应涵盖高层领导、生产、质量、采购、设备、人事、研发、销售等职能部门人员，确保信息能在各关键部门间有效传达。

2. 时长

时长通常在20～30分钟左右。这个时间能充分传达必要信息，包括审核目的、范围、日程安排等，首次会议不宜过短，否则会错失很多沟通和了解的机会，同时避免过长让参会者产生疲倦，保持会议的高效性和参会人员注意力。

3. 审核人员的基本职业素养和角色认知

审核人员需具备专业能力和良好的职业素养，应公正客观，不偏袒任何一方。更重要的是，保持谦逊态度，尊重企业员工。以服务者的角色清晰阐述审核事项，与企业共同推动食品安全管理的提升，赢得企业尊重与认可，避免甲方角色优越感。

三、现场审核

（一）现场审核前准备

通常在审核前已经进行了文件预审，可以让企业在前往现场前提供一部分文件以供携带，代表性文件清单如下：

（1）组织架构图和食品安全小组成员清单

（2）工厂布局图或人流物流图

（3）虫害设施布局图

（4）HACCP工艺流程图

（5）CCP（关键）监控计划

（6）上次审核的更正/纠正措施计划（如果适用）

（二）现场审核主要内容

现场审核非常考验审核员的经验，因为它包括识别潜在风险问题和梳理生产流程，不同品类产品风险不同，典型问题也不尽相同，甚至同一类型产品在不同渠道产生的客诉风险也不尽相同。审核过程中需进行及时和有效沟通，为后续寻求审核重点方向做准备。

在走现场方面为了将这一复杂过程显性化，我们可以将这些方法总结提炼为4P法，即产品（Product），地点（Place），过程（Process），人（People）。每位审核员都有自己的专业特长和审核思路，对于审核入门者来说，掌握这些方法并不容易，但是我们可以通过4P方法结构化审核思路快速形成自己的方法。

1. 产品（Product）

不同品类产品工艺千差万别，食品安全风险也不尽相同。生产企业会制定产品加工工艺和标准，审核员要重点核对工艺指标和现场的符合性，如产品CCP点是蒸煮，蒸煮时间和温度是否符合设定目标。对于部分二方审核员，其本身也是负责这一品类的QA，每年需要处理大量的客诉，因此在审核过程中也会验证过往审核不符合项的改善和现有管控措施是否足够。针对产品风险，审核员需重点关注的事项如下表2-11所示。

表2-11 产品风险评估关注重点

审核对象	关注重点
产品	是否建立了工艺单/操作标准，如何下发管理和流程管控文件？ 产品是否按照工艺单/操作标准进行生产，关键工艺控制是否有效？对应记录是如何填写的？ 现场物料，半成品等是否做了清晰标识？在防止误用上有什么管控措施？ 现场是否观察到有产品污染风险？ 是否按照规定条件存储/标记不合格产品？ 冷藏冷冻等易腐败物料是否有相关管控？ 在产品防护/欺诈方面是否存在不安全条件？

2. 地点（Place）

现场地点的审核关注点众多，重点可从以下三个方面入手，分别是：布局和路线，基础设施条件和现场管理。

（1）现场审核首先需关注布局和路线，工厂功能布局是否存在交叉污染，以及人流和物流设计上是否存在不同等级的清洁区域交互穿插的问题。

（2）基础设施是很多工厂的痛点，受到硬件条件的限制又很难做大的改变，此时需要特别关注工厂如何实施周期性维护，现场设施可以不“高大上”，但是不能有维护管理不当导致的食品安全风险，如藏污纳垢和生锈脱漆等。

（3）现场管理涉及内容较多，特别是手工操作较多的品类，从人员基本的GMP洗手到现场的清洁，通过现场的基础GMP问题的管控效果，可以评估工厂的整体管理水平。

对于地点（Place）的主要关注风险点，如下表2-12所示。

表2-12 地点风险评估关注重点

审核对象	关注重点
地点	1. 布局和流程 a. 是否符合流程图中描述流程，二者是否一致？ b. 是否对某些区域（过敏原/不合格）进行标记？ c. 是否观察到检查交叉污染风险？ d. 通过有效的措施（卫生设计，布局等）是否将交叉污染风险降低至最低？ 2. 基础设施条件 a. 天花板，窗户，墙壁，地板，灯，卫生清洁设备是否处于良好/可接受的状态？ b. 基础设施是否处于适当状态？ c. 是否观察到来自基础设施的异物或交叉污染风险？

（续表）

审核对象	关注重点
地点	3. 现场管理 a. 清洁状态是否良好，卫生清洁工具和化学品是否按照规定的条件储存和标记？ b. 虫害：防控设备是否良好，有无虫害痕迹？ c. 设备状态是否良好，是否有跑冒滴漏？ d. 产品是否按照规定的要求进行储存？ e. 是否在规定的条件下管理废弃物？ f. 该区域是否干净整洁？ g. 仓库/车辆是否状态良好，是否按照规定的条件进行检查和使用？

3. 过程（Process）

在过程审核方面，重点聚焦于流程符合性和交叉污染。有经验的审核员有一个形象的类比，试想自己是“水”“蒸汽”或“产品”，在整个生产流程中“游历”时会经历什么。存在哪些潜在的被污染的可能性，如投料环节产品外袋或者标签的破损，拆包过程中线头和碎片掉落到产品中，管道中的清洁状态等，对于过程审核，工艺流程图是重要的参考依据，需将其现场验证纳入审核过程。具体审核案例见表 2-13。

表 2-13　过程风险评估关注重点

审核对象	关注重点
过程	a. 特别关注现场实际流程和 HACCP 工艺流程图的一致性，工艺流程环节是否全部进行了描述？ b. 与产品和人员有关的设备是否处于良好的状态？ c. 是否观察到设备存在化学，物理或交叉污染风险？ d. 影响产品质量的关键点和工艺过程是否得到了良好管控和记录？ e. 半成品储存条件是否合适，冷藏冷冻原料管控是否有效管控微生物风险？ f. 监控/监视设备是否正在运行并识别？ g. CCP 点是否按照策划得到了有效管控和记录？

4. 人（People）

在日常审核中，我们往往容易忽略对人员操作行为的评估，我们可以通过以下方式进行检查。

（1）人员卫生：人员卫生至关重要，检查人员是否佩戴发网、工作服是否整洁以及手部清洁状况，这些都能直观反映。同时，更衣室内员工鞋子底部的清洁也不容忽视，这反映了卫生清洁管理的细致程度。良好的个人卫生可有效防止污染食品，保障食品安全。

（2）人员工艺操作规范：现场检查员工是否按照操作规范工作，例如在不合格品挑选岗位上，员工需清楚了解不合格品的标准，现场不合格品看板指引可辅助员工操作，保证在生产过程中准确筛选，避免不合格品流入下一道工序，确保产品质量稳定。

（3）人员记录：通过现场询问员工填写记录报表的依据，并核查点检小件物品的存放位置和数量是否与记录一致，可检验人员记录的准确性和真实性。

关于人员问题的主要关注点见表2-14。

表2-14 人员评估主要问题清单

审核对象	典型问题	备注
人员	a. 员工是否了解他的任务？ b. 员工是否了解产品风险（安全，质量等）？ c. 员工是否遵守卫生法规（个人卫生，路线，衣服等）？ d. 员工是否按照规定的程序/指令执行活动？	

（三）现场评估注意事项

1. 审核路线规划

（1）合理分配时间：在审核开始前，需对整个现场的规模、复杂程度及重点区域有初步了解。根据不同区域或环节的重要性和风险程度，合理分配审核时间。比如，对于食品生产的关键工序，如配料、杀菌环节，要预留足够时间仔细检查；而对于一些简单的存储区域，可以相对缩短时间。避免在某个小细节或者非关键环节过度停留，导致重要部分审核仓促。

（2）尽可能覆盖全面：确保审核路线能够尽可能涵盖所有与食品安全相关的区域和操作流程。包括原材料仓库、生产车间、包装车间、成品仓库、清洁消毒设施、员工休息和更衣区域等。从原材料进入企业，一直到成品出厂的全过程都不能遗漏。

（3）清洁度考虑：一般而言，工厂审核按生产工序顺序进行即可，对于部分品类建议按照从清洁度较高区域到清洁度较低区域的顺序进行审核，这样可以防止交叉污染。

2. 关注过程管控有效性

评估过程包括“望、闻、问、切”，不仅关注企业说了什么，更关注企业是否将操作流程制度化，员工是否有能力持续做好，在没有人监控的时候是否得到有效执行，如CCTV回顾进出车间洗手消毒在生产前的执行情况，CCTV回顾产前检查记录内容是如何做的等。现场审核能有效地交叉验证企业体系的落地情况，而不是通过文件审核本身来评价体系的好坏。

3. 关注CCP点（关键控制点）

（1）策划方面：检查企业是否明确识别和定义了CCP点。例如，在热加工过程中，蒸煮是关键控制点，查看是否针对每个CCP点制定了相应的控制措施，这些措施是否科学合理，是否能够有效预防、消除或降低食品安全危害。

（2）记录方面：检查CCP点的监控记录，如温度记录、时间记录、消毒剂浓度记录等。记录应该真实、及时，并且有操作人员的签名。同时，查看企业是否对记录进行定期的回顾和分析，以便及时发现潜在的食品安全问题。

（3）培训方面：审核企业是否为涉及 CCP 点操作的员工提供了充分的培训。查看培训记录，应包括培训内容、培训时间、参加培训的人员名单等。通过现场询问操作员工，了解他们是否清楚自己所在岗位的 CCP 点是什么，如何进行正确操作，以及出现异常情况如何处理。

（4）现场符合性：观察 CCP 点（关键控制点）的实际操作是否符合策划的控制措施。比如在检查杀菌设备时，不仅要查看其实际运行温度和时间是否处于规定范围，还要留意操作人员是否严格按照标准操作规程进行操作。此外，可以随机让负责该操作的员工进行实际演示，观察其操作步骤、参数设置等是否准确规范，以此判断员工对操作流程的熟悉程度。同时，还可通过回看 CCTV（监控系统）来获取更全面的操作信息，查看在不同时间段内 CCP 点的操作情况是否有相关的操作动作，对比现场实操和 CCTV 是否一致，若发现不符合情况，需进一步深入追踪企业的纠正措施和预防措施。

4. 关注配方符合性和配料过程

（1）配方符合性：首先检查企业是否有完整的产品配方文件，以及配方是否经过相关部门审批。检查实际生产中使用的原料是否与配方一致，包括原料的种类、规格、用量等。对于有配方变更的情况，查看是否有相应的变更记录和审批程序，确保配方的任何改变都经过了严格的食品安全评估。

（2）配料过程：观察员工是否规范进行配料操作。员工是否准确称量原料，是否使用了正确的工具和设备进行配料。检查配料区域的清洁情况，防止杂质混入配料中。同时，查看员工在配料过程中是否遵循先进先出原则，对于易变质的原料是否有规定了开放保质期与零头管理的要求。

5. 现场审核问题记录与当场确认

现场审核时，需对每个审核发现的问题进行逐条记录，避免靠记忆来记录每个区域发生的不符合项，同时建议离开每个功能区域，与审核向导就发现的问题进行澄清与确认，这样可以减少末次会议描述时对不符合项可能产生异议及澄清的时间。

四、人员访谈

（一）人员访谈的目的

审核过程中人员访谈的目的在于全面了解运营过程中的食品安全相关信息。通过与不同岗位人员交流，核实操作是否符合标准规范以及操作的有效性。同时，发掘潜在风险点，包括易被忽视的细节和岗位间的衔接问题。同时能感受到企业食品安全文化和员工意识，此外，通过人员访谈补充和完善审核信息，获取细节并进行交叉验证，确保准确判断食品安全水平。

（二）访谈对象和访谈形式

现场访谈主要涉及以下人员：

（1）高级管理者。与高级管理者的访谈，通常是采用单独的时间进行交流，这样较全面地了解高级管理者如何参与和指导企业的质量和食品安全工作。

（2）部门负责人与主管。对于部门负责人与主管，通常是在审核过程中，与其进行交谈和访谈，也可以根据需要，安排专门的访谈时间。

（3）一线操作人员。通常是在现场进行沟通和访谈，若离开现场后，需要进一步确认相关信息，可以指定相关人员进行定向访谈。

（三）人员访谈内容

在访谈内容策划方面，并没有统一的制式的内容要求，通常是根据现场审核过程中获得的相关信息，进行相应的调整。以下是一线员工和高级管理者访谈交流的内容参考案例。

（1）一线操作人员访谈问题举例：

① 怎么称呼您？您是什么岗位？在这岗位有多久了？

② 您日常主要工作任务是什么？

③ 您所有岗位有哪些关键要求？

④ 如何确保按规定程序操作？突发情况影响操作时怎么办？

⑤ 您接受过哪些日常培训？

（2）高级管理人员访谈问题举例：

① 公司的主要客户及客户对于我们的评价反馈如何？

② 公司质量和食品安全方面的目标是如何制定的？您主要关注的目标有哪些？

③ 公司如何回顾这些目标？目标达成情况如何？后续主要行动规划是什么？

④ 您对于质量和食品安全工作，主要进行哪些指导？参与哪些活动？

⑤ 您如何评价公司的质量和食品安全水平？

（四）人员访谈注意事项

食品安全审核过程中进行访谈需注意以下几点：

（1）访谈对象精准定位：确保向特定过程或控制的实际负责人提问，全面涵盖生产、仓库、实验室、维护、清洁等相关部门的主管或一线人员，保证问题能够得到最准确的回应。

（2）员工参与，区分级别：让不同级别的员工参与访谈，根据他们的专业知识水平调整问题难度，防止问题过难让员工无从回答，或过易导致信息价值不高。

（3）关注语言障碍差异：留意文化和语言障碍，积极采取措施克服，例如使用简单明了的语言等，避免因这些障碍产生误解，影响访谈效果。

（4）问题设计，平衡类型：提问时平衡开放与封闭问题，开放问题能获取丰富信息，封闭问题可用于确认关键信息。必要时可重复问题或提出有挑战性的问题，以确保得到准确信息。

（5）访谈过程倾听与总结：认真倾听开放性问题的回答，不打断员工发言。访谈结束后及时总结结果，突出是否有发现问题，以便后续进行深入分析和改进。

五、文件记录审核

目前多数企业的文件体系结构还是按照传统的一、二、三、四阶的文件结构来进行分类，尽管这种分类方法不是标准所要求的，但很多企业采用了这样的良好审核实践。文件分类见表 2 - 15 所列：

表 2 - 15　企业文件类型

一阶文件	质量手册，食品安全手册
二阶文件	HACCP，各类程序文件
三阶文件	SOP，操作指南，产品标准，检验规范等
四阶文件	生产、检查、检验记录等

(一) 文件评估的目的

通过审核各类文件，可核实企业是否建立了完善的食品安全与质量管理制度，确保其符合相关法规要求。文件审核能帮助审核员了解企业实际操作流程与文件规定是否一致，及时发现潜在的管理漏洞和风险。同时，为现场审核提供依据和方向，使审核更加全面高效。

(二) 文件评估的主要内容

1. *文件记录审核*

审核员结合审核标准依据和质量体系标准建立自己的审核文件思路，有侧重点地进行审核评估。

(1) 一阶文件：通常一阶文件主要指的是质量手册和食品安全手册，重点是查看其是否清晰地描述组织的质量方针、目标、目标分解，高级管理者的承诺，为了完成这些目标所对应的组织架构及部门和岗位的责任与权限。

(2) 二阶文件：二阶文件主要是各类程序文件，首先是检查这些程序文件的完整性，是否包括了审核标准中要求的各类体系文件模块要求，比如 HACCP，GMP，食品欺诈，食品防护，过敏原，内审，管理评审等各个模块要求。其次是选择重点的文件验证其有效性，这需要审核员结合现场审核的发现及产品的风险特点，选择重要的文件进行深入的审核，比如与现场、人员访谈等进行交叉检查，查看其有效性。

(3) 三阶文件：主要包括各类操作性文件，比如工艺指导书、检测标准、产品标准等。重点是检查与现场操作紧密相关的三阶文件，查看文件是否易于理解和执行，通过现场观察、与操作人员交流等方式验证其落地实施情况。

(4) 四阶文件：主要是各类的生产、检查和检验记录。对于记录的检查，通常是以追溯作为主线，配合现场审核来检查其执行的有效性及数据真实性。

文件审核时，对于与现场关联较少的通用文件，重点确认其内容的完整性和逻辑的合理性即可，重点是关注与产品实现相关的文件。文件审核时应聚焦于产品实现过程中的各类风险，优先将有限的时间和精力用在涉及产品实现相关的文件落地上，通过文件审核评估企业在管理上系统性推动和持续改善的机会。

2. *产品追溯*

追溯抽样：抽样具有代表性，尽可能覆盖产品产量占比大的产品。通常抽取 1 个样本作为代表进行追溯，追溯覆盖从原料接收到成品放行的全过程。通常是从成品抽样开始，追溯其从成品到客户的各个过程，同时追溯生产过程中的各个环节，包括加工工艺、设备使用、人员操作等，直至使用的原料。同时也有部分客户在抽样成品追溯时，也从原料抽样进行追溯，抽取某个原料，追踪该批次原材料在生产过程中的使用情况，直至最终成品和其销售客户。通过成品追溯和原料追溯，覆盖从原料接收到成品放行的全过程，确保每一个环节都能被有效追踪，及时发现潜在的食品安全问题和质量隐患。

追溯总结报告：追溯总结报告除了相关的物料批次信息外，还应包含物料平衡等关键信息。物料平衡可以反映生产过程中原材料的投入与成品产出之间的关系。通过计算产品得率，对比历史数据和标准范围，评估该批次生产有无异常，总结报告宜涵盖生产过程中的关键控制点数据、质量检测结果、不合格品处理情况等，以便全面了解该批次产品实现过程。

（三）文件评估注意事项

在审核时质量体系文件，需注意以下几点：

首先，资料应由对应部门提供，而非仅由质量部提供。各部门负责其职能范围内的文件管理与执行，从对应部门获取资料能确保文件的全面性和真实性，更重要的是让企业各部门认识到自己部门需要负责本部门的流程相关的程序文件，而不是质量部代为管理。

其次，必须杜绝“写假审假”现象。审核员要善于识别文件记录的内容可能存在的造假风险，针对这类记录，审核员应交叉验证以寻找不真实的证据，如通过CCTV验证，也可以通过与填写人员沟通询问了解其真实性，需秉持客观公正态度不能走过场，若发现文件有虚假编造嫌疑，应进一步找到确凿的造假证据。

最后，关注有效性，而不仅是符合性。要将文件审核与现场审核、人员询问相结合，文件内容需关注其在实际操作中落地有效性，而不仅仅是关于有没有的符合性。

六、文件与现场的交叉审核

（一）交叉审核的目的

评估程序、记录与现场过程的一致性。确认相关文件符合客户要求，核查文件是否明确规定并严格执行。此外，交叉审核还能验证现场评估发现的问题根源，是因为建立了制度标准没有执行好？还是制度标准都存在系统缺失？通过交叉审核，提高审核深度对于审核员理解质量管理会有很大帮助，为企业提升管理有效性同样很有价值。

（二）如何实施交叉审核

以追溯为牵引贯穿整个文件审核过程，结合现场操作的内容交叉验证执行有效性。文件与记录真实性是文件审核的关键所在，交叉审核是验证文件与记录真实性的有效方法。在记录的及时性方面，每个环节的记录都应按时完成，如食品加工中的时间、温度等参数记录，确保在事件发生的同时准确记录。

(1) 基于HACCP策划，验证现场执行的有效性：在实施交叉审核时，首先依据

HACCP 策划对现场进行审核。例如，某乳制品生产企业在 HACCP 策划中确定了原料验收、杀菌、灌装等关键控制点。在现场审核时，审核人员检查原料验收区域，查看进货的牛奶是否有合格证明？是否按照规定的温度和时间进行储存？在杀菌环节，检查设备的运行参数是否符合 HACCP 计划中的要求？操作人员是否严格按照操作规程进行操作？此外，审核员还应检查记录文件，如原料验收记录、杀菌温度和时间记录等，以验证现场执行是否与 HACCP 策划一致。

（2）基于现场风险，针对性验证程序文件策划的有效性：在现场审核过程中，要善于识别潜在的风险问题，并以此为依据验证程序文件策划的有效性。现场风险问题可能包括设备故障、人员操作不规范、环境卫生不良等。例如，在一家糕点生产企业的现场审核中，审核员发现部分糕点表面有霉斑。这一风险问题提示可能存在生产环境湿度控制不当、包装密封性不好或储存条件不符合要求等问题。审核员应立即查阅企业的程序文件，包括生产环境控制程序、包装作业指导书和储存管理规定等。通过审核程序文件，发现企业在生产环境湿度控制方面的规定不够明确，包装作业指导书中也没有对包装材料的防潮性能提出具体要求等。

（3）基于品类风险，评估文件策划是否全面：不同品类的食品具有不同的风险特点，因此在审核时要根据品类风险，评估文件策划的全面性。例如，生鲜食品容易受到微生物污染，需要严格的冷链管理和卫生控制；而干货食品则需要注意防潮、防虫等问题。

（三）交叉审核注意事项

以下是实施食品安全现场和文件交叉审核需注意的事项：

对于现场发现的不符合情况，及时追溯到相关文件，查看是文件本身缺失，还是现场未执行文件要求。同样，对于文件中提到的控制措施和程序，在现场验证其实际执行情况。

运用多种审核方法，仔细检查生产现场的各个环节，包括员工操作、设备运行、环境清洁等。如检查食品加工人员的卫生习惯，可以结合现场观察员工操作、员工访谈，员工培训内容和记录进行交叉检查员工个人卫生是否按照要求进行。

人员询问：与不同人员进行交流是非常有效的审核方法，与生产一线员工、质量管理人员、文件控制人员等进行交流，了解他们对食品安全操作和文件要求的理解和执行情况。询问沟通时要注意方式方法，避免使用命令式和指责性等语言。

七、末次会议

（一）末次会议目的

正所谓“编筐编篓全靠收口”，每次审核的末次会议是推动工厂持续改进的重要时机，末次会议不仅是对审核工作的回顾，还是和被审核对象达成共识的过程，一个清晰明了的末次会议不仅有助于工厂理解审核中发现的改进机会，更有助于审核后的根因分析和行动措施。在末次会议中，各部门负责人共同就识别的问题进行沟通，特别是高级管理者参与其中，也有助于高级管理者和各级管理者更清楚当前工厂问题，为后续改进提供资源基础。

（二）末次会议参加人员

末次会议的参加人员通常与首次会议相同。作为审核员，你希望通过末次会议影响谁？你想和谁沟通？谁是关键决策人？应邀请这些人员参加，尤其是高级管理者，需要提前预约时间，尽可能减少信息传递过程，为后续整改提升提供资源与支持做铺垫。

（三）末次会议主要内容

末次会议前，应先整理好问题清单，避免因描述不清而引发歧义。在末次会议沟通时，通常建议采用“三明治”沟通方式，即感谢、问题和期望，主要内容如下：

1. 审核回顾

在开启审核总结前，首先对在这次审核过程中提供支持的工厂伙伴进行感谢，如感谢相关人员全程陪同，表达感谢有助于拉近和工厂的距离，为后续不符合项问题确认达成共识做铺垫。

其次审核员可以简单概述一下本次的审核范围，如现场涉及的车间，生产的产品，过程中重要的事件等。同时强调审核的抽样特性，审核过程本身是一个抽样的过程，可能工厂日常做得好的做法没有全面了解到，因此需要特别强调以便工厂能够理解。

在审核回顾后，应将工厂做得较好的方面进行简明扼要的描述，为审核不符合项的描述做一个铺垫。

2. 审核不符合项描述

审核不符合项的描述是末次会议的核心内容，审核不符合项描述通常建议按照不符合项严重程度进行描述，先说严重问题，再说一般问题。对于同一严重程度的问题，根据工序或审核顺序进行描述，如“卫生清洁有效性问题分别有几点”“与人员操作不良相关问题点如下”等，通过适当的分类不仅有助于识别主要风险问题，同类型问题根因更容易被识别。问题描述应尽可能使用工厂熟悉的语言，如工厂前处理区不同房间在现场大家都怎么称呼，按照工厂的习惯进行描述让问题更有代入感。

问题描述过程中尽可能客观描述看到的现象，避免主观臆测的内容，看到什么描述什么，因为在现场时间有限的情况下有些问题根因不一定洞察全面，尽可能避免先入为主的发表主观感受和观点。

不符合项描述后，需与工厂确认是否存在异议和问题，如果没有可以采取打印后工厂签字的方式进行确认。对于可能引发争议的问题，最好在末次会议前进行沟通和确认，这有助于减少末次会议中对审核不符合项达不成一致的情况。同时，在末次会议前与具有资源提供能力的管理层进行沟通，也有助于推动后期现场的改善。

对于不符合项的整改，需要与企业明确整改的时限要求和整改证据的提供要求。

3. 企业发言和互动沟通

不符合问题描述后，最好能够倾听一下企业参与审核人员的声音，尤其是陪同人员的反馈，同时邀请高级管理者进行发言，将更好地了解企业对于后期整改的承诺程度，为后期的有效整改达成共识并提供相应的资源。

第三节 审核报告与整改关闭

前面已经为大家介绍了审核实施前准备和现场审核实施过程的良好实践，现场审核结束后，审核人员的主要工作通常包括审核报告的整理、撰写和提交，对于供应商审核人员而言，审核报告的提交仅是持续改善的起点，需要更加关注供应商是否有效关闭不符合项。那么如何通过一份审核报告能让阅读报告的人员虽然没有去过现场，却能通过查阅审核报告了解企业目前食品安全现状和主要风险，同时督促供应商按照审核报告及时有效地完成不符合项整改关闭，一份好的审核报告就显得尤为重要了。

一、审核报告的结构与内容

IFS的《良好评估实践指南》提出了编写优秀审核报告的标准和要点。优秀的审核报告不仅展现专业性，还能让未到场人员了解企业的合规性、食品安全和质量管理情况。同时，从阅读者的角度出发，可以实现有效沟通，通过审核报告了解企业管理水平和风险点。审核报告应满足以下两个总体要求：

(1) 公正表达：报告必须真实、准确，确保审核发现、结论和报告内容真实、准确地反映整个审核过程。

(2) 基于证据的方法：在系统的审核过程中，使用可验证的证据来得出可信且可重现的审核结论。

二方供应商审核报告与三方认证审核报告在内容构成上往往存在差异，且不同企业的二方审核报告的具体内容模块也可能各不相同。通常情况下，审核报告包含以下核心部分：

(1) 首先是审核的总体信息，它涵盖了审核的目的、范围、时间以及参与人员等基本信息。

(2) 其次是计分统计分析，这部分提供了审核得分的详细数据和分析，帮助评估供应商的整体表现。

(3) 接着是检查表和审核发现，详细记录了审核过程中的各项观察结果。此外，整改行动计划筛选出检查表中的不符合项，并要求被审核方针对发现的问题制定具体改进措施和时间表。

(4) 最后，其他审核报告输出，如照片清单等，为报告提供了补充材料。企业会根据自身的管理实践和特定需求，对这些模块进行适当的调整和补充。

(一) 审核报告总体信息

审核报告总体信息是对整个审核过程的一个总结，能让报告阅读者从中获取到审核中第一手的有价值的概览信息，一般由被评估企业信息和本次审核总体信息组成。

1. 被评估企业总体信息

(1) 企业基本信息：

通常包括以下方面的信息：成立时间、员工数量、面积、销售额、主要产品、认证信息、主要客户及上次审核的整改率总体信息。如表 2-16。

表 2-16 企业基本信息举例

工厂基本信息			
成立时间	2017 年×月	员工数量	150 人
工厂面积	××m^2	工厂班次	长白班
年产量	6000 吨	年销售额	8000 万
主要产品系列	酱卤肉制品	供应/计划供应产品	卤牛肉
生产周期	3 天	供应周期	5 天
认证证书	FSSC 22000		
主要客户（TOP3）			
上次评估整改行动进展	新供应商审核，不适用		

(2) 主要参与评估人员：列举参加审核活动的主要人员清单，见表 2-17。

表 2-17 企业参加审核活动人员信息举例

姓名	职务	首次会议	现场评估	文件评估	末次会议
张×	总经理	√			√
孙×	生产总监	√	√		√
王×	质量经理	√	√	√	√
李×	采购经理	√			√
赵×	销售经理	√			√

2. 审核总体信息

评估目的：表示本次审核的主要目的和类型，通常有如下评估类型：新供应商评估/年度评估/非通知评估/其他评估（如客诉调查等）。

评估范围：被评估方名称、地址、审核场所与供应商关系、评审日期、总评估时间、现场评估时间、评估人员、评估范围、最终评估结果、其他信息（参与评估人员信息、企业基本信息介绍、企业优缺点等）的详细信息。

例：评估基本信息：

供应商名称：××食品有限公司

评估地址：××省××市××区××街道××号

审核场所与供应商关系：自有工厂

评审日期：2024 年×月×日

总评估时间：8h

现场评估时间：4h

评估人员：××

评估范围：××食品有限公司××产品的生产（解冻、脱包、调配、灌装、外包装、水处理）

最终评估结果：列出本次审核后的企业的评级，例如优秀/良好/及格或整改后通过/不通过（详见本章节 3.1 审核结论的基本原则）中的哪一个等级。

企业主要优点：描述企业的主要优点和好的方面。如通过各项体系认证，现场硬件投资大，工厂基础设施好，现场卫生良好等。

企业主要不足：描述本次审核过程当中发现的主要问题和不足。比如 CCP 监控失效，虫害风险较大等，并在每个模块进行举例说明。

（二）审核报告各章节得分汇总

在二方审核中，我们对供应商的食品安全与质量管理进行了全面的评估，以确保其管理体系和操作流程符合既定的标准和要求。以下是对各主要章节得分的汇总分析案例，这不仅反映了供应商在各个关键领域的表现，也揭示了其整体的合规性和质量管理能力。通过这一得分汇总，我们可以清晰地看到供应商在各个方面的具体得分和得分率，从而为后续的改进和决策提供数据支持，见表 2 - 18。

表 2 - 18　某客户二方审核得分汇总

审核得分汇总			
章节名称	本次评估得分	该章节分值	该章节得分
管理体系通用要求			
食品安全体系要求			
基础设备设施			
支持系统			
污染的控制措施			
过程质量控制			
总分			

（三）审核报告检查表

检查表是审核员在进行现场审核时，对照审核准则要求进行评审判定并记录发现的工具。一些企业为了提高审核的准确性和一致性，还会在供应商检查表中增加审核指南文件，以提供更详细的指导。表 2 - 19 是一个检查表的示例，展示了如何根据标准要求进行评价和记录审核情况：

表 2 - 19　检查表示例

编号	标准要求	评价	审核情况描述	条款释义及评分依据

食品安全二方审核表是用于确保供应商符合既定供应商食品安全审核标准的重要工具。它帮助识别潜在的食品安全风险，确保产品和服务的质量，并促进持续改进。食品安全二方审核表，一般包括编号、标准要求、审核情况描述、不符合项评价、条款释义及评分依据。以下是对于审核表各组成部分的释义：

1. 编号

编号是对审核表中的每个项目进行唯一标识的代码。它有助于快速定位特定的审核条款，方便查阅和管理。通常，编号系统会按照一定的逻辑排列，比如根据供应商食品安全审核标准章节或主题分类。

2. 标准要求

标准要求是指审核所依据的具体条款。它们定义了食品生产、加工、储存和分销过程中必须满足的条件或行为准则。

3. 审核情况描述

审核情况描述是对实际审核过程及结果的文字记录。这部分内容详细记载了审核员在现场观察到的事实、与相关人员的交流以及对文件和记录的审查等信息。它应该客观、准确地反映被审核单位是否遵循了相应的标准要求。

4. 不符合项评价

不符合项评价是在发现不符合审核标准要求的情况下进行的评估。它不仅指出存在的问题，还会分析这些问题的原因及其可能带来的影响，从而进行不符合项风险等级的判定，旨在帮助审核报告阅读人员理解不符合项的严重程度。

5. 条款释义及评分依据

条款释义是审核实施中的一个良好实践，有助于审核员对于审核尺度的统一，并为审核过程提供指南，是对每一个具体审核条款含义的解释说明，这一部分有助于保证审核过程的一致性和公正性。

（四）整改行动计划

整改行动计划是审核过程中的一个关键组成部分，它详细记录了审核中发现的所有不符合项，审核员一般会在审核末次会议时告知企业本次审核主要不符合项问题，并要求企业使用原因分析工具在规定的时间内完成不符合项 CAPA（纠正预防措施）。整体上，整改行动计划的目的是确保所有关键不符合项（一票否决项）、严重不符合项、一般不符合项都得到妥善处理，见表 2-20。

表 2-20 不符合项整改行动计划

不符合项		行动计划				
级别	问题描述	问题根因分析	整改行动	整改完成期限	执行人	整改完成证据
不符合项级别	不符合项描述	由问题责任部门填写	由问题责任部门填写	由问题责任部门填写	由问题责任部门填写	由问题责任部门填写（提供文件或者照片）

（五）其他审核报告输出

在审核报告中，除了上述信息外，还包括了一系列的补充材料，这些材料旨在提供更全面的审核背景和细节。其他审核报告输出主要包括：照片清单、资质证照、认证证书、检验报告、产品及标签照片、工艺流程图、历史抽检信息、主要功能间照片、现场良好案例和主要不符合项照片。这些材料有助于被审核方识别优势和不足，制定改进措施，同时也为审核报告阅读者更加了解被审核方的情况，提供了透明度和信任基础。

二、不符合项评级与描述

在二方审核中，不符合项指的是那些未达到审核标准的具体情况。这些情况可能包括违反法律法规、文件和记录的不符合、现场管理问题，或是访谈中发现的信息与审核标准不符。审核员应与被审核企业共同确认这些不符合项，并基于事实记录下这些未解决的问题。接下来，我们将详细探讨不符合项的评级和描述，这是确保审核结果准确性和一致性的关键步骤。

（一）不符合项风险评估与评级

虽然全球食品安全倡议（GFSI）基准标准（Benchmarking Standards）中对于审核不符合项的分级没有明确的要求，但是不同的 GFSI 认可的食品安全标准（如 BRCGS、IFS、FSSC 22000、SQF 等）可能会有不同的分级方式，但通常包括轻微/次要/一般不符合项、严重/主要不符合项和关键不符合项，例如表 2-21。

表 2-21 不符合项等级

食品安全标准名称	不符合项分级
IFS	KO：关键不符合 Major：主要不符合 B（偏离）：几乎完全符合 C（偏离）：部分要求不符合 D（偏离）：没有执行条款 A：完全符合 N/A：不适用
BRCGS	关键：严重违反食品安全或法规的情况。 主要：重大违背“意向声明”或本《标准》任何条款的要求的情况，或者发现存在如下情况：根据可用的客观证据，可能对所供应产品的合规性造成重大嫌疑。 次要：不能完全满足某个条款，但根据客观证据不怀疑产品的合规性的情况。
SQF	轻微不符合 重大不符合 关键不符合

（续表）

食品安全标准名称	不符合项分级
FSSC 22000	一般不符合 严重不符合 关键不符合

借鉴这些国际食品安全标准，二方审核中的不符合项分级通常也遵循类似的层次结构，以确保审核结果的准确性和一致性。不同的二方审核的标准中对于不符合项的定义可能会不同，但是通常是包括在如下几种不符合项中：KO 项/一票否决项、严重不符合项、一般不符合项或轻微不符合项以及观察项，每个等级都有其特定的定义和处理要求，见表 2-22。

表 2-22　不符合项分类要求及举例

不符合项分类	等级划分要求
KO 项/一票否决项	严重、重复性和（或）结构性偏差，严重违反法规、已经导致产品污染、涉及欺诈，对品牌声誉造成重大影响。例如： 提前打印生产日期； 添加剂超范围使用； CCP 点监控记录造假； 内包装间存在严重的害虫等
严重不符合项	出现重复性，结构性或严重偏差，可能存在食品安全风险或可能会引起产品质量问题。有潜在危害、部分程序缺失或与标准不符的有关食品安全问题。如果这种危害、遗漏或问题不加以纠正，可能会导致程序的失效。例如： 部分员工进入高风险区或高清区时没有洗手； 设备多处有跑冒滴漏现象； 食品接触材料和包装材料没有相应符合性声明/检测报告； 危害分析中，遗漏生产工艺过程的危害分析
一般不符合项	没有执行条款标准要求或者其执行缺乏有效性，但未对食品安全或质量产生直接风险。例如： 工厂的虫害管理人员没有接受过虫害相关培训； 现场设备有个别前处理设备没有制定清洁计划，且清洁不充分； 设备维保计划中，遗漏了关键设备，且设备已经出现跑冒滴漏
轻微不符合项	部分执行条款标准要求或者其执行有效性不足，与条款有些许偏差。例如：进入一般生产区的个别员工洗手未严格遵循洗手 7 步法，车间的非接触面有几处清洁不到位等

（续表）

不符合项分类	等级划分要求
观察项	虽然不构成正式的不符合项，但这些观察项可能指出潜在的问题或改进机会。 例如：虫害趋势分析中未根据每个点进行分析
不适用	标准条款不适用。 例如：企业未使用过敏原料，故过敏原交叉污染控制条款不适用

二方审核中，通过对于不符合项进行分级分类，不仅能够帮助企业识别和解决当前的问题，还能够预防未来可能出现的风险，从而提升企业的食品安全管理水平和市场竞争力。

（二）不符合项描述

在描述不符合项时，应确保基于清晰的事实，并力求语言简洁明了，以便报告的阅读者即便未亲临现场，也能如临其境，并认同不符合项的分级及事实描述。判定不符合项需遵循以下三个基本原则（见图 2－5）。

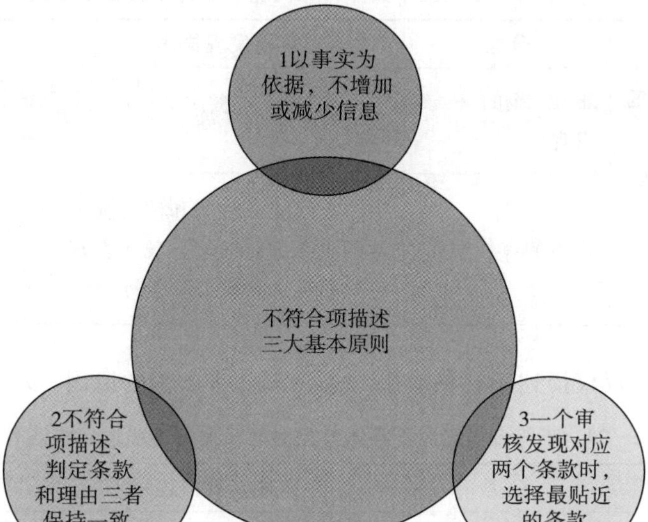

图 2－5　不符合项判定三个基本原则

虽然目前不符合项描述并没有什么固定格式，各个食品安全国际标准也没有对不符合项描述提出具体要求，但在编写审核报告时不符合项描述应注意以下 3W1E 要求（见图 2－6）。

通过对于不符合项的 3W1E 的描述，能够让阅读不符合项的人员了解其风险大小。而对于不符合项的描述，目前很多审核员并不能很好的把握，接下来通过相关的案例来描述不同类型的不符合项描述的常见问题及良好实践。

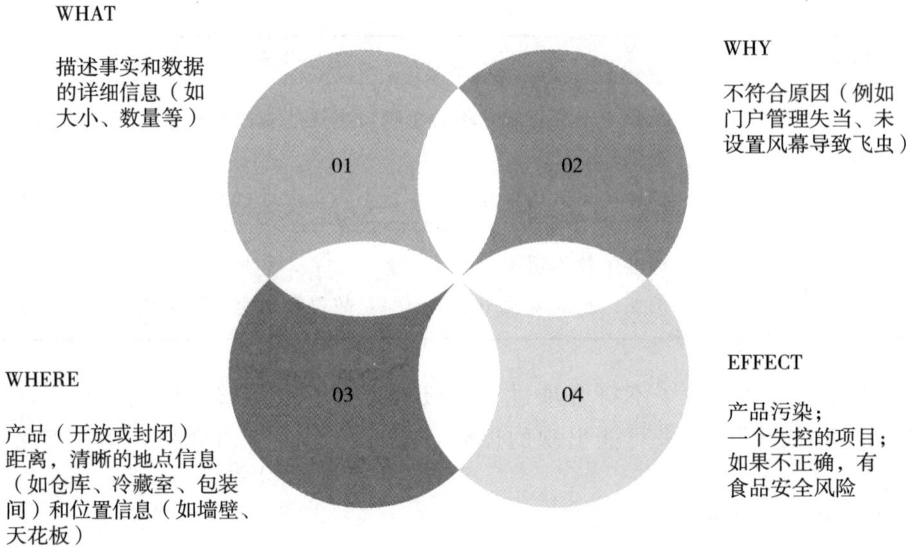

图 2-6　不符合项描述 3W1E 原则

1. 描述不具体：没有详细描述审核发现的大小和数量等信息。示例见表 2-23。

表 2-23　不符合项描述不具体常见问题及良好审核发现描述举例

标准要求	分类	审核发现描述	点评说明
是否有虫害侵袭的迹象？ 虫害控制设施有效，设施的布置合理，生产区域没有虫害迹象。	不恰当的审核发现	现场有少量虫子等	审核发现未详细描述 what
	恰当的审核发现	生产车间的清洗间和洗手池的地漏没有进行封堵，现场发现有一只爬虫蚰蜒在清洗间。	审核发现 what（大小和数量）描述翔实

2. 有果无因：仅仅描述不合格结果未关注不合格产生的原因。示例见表 2-24。

表 2-24　不符合项描述不具体常见问题及良好审核发现描述举例

标准要求	分类	审核发现描述	点评说明
是否具备书面的有效的清洁和消毒程序，包括相应的效果验证活动，以确保设施、工具及设备的洁净？	不恰当的审核发现	企业调配间调配罐未清洁	审核发现未关注 why
	恰当的审核发现	班后清洁后，灌装间灌装机的3个灌装头上观察到残留的糖浆，现场查看企业设备操作规程要求清洁频率要求每日清洁并由班组长每日清洁后目视检查，设备未按规程每日清洁和目视检查	审核发现关注了不符合原因，why

3．地点不详：未明确不符合项发生的区域（高清区、准清洁区、低清区）和风险性。示例见表 2－25。

表 2－25　不符合项描述不具体常见问题及良好审核发现描述举例

标准要求	分类	审核发现描述	点评说明
员工的着装和个人卫生（个人健康、干净的衣服、洗手、修剪指甲、头发固定和发网）是否符合程序/规则并防止食品受到任何污染？	不恰当的审核发现	车间多名员工未佩戴发网和口罩	审核发现未描述 where
	恰当的审核发现	内包装间（高清区）区域观察到 5 名员工正在进行包装操作时未按规定佩戴发网和口罩	审核发现关注了 where 发生不符合

4．未考虑食品安全危害和风险：仅仅描述审核发现的表象，未描述产品的污染和食品安全风险。示例见表 2－26。

表 2－26　不符合项描述不具体常见问题及良好审核发现描述举例

标准要求	分类	审核发现描述	点评说明
所有用于维护和保养的材料是否适用于它们的预期用途？	不恰当的审核发现	工厂使用的润滑油为非食品级	审核发现未关注 effect
	恰当的审核发现	现场审核时润滑油设备使用明细表，没有提供润滑点位图，企业脱皮间脱皮设备磨头使用非食品级润滑油，物料均需要通过磨头脱皮，存在交叉污染	审核发现关注了 effect（产品污染）

三、审核报告的评审

在二方审核过程中，审核报告的评审是一个关键环节，它直接关系到审核结果的准确性和有效性。然而，当前许多企业在这一环节的表现并不理想。一些企业可能因为成本压力而忽视了审核报告的深度和质量，导致报告内容过于简化，缺乏必要的细节和深入分析。此外，由于缺乏对审核员资质和专业能力的严格要求，一些审核报告可能无法准确反映现场实际情况，或者在不符合项的判定上存在偏差。

现状表明，二方审核报告的评审往往面临以下挑战：

（1）成本与质量的权衡：企业在选择审核服务时，可能会因为考虑成本而牺牲审核质量，选择价格低廉但服务质量不高的审核机构。

（2）审核员能力的不一致性：审核员的专业水平和经验参差不齐，可能导致审核报告的质量不稳定，影响评审的准确性。

（3）审核报告的深度不足：一些报告可能过于表面化，未能深入挖掘问题的根本原因，也未能提供有效的改进建议。

（4）沟通与反馈机制的缺失：在审核报告的评审过程中，缺乏有效的沟通和反馈机制，导致问题无法得到及时的识别和解决。

为了改善这一现状，企业需要重视审核报告评审的重要性，确保评审过程的严谨性和专业性。这包括选择合格的审核机构和审核员、提供充分的培训、建立有效的沟通渠道以及实施严格的评审标准。通过这些措施，可以提高二方审核报告的质量，确保供应链的食品安全和质量管理得到有效监控和提升。

（一）审核报告的评审流程

在当前的二方审核实践中，许多企业在审核报告的技术评审环节存在不足。为了提升审核报告的质量，企业可以采取多种形式的技术评审，通常有如下的评审形式：

（1）专职技术评审人员：一些企业可能会设立专门的技术评审岗位，由具备深厚专业知识和丰富经验的人员担任，他们负责对审核报告进行深入分析和评审，确保报告的准确性和专业性。

（2）主管经理评审：在一些组织中，审核报告可能需要提交给高级管理人员或部门负责人进行评审。这些管理人员通常具有较宽广的业务视野和决策权，能够从战略层面评估审核结果，并提供指导性意见。

（3）内部兼职审核老师：除了专职人员外，一些企业可能会指派内部审核老师对审核报告进行交叉评审。

通过这些不同的技术评审方式，企业可以确保审核报告得到充分的审查，从而提高报告的质量和可信度。技术评审不仅有助于识别和纠正报告中的错误和遗漏，还能提供宝贵的反馈，促进审核人员的专业成长和审核流程的持续改进。

技术评审人员对审核报告按照要求进行评审，并将审核意见反馈给审核人员，通过技术评审的审核报告由供应商管理部门主管复核后，按照公司流程分发给供应商，审核不符合要求的由审核人员修改后重新提交技术评审。报告技术评审流程如图 2－7 所示。

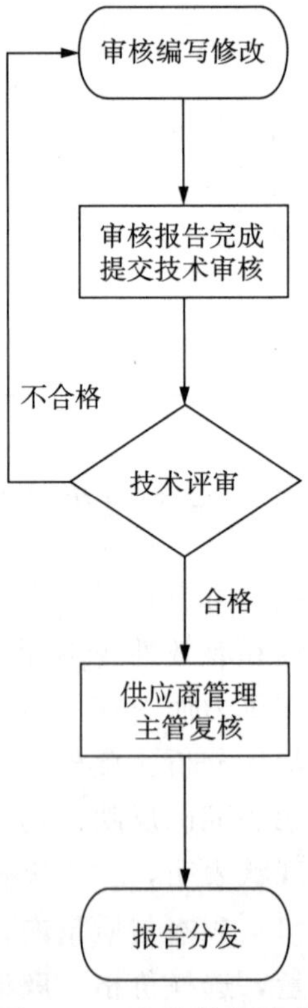

图 2－7　审核报告技术评审流程

（二）报告评审人员的能力要求

报告评审工作应由专职的技术人员评审员完成，对于没有专职技术评审人员，也应当安排对审核标准比较熟悉的审核人员（例如审核员之间交叉审核），为了保证审核独立性和公正性，一般报告评审人员应选择不参与该次评估的人员。对于审核报告评审人员必要的能力要求至少包括以下项目：

（1）教育经历：食品相关或生物学学位（至少具有学士学位或同等学历）或至少完成食品相关的专业高等教育。

（2）工作经历：五年以上全职与食品行业有关的工作经验，包括下列职能：与食品行业或零售业有关的食品生产活动（例如品质保证、食品安全），食品安全审核和/或食品安全检查。

（3）培训经历：参加供应商审核标准的培训课程和食品安全有关培训课程（食品安全、食品相关法规、审核实践等）。

（三）报告评审相关指标

食品审核报告作为传递企业对于供应商审核评估反馈的重要文件，一份优秀的食品审核报告往往会促进供应商按照要求积极完成期望的整改，减少后续带来的食品安全和投诉风险，所以报告评审作为一项严肃的工作就显得尤为重要了，可以结合报告技术评审结果对于审核人员的报告进行打分评估，作为审核人员日常绩效考核的一部分。

如表 2－27 是审核报告的技术评审要求标准的示例。

表 2－27　报告评审要求及示例

序号	报告评审要求	权重
1	输出的文件齐全	10%
	（1）客户或者供应商管理要求的文件齐全； （2）评估通知的时间、场所、地址与实际不一致需有补充文件	
2	报告中信息准确	15%
	（1）报告填写的审核相关信息准确； （2）供应商基本信息准确； （3）任务概况信息准确，如有对审核信息或供应商基本信息补充的，可在此做说明	
3	报告能准确描述审核过程	30%
	（1）描述主要的审核过程要有抽样； （2）审核过程描述要覆盖主要风险点，如硬件设施维护、异物控制、虫害、检测能力、人员培训等； （3）关键场所，工艺有无漏项	
4	评分与描述准确合理	25%
	（1）不符合严重程度依据审核发现并考虑结果； （2）建议从帮助企业改进的角度描述； （3）判分所在的条款尽量接近	
5	语言简练、报告美观	10%
	（1）报告中影避免出现错别字，专业术语准确，符号准确； （2）语言描述精炼无歧义； （3）报告整体打印预览美观，字体、字号、颜色一致	
6	报告时限	10%
	时效按照要求完成，包括报告评审及二次修改完善	
总分		100%

四、审核结论与报告分发

食品审核报告的结论是对整个审核过程中所有审核发现的符合性和问题严重程度的综合总结。这一结论不仅需要清晰、准确地反映食品生产过程的实际情况，还要为后续的改进措施提供指导。随着技术的发展，许多食品审核表格已经具备了自动计分功能，部分二方审核也已经采用了数据化系统，这大大简化了审核人员的工作流程。在完成审核发现描述和不符合项分级判定后，系统能够自动生成审核结果，从而提高了审核的效率和准确性。

接下来，我们将详细探讨审核结论的制定以及审核报告的分发流程，这两个环节是确保审核效果和后续改进措施得以实施的关键。

（一）审核报告结论

在确立审核结论时，审核员必须综合考虑所有审核发现，包括合规性和食品安全风险，并将这些发现与评估标准进行对比分析。这一过程要求审核员不仅关注是否有明显的违规行为，如使用过期食品、许可证件过期或现场产品污染等，还要评估这些风险对整体食品安全管理体系的影响。审核结论的出具应遵循无重大风险和满足合格线得分的基本原则，确保供应商的食品安全管理水平符合企业的要求。

为了进一步明确审核结论的制定，我们需要引入审核结论的分类标准。这些标准针对审核中不同审核得分对本次审核过程进行供应商审核分级。这将有助于企业理解供应商的食品安全风险水平，并作出相应的管理决策。如表 2-28 是某企业的审核得分及审核结论的案例：

表 2-28　某企业审核结论标准

供应商分级	优秀	良好	及格	整改后准入	不准入
划分标准	≥90	80≤审核得分<90	70≤审核得分<80	60≤审核得分<70	<60
供应商管理策略	准入	准入，持续改善以期获得优秀	有条件准入，持续改善以期获得良好	暂不准入，需要安排复审通过后准入	不合作

对于审核报告的结论，不少二方企业会遇到如下问题，准入的及格水平要求很高（如 80 分以上），这样容易导致审核结果都是非常高的分数，受审核的供应商的得分无法拉开差距，因此建议审核结论的得分档次能够合理的划分，以将不同水平的供应商能够区分开来。

（二）审核报告分发

在二方供应商审核中，审核结论的完成标志着审核活动的一个重要阶段，但随之而来的就是审核报告的分发。这一环节确保了审核结果的透明度，并为后续的改进措施提供了依据。以下是针对二方供应商审核报告分发的流程和注意事项：

1. 分发对象

确定分发名单，包括供应商的管理层、相关部门负责人以及任何需要知晓审核结果的内部人员。

2. 分发人员和执行

审核报告的分发人员，通常有两种人员负责，一种是通过采购进行分发，一种是通过质量人员进行分发，目前多数的二方企业是通过采购统一窗口进行分发。

分发通常需要通过正式的方式，通过电子邮件、内部供应商管理系统等方式将审核报告分发给供应商，并确保分发过程符合保密和安全要求。

3. 确认接收及后续沟通

跟进供应商确认收到审核报告获取确认回执，与供应商就审核中发现的问题进行沟通，讨论整改措施和时间表，并确保供应商理解并执行系统整改措施。

五、审核不符合项的 CAPA 纠正和预防措施关闭

(一) 审核不符合项关闭的常见问题

审核结束后不符合项有效关闭是审核有效性的保证，通常在末次会议时审核员会对审核不符合项的关闭时限和相关要求进行说明。目前，在二方审核活动中，企业在接收到客户二方审核报告后虽然有提供 CAPA 关闭相关资料，但是其有效性严重不足，在供应商复审时往往发现企业并未对上一次审核的不符合项有效落实整改。目前审核不符合项关闭主要存在以下问题：

(1) 没有跟进：很多企业往往比较重视审核过程及发现的不符合项，没有重视供应商的不符合项 CAPA 管理和跟进，报告发送后，并没有人员跟进审核的不符合项的整改。

(2) 整改敷衍：部分供应商为了应付客户，在不符合项的整改过程中，往往只停留在纸面上的整改，并没有进行深入原因分析，没有从根本的原因来关闭不符合。同时对于这类敷衍的整改报告并没有进行深入的追究。

(3) 整改证据缺乏追踪：供应商审核时的整改项目是否及时有效关闭，目前缺少有效的整改证据和数据追踪，没有提供充分的整改证据，未明确制定并告知整改完成率目标，日常缺乏数据跟进。

(二) 审核不符合项关闭要求和证据提供

审核报告在完成技术评审和确认审核结论后应当通过邮件或者其他正式方式告知审核相关方本次审核报告及审核结论，并告知受审核方整改期限。受审核方在收到审核报告应当针对不符合项启动 CAPA 关闭。针对所有不符合项进行 CAPA 关闭，应当组织公司有关部门进行原因分析，原因分析工具可以使用 5M1E（即人、机、料、法、环、测）或者 5why 的分析方法，需要将具体任务分解给具体责任部门和责任人，并提供整改证据，以验证整改有效。

在企业实施 CAPA 过程中，关闭整改的证据分类通常包括以下几个方面（包括但不限于）：

(1) 完整的 CAPA 报告；

(2) 整改照片（硬件改造、现场增加设施设备等）；

(3) 文件（体系文件和作业指导书）和记录更新；

（4）检验报告；

（5）培训记录；

（6）不符合项部分：不符合项级别和问题描述，可以直接引用二方审核表中审核员关于不符合项的描述和评级；

（7）问题根因分析：原因分析可以使用常见的原因分析工具（5why 或 5M1E）来完成，一般由问题责任部门填写，分析问题产生的根本原因。

（8）整改行动：列出为解决不符合项所需采取的具体整改措施，整改措施制定既要考虑“治标”，解决眼前的不符合，又要结合根因分析，进行“治本”。

（9）整改完成期限：设定完成整改措施的截止日期，一般由被审核方与客户协商确定。

（10）执行人：明确负责执行整改措施的人员。

（11）整改完成证据：由问题责任部门提供，以证明整改措施已经完成的文件或照片等证据，可以提供整改前后的照片对比，证明整改措施有效。

在企业实施 CAPA（纠正和预防措施）过程中，提供整改证据是确保问题得到妥善解决的关键步骤。以下表 2－29 为不符合项整改行动计划的表格模板，用于记录和跟踪企业在二方审核过程中发现的不符合项及其整改措施。

表 2－29　不符合项整改行动计划

不符合项		行动计划				
级别	问题描述	问题根因分析	整改行动	整改完成期限	执行人	整改完成证据
不符合项级别	不符合项描述	由问题责任部门填写	由问题责任部门填写	由问题责任部门填写	由问题责任部门填写	由问题责任部门填写（提供文件或者照片）

（三）审核不符合项关闭的评审

不符合项关闭评审人员一般为上一次审核的人员，对受审核方提供 CAPA 报告进行评估，可以通过定期现场验证、书面验证和下次审核再验证这三种方式来跟进改善情况，一般优先整改关键和主要不符合项，见表 2－30。

表 2－30　不符合项关闭的三种验证方式

项目	现场验证	书面验证	下次审核验证
定义	受审核方现场进行现场审核方式的跟踪验证	审核实施人员对受审核方提供的纠正措施完成的证据（文件、照片等）进行验证，必要时辅助相应的会议交流	先对受审核方提交的纠正措施计划的可行性进行确认，纠正措施的有效性则在下次的审核中验证

CAPA 验证关闭应当重点考虑关键和主要不符合项，同时考虑整改有效性，是否消除食品安全相关风险，可以通过以下图 2－8 的 6 个问题来进一步确认供应商提供的

证据是否充分？

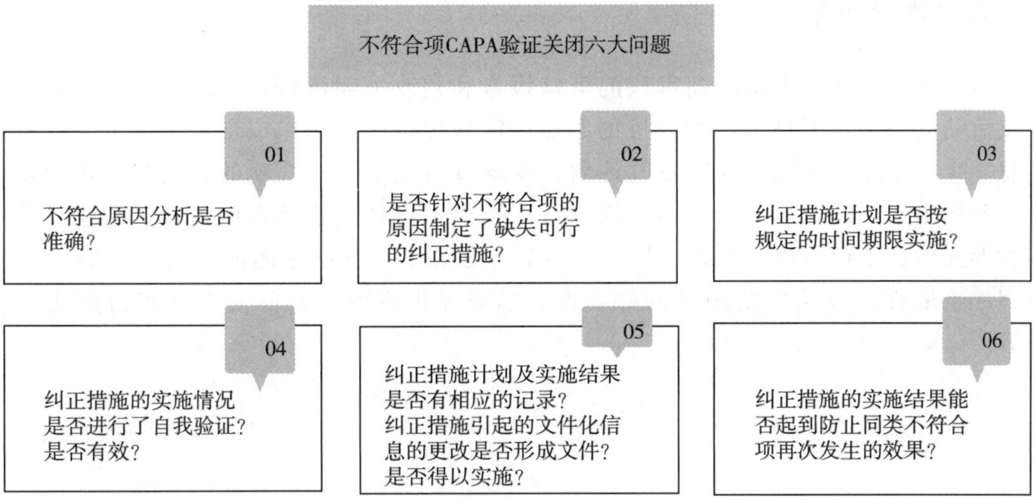

图 2-8　判断不符合项验证是否有效的 6 个问题

为了确保纠正和预防措施（CAPA）的有效实施，并验证其是否达到了预期效果，推荐使用一个详细的 CAPA 验证关闭表格，见表 2-31。该表格不仅是跟踪 CAPA 进展的重要工具，而且还能帮助供应商和审核人员能够透明地了解问题解决的状态。CAPA 验证关闭表格结构主要包括：

（1）验证日期：记录验证具体时间，且是否在审核结束后规定时间内完成；

（2）验证人：验证人员岗位和姓名，以便能够准确追溯；

（3）验证内容：按照企业提供的 CAPA 证据，详细列出验证措施；

（4）效果评估，确认是否达到预期，以及是否需要下次审核验证；

（5）不符合项状态，确认不符合是否已有效关闭。

表 2-31　验证审核不符合项整改的报告示例

不符合项		效果验证				
级别	问题描述	验证人	验证日期	列举验证内容	是否达到预期效果？	不符合项是否已关闭？
不符合项级别	不符合项描述					

（四）审核不符合项的持续跟进

审核中不符合项 CAPA 关闭是一个持续改善的过程，所以很多企业在供应商审核时将前一次供应商审核中出现的问题会增加扣分比重来避免问题复现，例如上次审核中的轻微/一般不符合，在本次审核中仍然发现的按照严重不符合判定。供应商审核人员在审核工厂时应当查阅企业上次审核报告，尤其关注上次不符合项关闭情况，这样也能让审核真正作为供应商持续改进的动力，并非成为一个表面工作。

六、本章小结

本章节聚焦于二方供应商审核的审核报告和整改关闭流程。完成审核报告不仅是审核活动的总结，更是供应商改进的起点。审核报告的关键组成部分，通常包括总体信息、企业信息、审核发现和整改计划。本章节讨论了不符合项的评级与描述的重要性，并提出了不同审核不符合项分级方法；指出了审核报告评审的挑战，并建议采用多种形式的技术评审以提升报告质量；最后，强调了审核结论的准确性和CAPA关闭流程的重要性，以及持续跟进的必要性，以确保供应商的食品安全管理得到实质性提升。

第三章

加工企业良好审核实践案例分享

食品供应商的类型有很多，有原料、辅料、包材、添加剂和农产品等各种类型，但是占比最多的供应商通常是食品加工型的企业，本章节介绍如何对食品加工企业进行良好审核。

食品加工企业的审核内容，不同企业的审核标准会有所不同，但是主要内容大致可以分为如下三部分：

（1）GMP 现场管理部分审核实践。主要包括虫害管理、清洗消毒、个人卫生、基础设施、设备管理和辅助设施等模块内容。

（2）食品安全和质量管理体系模块审核实践。这个模块更多的是除了 HACCP 体系外的文件审核，主要内容包括食品防护、食品欺诈、过敏原、追溯、内审和管评、质量文化、供应商管理、员工培训、不合格品、产品检测和产品规格等主要模块。

（3）HACCP 体系审核实践。主要是加工企业的 HACCP 体系的建立、典型 CCP 点和 OPRP 点等如何进行高效审核。

如上三大模块的分类，与 GFSI 基准比较要求对于不同国际标准要求的对标要求基本保持一致，从而便于读者有统一的体系框架结构。接下来，本章节将从 GMP、体系模块和 HACCP 体系这三大模块来阐述如何对加工企业开展良好审核实践。

第一节　GMP 现场管理主要模块审核

一、虫害管理良好审核实践

昆虫是自然界中数量和种类最为庞大的动物群体，环境中几乎无处不在，一旦进入食品加工的生产现场或仓储环境，即成为虫害。作为具有繁殖能力的生命体，其产生和活动具有一定的规律和分布范围，同时当其生存环境变化时，虫害也会发生迁移，所以虫害的控制是一个循环往复的过程。虫害是食品安全体系中的重要异物来源，虫害的审核是衡量现场虫害防制是否按预定标准执行，同时评估现场虫害是否发生及得到管控的重要方法。

（一）现场虫害审核的意义

1. 预判食品虫害异物的发生

食品富含营养是各类昆虫嗜好的食物，可以说昆虫与人类食品相生相栖，外界的昆虫和老鼠总以意想不到的方式找到食物，这也是其会成为食品安全中常见异物的重要原因。综合虫害管理（IPM）就是一个干预害虫入侵的过程，虫害审核的最终目的就是对食品在加工和仓储环节虫害发生的风险进行评估，从而让企业加以重视并积极改善。

2. 识别害虫的环境指标特征

所谓"苍蝇不叮无缝的蛋"，同样害虫也不会无缘无故地出现在工厂的生产和仓储环境中，大部分害虫的出现预示着车间环境的某些方面出现了偏差或者缺陷，现场虫害审核正是发现虫害与环境因素之间的对应关系的过程，为追根溯源寻找依据。在众多的食品安全标准中，虫害会出现在不同的章节中，也是这个原因，虫害与环境的对应关系见下表 3-1：

表 3-1 虫害发生与工厂环境/结构对应关系示例

序号	诱因分类	害虫发生种类	环境/结构因素分析
1	内部滋生类昆虫	蛾蠓	车间环境中地漏、排水沟、设备底座表面有植物蛋白类有机腐败物
2		果蝇	环境中有果酱、蔬果等腐败的有机物质
3		蚤蝇	车间环境中有地下排污管道内动物蛋白腐败有机质
4		麻蝇	车间环境吊顶夹层中发生动物尸体的腐败
5		摇蚊	车间环境中有长期的积水场所（消防风管内）
6		蕈蚊	车间环境中有隐蔽的木制品受潮腐烂
7	噬菌类昆虫	书虱	车间环境中有霉菌滋生场所
8		薪甲虫	生产仓储环境中踢脚线食物颗粒/粉尘霉变
9	墙体密闭类昆虫	隐翅甲	潮湿环境中踢脚线沉降缝
10		蜈蚣	更衣柜、洗手池、墙体沉降缝
11		蚂蚁繁殖蚁	墙体、地基的缝隙、墙体伸缩缝
12	室外入侵类昆虫	家蝇	外部环境中生活垃圾堆放环境滋生（垃圾房、窨井）
13		丝光绿蝇	外部环境有腐败的植物，吸引蝇类的花卉
14		蚊子	外部环境有积水环境（雨水井、窨井）
15		蚜虫	外部环境绿化抽芽期发生蚜虫滋生
16		夜蛾	门口灌木丛（小叶黄杨树）滋生绿化蛾类昆虫
17	储类昆虫	烟草甲虫	粮食加工类原料在死角堆积（线槽、设备马达、踢脚线等）
18		印度螟蛾	过期的退废货粮食类原料堆放
19	内部躲藏	幼鼠	仓储环境杂物、货物长时间堆放，鼠类筑巢

3. 满足食品工厂虫害控制目标

食品工厂虫害控制的要求之一是采取环境友好的方式控制虫害密度，另一方面需识别并控制引发虫害滋生和活动的环境条件，使得环境不利于虫害的滋生和活动，同时溯源出虫害的入侵结构通道，并及时加以杜绝。因此，审核活动建议同时考虑这三方面的内容，即现场的虫鼠迹以及导致虫害发生的环境（清洁）和结构（缺失/不足）隐患见图 3-1。

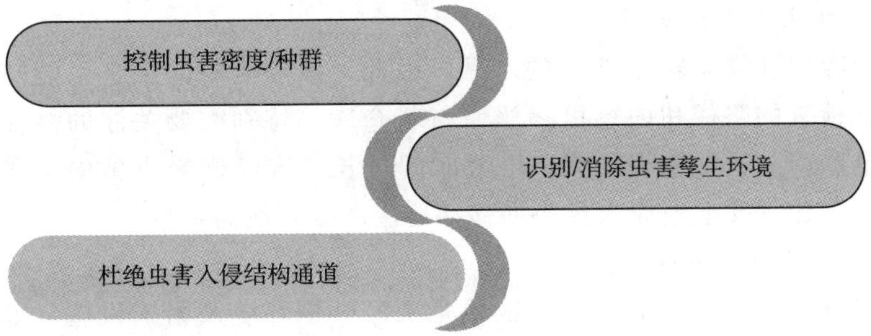

图 3-1　食品工厂虫害控制目标示意图

接下来我们从现场虫迹审核，设施审核，文件审核几个方面来阐述如何开展食品工厂现场虫害良好审核实践。

(二) 现场虫迹审核良好实践 (看现场)

1. 敏感的生产加工区虫害审核实践

本文中敏感的食品生产加工区指食品在生产过程中存在短暂裸露的加工区域，比较典型的是配料间、投料间、灌装间等。该生产区域如虫害滋生及活动，极有可能混入产品并流向下游环节。如车间湿度较高（相对湿度大于 60%）或采用湿法清洁方式时，腐食性小飞虫滋生的风险较大，需要现场验证的区域包括地漏、排水沟、设备底座、起壳踢脚线、扣板背后和设备保护罩的边缘；另外设备输送带线槽、顶部桥架内可能附着食品粉状颗粒，墙面上用来存放清洁工具的挂板与墙体的夹层；也是仓储昆虫和书虱潜在的隐藏场所；通常有些频繁运转的设备如输送带背部、灌装机的马达因为死角多，清洁不易，也是潜在的室内飞虫滋生场所；在一些烘焙投料车间，审核时需特别留意墙壁或天花板的回风口，因为它们长期吸附食物粉状颗粒。特别注意在敏感生产环境审核时，可以抬头观察照明灯灯罩内是否有昆虫尸体，以确定车间的吊顶是否有虫害入侵的风险。

2. 员工更衣区域虫害审核实践

更衣室连接一般区和准清洁区或洁净区，其内部虫害活动对车间生产环境的影响也较大，昆虫主动活动，或随人员流动被携带进车间。审核检查时需留意以下三个要点：一是更衣柜内部是否存放了其他食品，是否有蟑螂活动痕迹；二是洗手池的柜子地漏是否有蛾蠓等虫害滋生，踢脚线沉降缝是否有多足纲蜈蚣侵入；三是对于一些烘焙类工厂、食品添加剂类工厂，需要关注员工更衣室/更衣柜是否有卫生死角积灰尘，因为员工制服上携带的粉尘在更衣室更换时，抖落在更衣柜背后，时间较久会产生仓储类昆虫。

3. 原辅料仓库虫害审核实践

原辅料仓库的审核检查路线分为两条。第一条是从入口处沿着墙基顺时针或者逆时针行走，观察地面进墙基处地面、墙角是否有破损/裂缝是否有蜘蛛及结网，老鼠粪便、蝙蝠粪便或者壁虎粪便；窗台和地面是否有其他昆虫的尸体或者活体；如果墙壁有护线管，需掰开线管观察是否有虫害活动；同时观察目光所及的原材料表面是否有虫害黏附，被老鼠啃咬的痕迹。第二条是沿着各排货架检查货物的外表面是否有虫害黏附或者活动，特别关注退废货堆放区域、研发用原料堆放区等区域。

4. 成品仓库虫害审核实践

成品仓库存放即将流转至下游的产品，因此，该环境中的虫害可能随产品进入下游环节。审核检查的路径和内容可参照原材料仓库。特别需要关注的是报废受损货物的堆放区，这些产品通常包装不良，堆放时间较长，容易遭受虫害的侵袭，如果放置在货架的上层，建议要求仓库人员协助移动这些产品至地面观察。

5. 外围附属环境虫害审核实践

现场虫鼠迹审核检查的最后一个区域是工厂外围环境及附属设施，如垃圾房、污水站。检查路线通常沿厂房仓库外围墙基进行检查，是否有老鼠活动的痕迹，如尸体，粪便。如有杂物靠墙堆放情况，则应该搬动杂物检查，以确定杂物堆内是否虫鼠害躲藏。围墙和附属设施外围环境也通常是老鼠和蝇类滋生的场所，需要密切关注。工厂车间外的绿植不能贴墙种植，灌木近地的枝叶需要被修剪，车间厂房外 1m 范围内地面要硬化或铺设鹅卵石，厂区不能有积水。

(三) 现场防虫设施审核良好实践 (查设施)

1. 员工及货物出入口风幕机的审核实践

出入口的风幕机是重要的降低外部飞虫入侵的设施，审核检查时需要关注出风口风向是否朝外 30 度，落地风速是否达标，对于主要阻挡蝇类及更小尺寸飞虫的风幕机，4.5m/s 是可以接受的。风幕机审核中常见问题是，当收发货口门高度超过 4 米时，其风速离要求相差较远，可行方法是降低卷帘门高度至铲车可通过的高度，或在顶部安装挡板以降低出入口高度。关注风幕机的开启是否跟收货门联动以及风幕机的开启使用是否有季节的要求。

2. 窗户及排风扇纱网的审核实践

加工区审核时需留意推拉窗存在的上下导轨空隙和出水口空隙。如果需通过开窗通风，则该窗户必须安装 40 目以上金属网格纱窗，以免小型室外飞虫入侵。纱窗四周需与窗框边缘紧密贴合。另外如车间通过墙体排风扇通风，则该处也需安装金属过滤网，或风扇停用时可关闭的百叶窗。

3. 货物出入口挡鼠板审核实践

审核时如发现现场货物出入口使用挡鼠板，需关注挡鼠板高度不得低于 60cm，且应采用光滑非木质材料，两侧及底部需与地面贴合。当然，如果出入口门底缝隙与地面间隙小于 0.6cm，则可忽略挡鼠板安装与否。

4. 地漏及排水沟防鼠网审核实践

排水沟是外部老鼠入侵室内的重要途径，车间地漏应安装防止虫害和老鼠逃逸的装置，如 U 型存水弯。室内排水沟可在入口和出口处安装 1cm 间隙的篦子。如果室外雨水井排污管与生产排污管相通，则室外雨水井需安装不大于 1cm 金属过滤网，防止老鼠通过下水系统进入工厂。

5. 室外老鼠诱饵站管理审核实践

老鼠诱饵站是控制室外老鼠的重要措施，审核的关注点是诱饵站是否固定，诱饵站两侧鼠道是否通畅，每栋建筑墙面是否至少有一个诱饵站，诱饵站设计是否可防止人员拿取诱饵。内部放置的诱饵是否穿孔固定。出口食品管理规定中严禁室外使用毒饵。审核时需索取备用诱饵站钥匙，随机打开一定数量饵站进行检查。

6. 机械式捕鼠器管理审核实践

机械式捕鼠器类型包括视窗的 tin - cat、发条式的 catch - all 及两端开口的捕鼠笼等。检查时需用螺丝刀或钢笔按压弹片，确认是否能防止捕获的老鼠逃逸并及时关闭笼门。机械式捕鼠器安装要求可参考相关标准，如百胜集团 YUM STAR，审核时所有捕鼠器应处于工作状态。需注意捕鼠笼内不得放置引诱老鼠的食物，如花生，油条等，而应使用其他仿生食物。

7. 物理粘鼠板管理审核实践

粘鼠板是捕获入侵内部老鼠的重要手段。审核关注点包括所有对外出入口两侧一米范围内是否布放粘鼠板，各类仓库，收发货区的每面墙至少一个粘鼠板。外包装区和缓冲区也需布放粘鼠板，但长期受潮车间可不安装粘鼠板。审核时需随机选取一定数量粘鼠板进行检查，以确认是否有老鼠或异常虫害被捕获。

8. 灭蝇灯管理审核实践

灭蝇灯对偶然入侵室内的飞虫控制非常有效。但安装不当的灭蝇灯可能适得其反，不仅无法控制飞虫，还可能引发污染。灭蝇灯审核中需关注食品工厂内不能安装电击式灭蝇灯，且灭蝇灯需距离食品堆放区或操作台表面至少 1.5m；灭蝇灯应安装在室外看不到的室内位置；安装高度应在 1.8～2.2m；不得安装在有货物遮挡的位置。审核时随机选取一定数量的灭蝇灯进行检查，以确认是否有异常飞虫捕获，对于异常捕获的灭蝇灯，事后可与相关记录核对，虫控服务时有无识别到风险。

9. 仓储昆虫信息素管理的审核实践

在烘焙加工和乳粉生产环境中，仓储昆虫信息素是有效监测仓储昆虫发生的工具。现场审核时需关注原料堆放区、退货区域、投料、配料区域等关键区域是否安装仓储害虫信息素；工厂日常虫控服务中是否包括仓储害虫的识别和控制；现场审核时可检查信息素内是否捕获仓储昆虫，后期可与记录核对，查看服务时是否识别到风险。

食品工厂常见虫害控制设施见表 3 - 2 所列。

表 3 - 2　食品工厂审核虫害控制设施一览表

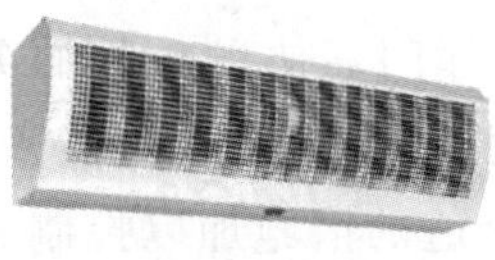		
风幕机	挡鼠板	纱窗/过滤网

地漏/排水沟	老鼠诱饵站	物理粘鼠板

（续表）

机械式捕鼠器	粘捕式灭蝇灯	仓储昆虫信息素

（四）现场虫害控制记录审核良好实践（审文件）

1. 现场虫害控制记录的种类

（1）工厂虫害控制管理程序（SOP）审核实践

虫害管理SOP属于工厂质量管理的前提程序之一，审核时需首先查看该程序，其规定了工厂的虫害防制如何开展，各职能部门在虫害控制中的职责，是否识别工厂需要控制的目标害虫及发生虫害风险时工厂各个职能部门如何配合支持等信息。工厂所有的虫害控制过程都需要符合该程序的要求。

（2）年度虫害风险评估报告审核实践

工厂需定期保留执行的虫害风险评估报告，评估的方向是周边环境，厂房结构，产品及工艺，历史虫害发现及数据等，以确定当年的虫害控制方案，虫控设施的布局，服务的频次等相关信息。审核时留意该报告每年需要评估，确认方案是否需要调整。

（3）虫害控制设施分布图审核实践

标注各类虫害控制设施的布局和编号。审核人员随身携带该布局图进行现场检查，随时核对位置是否与图示一致。分布图上的信息包括更新日期，药物预防喷洒区域，双方签名确认。现场建筑布局变化时，分布图需相应调整。

（4）虫害控制服务记录单审核实践

每次的现场服务，包括设施检查，环境勘察，药物施用都必须留下记录（含电子记录），审核时需要留意记录单的必要信息，包括用药及稀释比例，使用面积，作用场所；操作人员签名；虫鼠害的检查发现；风险隐患发现等证明虫控服务被正确执行的痕迹。

（5）偏差/异常虫害发生分析报告的审核实践

当敏感生产环境中报告发生虫鼠害侵害活动时，工厂相关部门需协助虫控服务商进行现场调查，按照人机料环法的调查原则，逐一分析导致虫害侵袭的各项可能来源，并采用5why分析工具，得出导致虫害问题的根本原因，采取合适的措施加以控制和预防，上述调查、分析、改善建议和跟踪情况形成书面报告留档备存。审核时需关注当在敏感区域发生虫害问题时，是否对当时的环境和产品造成的影响进行评估，同时分析的方法是否安装相关工具进行全面分析和跟踪。

（6）季度/半年度虫害风险勘察报告审核实践

食品工厂因季节环境、设备改造、使用年限等因素变化，虫害的入侵和滋生风险也会变化，所以需要定期地对厂房和生产环境进行虫害风险评估，以及时发现隐患，并形成书面报告提交管理层评估和改善。在BRC审核中，虫控技术专家进行年度虫害风险评估是标准要求。审核时需关注风险评估是否根据虫害可能入侵车间的各类途径进行勘察，包括人流，物流，气流，水流及各类介质穿墙孔。同时对敏感生产区域及仓储环境的建筑结构完整性进行评估，包括沉降缝，伸缩缝，踢脚板，天花板等。

（7）阶段性虫害趋势分析报告审核实践

食品工厂的虫害控制也是一个采集各类虫鼠害活动数据的监测过程，这些数据需要阶段性地进行同比或者环比的分析和判断，当数据分析发生异常时能及时采取有效的控制措施。现场审核时需关注报告是否涵盖了工厂面临的所有虫鼠害类型，包括室外入侵飞虫，室外入侵爬虫，室内滋生飞虫，室内滋生爬虫，仓储类昆虫和鼠类。另外数据的分析需要建立在控制阈值的基础上，所以虫害阈值需要在书面报告中体现出来。现场服务中容易发生数量统计和类别区分不准确的情况，审核时可随机抽取监测设备来核实其准确性。

（8）阶段性虫害控制回顾记录审核实践

食品工厂良好的虫害控制结果很大程度上依赖于工厂高层的重视及全员的参与，所以联络部门需配合虫害服务商定期地开展虫害控制回顾，回顾的参加对象通常是各属地部门负责人及工厂高层管理人员。

2. 虫害控制资质类证书/文件审核

通常，以下文件虫控服务商会整理在一本固定的文件夹中备档。审核时关注营业执照的经营范围是否有有害生物防治的相关内容；公众责任险是否覆盖服务的食品企业；杀虫剂的登记证、健康证是否在有效期内；备案的操作人员上岗证是否与实际相符。通常包括如下内容：

（1）第三方虫害控制公司营业执照；

（2）虫害控制资质等级证书；

（3）病媒生物防制备案证明；

（4）公众责任险；

（5）雇主责任险；

（6）杀虫剂使用清单；

（7）杀虫剂备案资料；

（8）防制人员上岗证及健康证。

（五）虫害及控制审核中的难点

1. 不同食品类型的昆虫风险级别

食品类型丰富多样，每个类型面临的虫害风险种类也有所区别，如乳粉加工和储存环境，仓储类昆虫和书虱等潮湿环境昆虫特别需要关注。烘焙类食品加工环境中仓储类昆虫和内部滋生飞虫是关注重点。饮料和果酱类食品加工环境的蚂蚁和果蝇是经常发生的虫害类型。关于不同工厂的虫害审核重点关注时可以通过客诉昆虫的统计来查询。同样的虫害防制中需对关注虫害种类加以识别和监测。

2. 如何识别食品供应链环节的虫害风险

虫害除了工厂的生产和仓储环境中侵入滋生外，还会随着原辅料和包材进入工厂。审核时需关注工厂是否有关于原材料接收时的虫害检查，运输时的产品防护等环节，以及对供应商的虫害管理进行监控的审核等活动。

3. 虫害的季节消长规律

虫鼠害的发生有其自身发育成长的规律，随着季节的变化也会发生规律性的变化。如在秋冬季节，审核时需格外关注出入口的密闭，户外杂物的堆放等导致老鼠入侵的重要因素；秋季也是家蝇容易侵入室内的时期，需留意工厂阳面（南侧和西侧）的室外环境及控制措施；冬季审核时留意仓储环境的墙角和天花板边缘是否有仓储类昆虫越冬虫，如皮蠹和螟蛾的幼虫；春季室外积水开始滋生蚊虫，关于积水的灭虫处理措施需要关注；夏季一些蝇类被盛开的植物花朵吸引，如丝光绿蝇，铜绿蝇等被八角金盘，栀子花吸引；秋季时，一些室外活动的甲虫，如椿象，瓢虫等会进入室内过冬。

（六）食品工厂虫害控制良好审核实践思考

1. 事先准备充足的虫害检查工具

审核时使用合适的检查工具可以方便审核人员发现隐蔽的虫害躲藏场所，如高处平台上昆虫爬行的轨迹；货物铲板底部的虫害痕迹；甚至仓库屋顶的结构漏洞等。工具需要包括：可以聚焦至15m之外的手电筒、带伸缩杆的反光检查镜、便携式昆虫放大镜和检查地漏（排水沟）污垢的刮刀等等。

2. 事先了解虫害管理的信息化软件和新技术

目前现场虫害管理采用信息化软件的情况越来越多，如闽泰的e-Minder虫控宝系统，一方面可以给现场各服务点统一的记录格式，另一方面实现数据的信息化存储和分析。所以审核人员需要事先熟悉这种数据的记录方式，包括对数据的采集、记录和分析的逻辑也有所熟悉，以便发现其中的隐患或者偏差。另外随着物联网技术的发展，虫害控制领域也开始逐步有智能化监测和控制设备得到应用，比如M+智能鼠夹、M+智能灭蝇灯、M+智能爬虫监测器等等。这些设备可以被布置在人员通常不易到达，但是往往是虫害发生高风险的地方，智能设备可以随时掌握虫害的入侵和发生，以便及时采取控制措施。审核人员也需要了解这种虫害控制的新技术。

3. 事先熟悉食品工厂的相关虫害控制标准

食品工厂的虫害标准众多，涉及虫害管理框架的标准T/SFSF000012—2021《食品生产企业有害生物风险管理指南》WS/T 691—2020《病媒生物防制操作规程　食品生产加工企业》；涉及虫害控制设施的安装检查标准T/CPCACN0010—2020《室内灭蝇灯安装规程》、密度控制评估水平的标准GB/T 27770—2011《病媒生物密度控制水平　鼠类》等。审核人员需要事先熟悉，便于审核时参照现场实际进行参照。

二、清洗消毒管理良好审核实践

食品生产企业卫生管控的重要措施之一就是清洗消毒，清洗消毒的效果会直接或间接影响食品的质量。食品生产企业应建立清洗和消毒方案，以确保食品加工设备和环境保持在良好的卫生状态下，并且应对这些方案进行监控，保证这些方案的持续适宜性和有效性。

本文介绍柯灵展新在食品工厂清洗消毒审核方面的经验，希望能够给更多相关企业在进行清洗消毒管理审核时提供参考。

（一）清洗消毒的相关标准的要求

国际上有多个标准，用于指导和规范食品生产和加工过程中的清洗消毒工作，其中 IFS（International Featured Standards）和 BRCGS（Brand Reputation Compliance Global Standards）是被 GFSI（Global Food Safety Initiative）全球食品安全倡议认可的标准。这些标准虽各有侧重点，但在清洗消毒方面都有共同的核心要求，即确保食品生产环境的清洁与卫生，预防食品安全风险。清洁消毒的标准要求主要包括表 3－3 中的几个方面：

表 3－3　清洗消毒的相关要求

分类	详细要求
清洗消毒程序	制定详细的清洗消毒计划：应包括清洗消毒的具体对象、时间表、频率、清洁工具、使用的化学品类型及其浓度、清洗消毒的具体步骤等。 程序更新与维护：定期评估并更新清洗消毒程序，以适应新的食品安全挑战或技术进步。
清洗剂消毒剂管理	选择合适的清洗剂和消毒剂：应根据设备材质、污垢类型等因素选择最合适的清洗剂和消毒剂并保留清洗剂和消毒剂的有效性的第三方检测报告。 安全存储：确保所有化学品的安全储存，避免交叉污染，并且远离食品接触区域。 正确使用：确保员工了解如何正确配比和使用化学品，同时采取适当的安全措施，如佩戴个人防护装备。
清洗消毒的执行	培训：为所有涉及清洗消毒工作的人员提供充分的培训，确保他们能够按照既定程序准确无误地完成任务。 监督与检查：定期对清洗消毒过程进行监督和检查，确保其有效性和合规性。
清洗消毒的验证	效果验证：通过微生物测试、ATP 生物发光检测等方法定期验证清洗消毒的效果。 记录保存：详细记录每次清洗消毒的过程及结果，以便于追溯和审计。

（二）清洗消毒管理当前的现状和挑战

尽管大多数食品工厂已经建立了较为完善的清洗消毒管理制度，但在实际操作中仍存在一些不足，如内部人员培训不足、洗涤剂和消毒剂及工具选择不当、设备维护不到位等，主要存在如下方面的挑战：

（1）对清洗消毒的重要性认识不足。导致在人员配备、设备投入等方面存在不足。

（2）对清洗消毒供应商的选择和准入标准不够合理。清洗、消毒产品供应商的选择与准入需考虑多因素相互制约的问题，总体来说食品生产企业需从供应商资质、能力、价格等方面综合考虑。降低准入标准要求导致后期实际生产活动、食品的产品质量受到影响；准入要求过严可能脱离实际。

(3) 在清洗消毒操作过程中存在不规范现象。如清洗消毒产品选择/使用不当、清洗消毒时间不足、温度控制不到位、清洗消毒产品残留，导致影响产出食品的品质。

基于上述食品生产企业清洗消毒管理的当前现状和挑战，柯灵展新将从“审资质、看文件、走现场、查记录、问人员”的方式来评估企业清洗消毒实施效果。

(三) 清洗消毒良好审核实践

1. 审资质

清洗消毒产品供应商类型包括贸易商和生产商，其相关资质要求见表 3－4 所列。

表 3－4 清洗消毒产品供应商的相关资质要求

	序号	材料名称	备注
直接供应商（贸易商）	1	营业执照	必须项
	2	危险化学品经营许可证	产品是危险化学品时需要
	3	委托加工证明	责任与生产单位是不同公司时需要
	4	代理授权书	代理商或经销商需产品责任单位出具授权书
	5	产品技术资料	产品 SDS、说明书、标签、第三方检测报告、消毒产品卫生安全评价报告、报关单（进口产品需提供）等
生产商（生产企业）	1	营业执照	必须项
	2	全国工业产品生产许可证	食品用洗涤剂，必须项
	3	消毒产品生产企业卫生许可证	消毒产品，必须项
	4	相关管理体系证书	ISO 9001（或 22000）、ISO 14001、ISO 45001 等
	5	其他	排污许可证（或登记证回执）、安全生产许可证、产品批次检验报告、安全评价（危险评价）报告、土地使用性质等

资质证件审核过程中，常见的审核内容及注意事项见表 3－5。

表 3－5 资质证件常见的审核内容及注意事项

序号	材料名称	审核内容及注意事项
1	营业执照	(1) 营业期限是否在有效期内 (2) 经营范围和实际经营活动是否一致、合规 (2) 是否有登记机关的红印资质章
2	全国工业产品生产许可证	(1) 生产地址是否同营业执照一致 (2) 生产许可证编号是否和产品标签上体现的一致 (3) 许可证是否在有效期限内 (4) 实际生产的产品是否符合发证生产产品明细清单 (5) 是否有批准机关的红印资质章

（续表）

序号	材料名称	审核内容及注意事项
3	消毒产品生产企业卫生许可证	（1）生产地址是否同营业执照一致 （2）消证字号（即生产企业卫生许可证号）是否和消毒产品标签上体现的一致 （3）生产类别是否和实际生产产品一致 （4）许可证是否在有效期限内 （5）是否有批准机关的红印资质章
4	产品资料	（1）产品 MSDS：是否能够与 GB/T 16483—2008《化学品安全技术说明书 内容和项目顺序》的 16 个部分相对应 （2）产品标签、说明书：洗涤剂产品是否有按照 GB 14930.1 要求在产品最小销售包装上标明所属类别（A 类、B 类）；消毒剂产品应按照 GB 38598—2020《消毒产品标签说明书通用要求》规范书写，不可漏项、虚假陈述，夸大产品作用效果 （3）第三方检测报告：关键检测项目是否有 CMA、CNAS 资质认证；检测方法及依据是否为现行有效版本；样品信息中生产日期和批号是否体现，生产单位是否一致 （4）消毒产品卫生安全评价报告：是否在全国消毒产品网上备案信息服务平台可查；产品适用范围是否和备案一致

2. 看文件

检查食品工厂是否制定详细、可操作性强的清洗消毒管理操作程序，且相关文件是否授权下发。清洗消毒管理操作程序通常包括以下几个方面内容：

（1）清洁的对象：清洁对象具有自动的，或手动的清洁办法，针对不同的清洁办法制定相应的清洁 SOP。这是审核员在检查清洗消毒程序中的重点之一，确保其清洁对象没有遗漏。

（2）清洁的方法：清洁的方法通常有 CIP，COP 及手工办法为主，方案选择需符合产品生产需求，满足生产需求的同时避免交叉污染。

（3）清洁频率：清洁频率必须根据产品特性及微生物污染可能性制定，满足生产周期内生产的产品货架期内不发生质变，同时产品的营养能够有效留存。

（4）清洁试剂和工具：清洁试剂需满足清洁方式和工艺需求，达到清洁目的的同时，还需符合国家法律法规，安全操作，高效清洁，残留无害，对设备友好。清洁工具需在满足有效清洁的同时，便于操作，无异物带入风险。

（5）清洁效果验证方法：验证方法通常分为现场和化验室方法，现场方法简便快捷，易于操作，且判断相对准确。实验室方法遵循国标或行业标准，确保其权威性和准确性。

（6）清洁问题的处理办法：当现场出现清洁问题（如清洁检查发现不合格）的时候，其汇报、处理流程是否合理，是否能简便、有效地沟通并及时解决。

清洗消毒相关文件可以结合现场进行查看，这些程序是否在相应操作间墙上展示，现场人员操作是否按照规定要求执行。清洗消毒相关文件是否经相关部门授权，文件是否有效下发和培训，现场清洁产品、清洁方法、清洁效果与文件是否保持一致。

3. 走现场

清洗消毒的现场检查，一般包括人员更衣、洗手消毒程序及车间进入流程、CIP/COP 设备清洗消毒、环境清洗消毒、清洁工具管理及化学品管理几个方面。

（1）人员更衣，洗手消毒程序及车间进入流程

检查人员更衣、洗手消毒流程是否完善，车间进入流程是否合理。可详见本章节三：个人卫生和健康良好审核实践。

（2）CIP、COP 设备清洗、消毒

设备清洗消毒评估可从这几个方面展开：

① 检查清洗剂、消毒剂是否适用：工厂是否针对不同的清洁对象、清洁重要程度、污垢性质、冷热表面、设备材质，选择合适的清洗剂和消毒剂以避免对设备造成损害。同时根据不同区域或设备需求制定不同的清洗工艺。清洗产品和工艺必须经过跟踪、验证，并形成受控工艺文件。

② 清洗周期：是否根据设备使用频率和污染程度，制定合理的清洗周期。常用设备、非常用设备、闲置设备、废弃设备均设定合理的清洗周期，合理规划的同时防止交叉污染。

③ CIP 清洗消毒：一般工序为预洗—碱洗—水冲—酸洗—水冲五步清洗法。根据工厂内具体的清洁对象情况和要求不同，部分 CIP 清洗还会增加添加剂，或增加碱洗、酸洗等程序，以确保清洁效果。清洁过程需有效监控浓度、时间、温度、流速等关键要素，管道内流速是否能够达到 1.5m/s，CIP 供应商是否有明确的流速计算及相应证据，清洁过程中还应定期确认清洁剂有效浓度、罐体覆盖、回收电导率的控制、计时时间、脉冲时间、流体分流状况等检查。清洁后的消毒工作，步骤是否完整、浓度、时间是否满足需求，必要时还需做目标菌的杀灭测试，以修正消毒程序。

④ COP 清洗消毒：工序通常也为预冲洗—碱洗—水冲—酸洗—水冲五步法，根据不同区域或生产洁净需求的不同，也存在预冲洗—碱泡沫—水冲三步清洗以及清洗后增加消毒的方式，COP 清洁过程中主要查看设备运行状况是否正常，泡沫状态是否合理，泡沫浓度是否在文件规定范围内。泡沫厚度是否满足需求等。清洁、消毒后的表面满足生产需求的同时避免发生产品的二次污染。

（3）清洗效果的验证。

清洁效果验证通常使用目测法、纱布擦拭法、pH 残留现场检测法、残水 pH 值测定法及残水微生物、涂抹微生物法等。相应检测办法是否规定合理，操作流程是否有文件支持且受控。

① 环境清洗、消毒

环境清洗、消毒评估应考虑是否定期对车间地面、墙壁、天花板、现场通风管道、过滤器、排水口、地漏和排风口等进行清洁消毒，卫生死角是否无尘。采取何种方式对空气进行消毒，如空气过滤、紫外线消毒、熏蒸消毒、臭氧消毒等，是否有消毒效果的评估记录，是否有易损件更换时间记录、更换周期、更换办法规定，是否根据生

产规模与产品特性的不同来制定评估频次。

② 清洁工具管理

清洁工具管理应考虑是否设置清洁工具放置区域并定置存放，是否制定清洁工具的清洗消毒流程，是否区分食品接触面和非食品接触面专用清洁工具，如刷子、抹布等。是否区分微生物高风险区和低风险区专用清洁工具；是否有区分过敏原和非过敏原区域专用等；使用的抹布是否不容易掉毛掉线，清洁使用的水管是否绞盘放置。

③ 化学品管理

a. 储存：是否设置专门的化学品储存区、配备专门的化学品管理人员；地面是否耐腐蚀，是否配备相应的应急设施（如人员防护用品、冲淋器、洗眼器、防泄漏设施等）。相应设施设备取用是否方便，相应水阀是否连接、开启。危险化学品是否分区储存，是否有国家或当地法规要求的防爆设施，现场标识是否齐全，现场是否张贴相关化学品的 MSDS 和应急处置信息，化学品储存区是否上锁管理，进出仓库是否遵循先进先出，记录是否齐全。

b. 配制：是否按照化学品使用建议进行配制使用，符合相关法规标准。现场是否有相关的配制的 SOP 文件。

c. 使用：对于现场使用的化学品，是否专人运输、有效管控，是否有防护设施，是否配备相应的应急设施，如人员防护用品、冲淋器、洗眼器，是否配制泄漏槽，使用是否存在危害风险，设备是否便于维修。现场是否张贴相关化学品的 MSDS 和应急处置信息。是否进行过相关应急处理演练，是否制定人员化学品安全相关培训及考核机制。

4. 查记录

清洗消毒记录应包括日期、清洗人员、清洗消毒区域、清洗消毒方法、清洗消毒剂名称和浓度、清洗消毒具体时间段、温度、浓度参数、清洗消毒效果及备注，备注一般记录清洗过程中的异常情况或特殊要求。审核时应从表单的设计、填写、实际记录情况来综合评估。

同样需要关注记录的及时性，如是否有出现记录不及时，临下班补填记录的情况。查看记录关键指标值偏离时，是否采取了相应的措施，纠偏措施是否有效。

5. 问人员

现场询问是审核中非常重要的方法，通过询问设备清洁操作员工，我们可以更好地验证员工是否有效执行文件规定要求，发现实际操作细节是否有不合规行为，提高审核效率。

现场审核时，针对企业清洗消毒，可以现场询问如下：

(1) 操作要求：

① 您可以分享一下车间清洗、消毒日常工作有哪些并演示一下具体操作吗？

② 相关清洗、消毒参数数据来源是哪里，是否可人为修改，修改流程如何？

③ 取样方法及浓度检测方法是什么？是现场检测还是实验室检测呢？

④ 您可以分享一下清洗操作管控要求和注意事项是什么吗？

⑤ 清洗消毒效果是如何验证的？有化学品残留的验证吗？具体是如何操作的？

（2）记录检查：

① 能否按照日常操作填写一下记录报表？除记录表内容，清洁消毒过程中咱们还需做哪些工作？

② 清洗设备上清洗曲线是否可复查，曲线上的数据与填表数据是否存在较大差异？

③ 最近内审、GMP 检查或客户审核中，清洗消毒管理有哪些不符合项被识别？整改记录及改进方案有哪些？

（3）解决问题的企业内部管理流程：

① 最近是否有清洗、消毒管理不合格的情况，采取了哪些纠偏措施？汇报和沟通的流程是怎样的？

② 清洗消毒流程复杂吗？清洗、消毒过程中是否还存在风险及不合理的地方？

（四）清洗消毒提升的相关建议

审核后应整理出一份清洗消毒审核报告，以供管理者复盘整改。根据识别到的问题，定向优化改进。

（1）选择专业的第三方：提供专业的审核服务、资质过硬的供应商及合规的洗消产品。

（2）简洁易理解和传达：文件制定要简单明了，易操作。加强人员培训，定期组织清洗消毒知识培训，提高工作人员的专业素养和操作技能。

（3）提高设备维护水平：加大对清洗消毒设备的投入力度，确保设备正常运行；定期对设备进行维护保养，延长使用寿命。

（4）建立有效的检查机制：清洗消毒的监督检查要彻底，检查要借助恰当的工具和检测方法，确保清洗消毒流程得到有效执行。

三、个人卫生和健康良好审核实践

良好的个人卫生习惯是确保食品安全卫生的重要保障，因此食品企业必须建立严格的监督管理机制，从员工的入职培训开始，将个人卫生习惯的培养和要求贯彻其中，日常工作中也应加强监督和检查，确保每一位员工都能严格遵守个人卫生规范，为食品安全筑牢基线。

（一）个人卫生和健康的基本要求

食品工厂的个人卫生和健康管理在很多标准中都有明确要求，例如 IFS、BRCGS、GB 14881 等，汇总起来，基本要求见表 3-6：

表 3-6　不同标准中对个人卫生和健康的要求

序号	内容	基本要求
1	人员健康管理	①食品加工人员应每年进行健康检查并取得健康证明。 ②如患有痢疾、伤寒等消化道传染病，或其他有碍食品安全的疾病，或有明显皮肤损伤未愈合的，应调整至其他不影响食品安全的工作岗位

（续表）

序号	内容	基本要求
2	个人卫生	①进入食品生产场所前，应规范穿着洁净的工作服，将头发藏于工作帽内，并按要求洗手消毒； ②不应佩戴首饰，不应化妆、染指甲、喷洒香水等； ③使用卫生间、接触可能污染食品的物品或从事与食品生产无关的活动后，再次接触食品或其他相关产品前，应再次洗手消毒
3	工作服	①工作服的设计、选材和制作应适应不同作业区要求，以降低交叉污染风险； ②在设计上作为最低要求，腰部以上无口袋，不得缝制扣子； ③食品企业应为员工提供适量且适宜的工作服，确保脏衣和洗净衣物分开存放，应每天对防护服进行有效清洗，并在使用前避免污染
4	员工手部伤口处理	①任何暴露的皮肤割伤和擦伤都应贴上与产品颜色不同（最好为蓝色）且含金属探测条的创可贴。 ②在适当情况下，除了使用创可贴外，还应佩戴手套

（二）个人卫生审核良好实践

关于个人卫生审核，接下来将按照审核时进入车间的流程，分区域归纳每个区域的重点检查事项。

1. *更衣室*

更衣室是员工进入车间的第一道防线，在更衣室审核中，可关注以下方面：

（1）更衣柜数量与状态

检查更衣柜的数量是否足够，能否满足车间内员工的使用需求。更衣柜应保持良好的状态，柜门能够正常开关。

（2）卫生情况

对更衣室的地面、墙壁、天花板、更衣柜表面等进行全面检查。地面应无垃圾、积水和明显污渍；墙壁和天花板没有霉斑、脱落的墙皮或灰尘；更衣室的通风口卫生状态良好，更衣室没有明显的异味（如臭味），更衣柜内外应保持整洁，没有食物残渣、灰尘或其他杂物。检查更衣室的垃圾桶垃圾是否及时清理，有无食物残渣等问题。

（3）更衣室区域划分

检查更衣室是否有明确的区域划分，例如清洁区和污染区。员工进入车间时更换工作服的区域应相对清洁，而脱下便服的区域可能会受到一定程度的污染，合理的区域划分可以有效防止交叉污染。

（4）工作服更换要求

检查员工是否遵循规定的流程更换工作服。观察员工是否将便服与工作服分开存放，工作服是否存放在指定的更衣柜或衣架上，避免工作服受到污染。

（5）个人物品管理

关注员工个人物品（如手机、钱包、钥匙等）的存放和管理情况。个人物品应放置在更衣柜内，不得带入生产车间，以防止异物混入食品。

（6）文件记录

检查是否张贴个人卫生管理制度，制度是否易于理解，以及是否有来访者登记记录。

（7）员工访谈

询问更衣室员工或卫生人员是否了解更衣室卫生管理制度，是否清楚穿戴工作服的流程和要求，是否知道个人物品的存放管理，公司对饮食和药品的管理要求，手部受伤后如何处理等问题。同时询问员工接受了哪些相关培训。

2. 洗手消毒区

（1）洗手池数量与布局

检查洗手池数量是否足够满足车间员工需求。一般来说，根据车间的员工人数、生产流程和风险程度来确定洗手池的数量，洗手池数量需要与生产班次数量相匹配。

（2）水龙头类型

应使用非手动式水龙头（如感应式、脚踏式）以减少交叉污染。检查水龙头的出水功能是否正常，有没有漏水现象，以免造成地面积水，洗手池下方或者内部的卫生情况如何？水龙头下方主排水管是否有 U 型管以防臭和防虫。

（3）洗手液和消毒液配备

检查洗手区是否配备足够洗手液和消毒液。检查洗手液是否无色无味，消毒液种类和浓度是否根据车间消毒要求选择，现场是否有配制要求的张贴，以及配制员工是否清楚相关配制要求。

（4）干手设施

评估干手设施类型及其有效性。常见的干手设施包括纸巾、干手器等。如果使用纸巾，检查纸巾质量是否良好，是否会掉屑。对于干手器，应定期清洁，防止细菌滋生。

（5）洗手步骤标识

检查洗手区是否有明显洗手步骤标识，例如七步洗手法（内、外、夹、弓、大、立、腕）的示意图（见图 3-2）。标识应清晰、易懂，并且位置显眼，方便员工在洗手时参照执行。

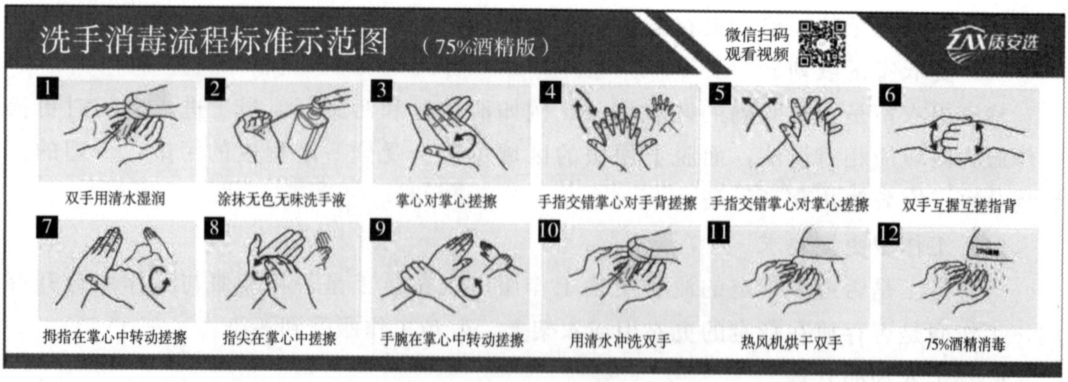

图 3-2 洗手消毒流程图

（6）员工洗手消毒操作观察

观察员工是否遵循正确的洗手消毒流程。同时，检查员工是否在规定的情况下洗手消毒，如在进入车间、上厕所后等。可以结合企业 CCTV 回放抽检，验证员工洗手是否有效。

3. 生产现场

（1）员工穿戴

检查员工是否佩戴首饰、携带手机等个人物品，工作服是否完好，没有破损、开线的情况。工作服设计是否合理，如腰部以上无口袋、不使用纽扣、无流苏等装饰物。

观察员工工作服是否穿戴整齐，是否有头发外露现象，员工佩戴的手套是否完整，以及在不同操作环节切换时是否及时更换手套。

（2）行为习惯

观察员工是否有不良卫生习惯，如触摸口鼻后、接触落地产品后是否采取洗手消毒措施。

观察车间内是否有人员交叉污染现象，如不同车间员工串岗、内包间员工穿工作服至外包、员工穿工作服出车间等。

（3）现场员工抽检和询问

现场随机抽检几名员工并进行如下询问：

① 询问员工姓名，用于核对是否有健康证；

② 查看员工手部状态，是否有伤口，指甲是否过长，如佩戴手套，是否完好无损；

③ 询问员工是否了解生产过程中何时应进行洗手/消毒，以及落地产品的处理方式。

4. 仓储区域

在仓储区域的审核中，往往重点会关注货物的摆放是否规范、是否先进先出、温湿度控制和虫害控制等，但容易忽略该区域的人员卫生检查，这部分同样重要，一些毛发异物投诉的来源可能是仓储区域员工不规范穿戴。所以在审核时应检查该区域是否穿戴工作服，佩戴工作帽做好头发防护。

5. 洗衣房

（1）交叉污染

为了避免交叉污染，检查是否将工作服按照不同清洁等级区域分开清洗，清洗后的工作服转运容器是否清洁干净，避免成为污染源。

（2）员工着装规范

检查洗衣房员工着装是否佩戴发网，该区域员工防护意识较弱，洗衣工在整理工作服时可能造成头发掉落到工作服上。

（3）设备设施

洗衣机的排水管，烘干机的内部均有容易残留纤维的结构，检查洗衣机内部的滚筒、滤网等部件是否干净，是否有定期的清洁，有无残留的污垢和纤维。

（4）人员访谈

询问洗衣房人员是否熟悉不同洁净区域工作服分开清洗的流程和要求；了解洗衣

房人员执行工作服消毒环节的情况，包括消毒方式、消毒时间等参数设置是否符合要求；询问洗衣房人员是否了解洗衣房设备设施的正确维护，以及如何处理工作服破损或线头等问题。

(5) 文件和记录

检查洗衣房程序和记录，是否明确清洁方法，是否记录洗衣过程（包括清洗衣物来源、数量、使用化学品情况等），是否有清洗消毒记录以及清洗效果验证。

(三) 个人卫生和健康常见的问题

1. 健康证管理

在有效期管理上，员工健康证易过期且未能及时更新。另外对于临时工和外包人员的健康证管理不明确，许多工厂忽视了对此类人员健康证的索要。

2. 更衣室管理

食品工厂更衣室常见问题主要体现在个人物品管理和设备设施方面，例如：

(1) 工作服与私服混放，造成交叉污染；

(2) 更衣柜中放有食物、药品等，容易招惹虫害以及会带入产品中的潜在风险；

(3) 更衣室紫外灯损坏，缺少空气消毒设施。

3. 个人卫生管理

个人卫生管理常见问题主要包括：

(1) 部分员工佩戴首饰，如戒指、手链等，容易藏污纳垢，另外也易脱落造成异物风险；

(2) 员工涂抹指甲油、喷洒香水、化浓妆粘贴假睫毛、戴隐形眼镜等，可能会有脱落物掉入食品中，香味也会给食品带来异味；

(3) 工作服穿戴不规范，比如领口未系紧，头发外露情况。

4. 工作服设计不合理

食品工厂工作服设计上的常见问题包括：

(1) 工作服上衣设置口袋，口袋可能成为污染源，若口袋封闭性差，物品易掉落，且口袋内容易积攒灰尘、碎屑，在工作过程中可能污染食品。

(2) 工作服使用纽扣，纽扣易松动、脱落，不耐清洗，可能会掉入食品生产环节。

(3) 在高风险区域穿着短袖工作服，短袖会使皮肤暴露，皮肤碎屑、汗液等可能污染食品。

5. 洗手消毒区

洗手消毒区的常见问题包括：

(1) 洗手水龙头为手动式，手动式水龙头在洗手结束后需要手动关掉开关，容易造成交叉污染。

(2) 使用有颜色、香味的洗手液，这种洗手液可能会造成香味残留在手上，在后续的食品生产操作中污染食品。

(3) 消毒酒精非食品级，其中的杂醇、重金属可能会污染食品。

6. 人员交叉污染

人员交叉污染常见问题主要体现在生熟区域人员交叉及清洁作业区与非清洁作业

区员工串岗。

（四）相关行业建议

对食品企业而言，个人卫生和健康是确保食品安全的基本防线，以下是关于提升企业员工个人卫生水平的良好习惯的具体建议：

1. 完善个人卫生管理制度

食品企业应建立完善的个人卫生管理制度，除了规定员工基本的卫生行为规范，如进入车间的更衣程序、洗手消毒步骤等，还应成立专门的检查小组，负责监督检查员工个人卫生。检查内容不仅包括员工的外在卫生状况（如工作服是否整洁、头发是否外露等），还应包括操作过程中的卫生行为（如是否按规定洗手消毒、是否使用了正确的个人防护用品等）。对于检查中发现的问题，要及时记录并督促整改。

2. 加强员工培训体系建设

构建系统的个人卫生培训体系，内容包括基础卫生知识（如微生物基础、食品污染途径等）、个人卫生操作技能（如正确洗手消毒、工作服穿戴等）和卫生意识培养（如个人卫生对食品安全和企业声誉重要性的认识）。培训方式可以多样化，如内部培训课程、外部食品安全咨询公司提供专业培训、现场操作示范和线上学习平台相结合。同时，定期对员工进行培训效果考核，确保培训质量。

3. 与专业的个人卫生解决方案供应商合作

通过分析上文提到的个人卫生审核常见问题，不难发现不符合项的原因除了员工个人意识不强外，还有一部分是因为企业未能提供配套硬件设施和符合规定的易耗品。所以食品企业除了通过加强内部培训解决员工个人卫生意识，另外还可以寻找专业的个人卫生解决方案供应商（如：质安选，专业的食品级易耗品解决方案服务商），借助其专业的知识和产品，快速帮助企业提高个人卫生管理水平。

四、基础设施管理良好审核实践

（一）基础设施基本介绍

基础设施指的是企业基础建设方面，通俗来说，即企业的“硬装”，通常包括地面、墙面、排水、通风、门窗等，基础设施提供了后续生产以及质量管理的落地的基础，因此是至关重要的一环。如果基础设施在设计和建造中存在问题，将对后续的生产质量等其他方面产生严重影响，此外，一些不合理的设计可能增加施工费用，且后期改造难度较大。同时基础设施的维护有效性也是企业普遍存在的问题，容易导致基础设施维护不足导致各类风险，作为审核人员，在对食品企业进行审核时，需要关注和评估基础设施的风险，这对审核员来说十分重要。

（二）基础设施审核良好实践

基础设施审核也可以通过“看文件、走现场、查记录、问人员”的方式进行，其中最主要的是现场评估，通过观察基础设施的设计、维护状态和清洁使用情况，评估其风险。

1. 看文件

工厂关于基础设施的文件，最主要的是相关图纸，审核过程中可以通过图纸审核全面了解基础设施设计的合理性及运行中可能带来的风险。审核关注工厂的图纸主要见表3－7所列。

表3－7　工厂审核常用图纸

序号	文件	关注点
1	厂区的总平面布置图	①污水处理站位置，或者危险化学品站所在位置，是否布局合适。 ②厂区的人流和物流的进出口是否有交叉污染风险。 ③洁净度要求高的厂房或区域应布置在厂区全年主导风向的上风处。
2	生产车间布置图	检查车间功能布局是否齐全，例如高清区是否有脱包间、高清区和低清区是否都设有清洁区域、高清区在车间的位置、无菌生产线和非无菌生产线是否分开、过敏原车间和非过敏原车间是否分开。
3	工厂人流/物流图	①人流与物流是否分开？ ②不同清洁度的人流是否分开？是否有交叉？ ③物流是否有生熟交叉？是否有相应的缓冲？
4	排水图纸	是否存在低清洁度等级的水流向高清洁度等级区域的情况。

2. 走现场

基础设施评估现场应从外部到内部、从上到下进行。接下来阐述现场评估中的主要评估区域及关注点。

（1）外围基础设施评估

① 厂区周围环境：检查厂区周围是否有较多水系和树木，以判断虫害和鸟害风险的大小。

② 厂区围墙：检查厂区围墙是否具有足够高度以防止外部虫鼠害入侵。

③ 厂区地面与排水：评估厂区地面是否进行了适当的硬化处理，是否避免物料运输或者装卸货物时砂石与物料接触风险，地面是否平整，是否有下雨后形成的积水问题等。

④ 建筑雨水排放管：厂区内建筑的雨水排水管网和窨井是否设置防鼠网或者其他防鼠措施。审核员可挑选某个排水窨井进行检查，看是否有积水，以及通往工厂内排水管道上是否设置了防鼠设施，如排水管止回阀板等。

⑤ 建筑外墙和周围：随着使用年限增加，厂房建筑可能发生沉降，导致外墙地基出现缝隙等，评估时要关注缝隙封堵情况，防止墙体缝隙成为虫鼠害入侵通道，特别是车间有大量白糖使用时，蚂蚁等容易通过缝隙进入车间。评估厂房建筑周围植被，观察其是否为昆虫和啮齿动物的藏身之处。部分工厂会在厂房周围的散水坡刷10cm左右宽的白漆，便于发现啮齿类动物等。

⑥ 厂区照明灯：评估厂区内路灯等外部照明是否远离车间物流口，如收货发货平台等，以避免吸引昆虫进入建筑物。

⑦ 垃圾房管理：在外围评估时，评估厂区内设置的垃圾站是否合理，例如垃圾站是否进行定期清洁和处理，现场垃圾存放是否有适当防护以防止虫鼠害滋生，评估垃

圾站是否会吸引鼠害等，垃圾站的位置是否靠近工厂原料成品出入口等。

（2）生产车间地面评估

车间地面评估结合产品工艺特点，主要从材质选择、完整性、坡度设计和缝隙处理四个维度进行。

① 材质选择：食品工厂部分车间存在用水多、油污重、叉车碾压等特点，在日常清洁过程中使用化学品还要求地面耐腐蚀等，审核员需结合以上特性评估工厂选择的地面材料是否合适，进而评估潜在的交叉污染等风险。食品工厂使用的地面材质通常有水磨石地坪，环氧树脂地坪，耐磨地坪，工业地砖，聚氨酯地坪几种类型，其中综合性能最好和应用最广泛的是聚氨酯地坪。

② 完整性：良好的地面维护对微生物管控和异物管控至关重要，现场检查地面是否有明显破损和裂缝，特别是地面与排水沟道之间的接缝，这些部位容易发生破损，如果选择的地面材料为瓷砖，则需要检查瓷砖是否有缺损，空鼓。在高载荷区域地面容易出现裂缝。

③ 坡度设计：评估地面设计是否具有一定坡度，确保排水点位于地坪低点，避免积水，特别需要关注地沟排水坡度是否可以保持无积水等。

④ 接缝处理：所有接缝均为地面薄弱环节，需定期检查，包括地面与墙面接缝、瓷砖接缝、不同面层材质边界、排水点/槽周围、建筑伸缩缝等是否有破损、缝隙、脏物等。

（3）排水系统评估要点

排水包括地面排水和生产系统的排水。特别是当某些排水点排水量过大，可以单独设置排水点，例如 CIP 站等。评估排水可能带来的交叉污染风险。

① 排水设计合理性：评估排水设置是否与该区域洁净等级相匹配。洁净等级高的区域如果使用排水槽需评估其清洁有效性和虫害风险。部分工厂地面缺少排水点，则需评估清洗等操作交叉污染风险等。

② 地漏设计与维护合理性：评估地漏是否为卫生型，是否具有防臭功能，是否设置滤篮截留固体物质，以减少地漏堵塞风险。地漏水封日常如何进行清洗和更换，是否可以有效防控下水管内污染物进入车间等。

③ 下水口交叉污染风险：评估下水口交叉污染风险，生产系统排水接入地面排水时，排水管出水口需与下水道保持一定距离，形成空气隔离，防止返水或者返气从而污染生产系统，如图 3－3 所示。

（4）天花板评估要点

① 密封与异物：评估天花板材质是否易于清洁，管道与天花板交接处是否进行了密封处理，尤其是开放产品区上方的天花板是否有脱漆、生锈、发霉等现象。

② 冷凝水交叉污染：部分工艺因冷热交换，在蒸炉、急冻间出入口等处容易产生冷凝水。若冷凝水出现在天花板上，需评估该位置的微生物交叉污染风险，尤其是下方为开放产品区时，需评估天花板材质（如不锈钢）、清洁频率和清洁验证是否充分。

③ 天花板夹层：部分品牌客户，会关注天花板的夹层区域的风险，主要包括虫害、

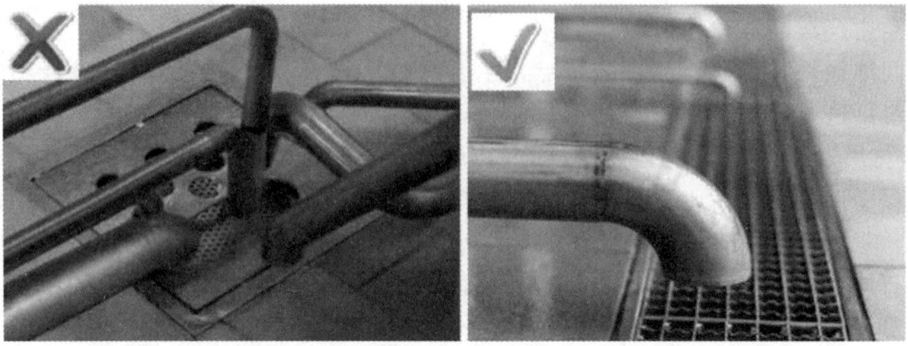

图 3-3　常见排水管错误类型与良好实践

异物、排风和清洁方面的风险。

（5）墙体评估要点

① 连接处密封性：评估墙与天花板、墙与墙之间以及穿墙管道等连接处的密封性。如需使用防火封堵胶泥，应尽量设置在卫生等级较低区域的墙壁一侧。洞口包括：管道洞口，电缆桥架洞口等，孔洞是否用专用的管道卡件封闭，并增加密封胶。洁净度要求高的区域的墙、地面和吊顶之间是否设置圆弧角方便清洁。圆弧地脚的设计应是实芯材质，跟墙和地面的缝隙充分密封。

② 内墙防霉：评估湿区的内墙墙壁是否不透水、不吸水、可清洁和防水，并且材料无毒无害。评估是否有洁净夹芯板直接安装在湿区的地面的情况，在缝隙处是否存在积水等。特别关注不同卫生等级交界墙面底部，是否会有低清洁区水流入高清洁区的情况。

（6）门评估要点

① 保持关闭与密封：评估车间内门材料是否易吸附脏污，如木门等。门材质需保证可清洁并进行维护。检查部分区域的门是否保持常闭，以减少虫害入侵风险，例如是否安装了闭门器，卷帘门是否能自动识别开启和关闭。对外门检查注意密封性，门框与墙壁以及地面的接缝必须封堵完全，不得有缝隙孔洞，避免藏污纳垢和孳生蚊虫。门扇和门框之间应该装配紧密，门扇到地面的间隙小于 6mm，防止老鼠进入。外墙上安装的侧开型的大门建议设置挡鼠板。外墙上安装的物流门一般采用提升门或者卷帘门，门扇与门框之间需要有密封胶条，门需要能与地面完全贴合。对外门外墙上建议设置风幕机，防止昆虫的进入等。

② 门的互锁：洁净度要求高的生产区域的物流门，评估设计的缓冲间或者传递窗形式门是否为互锁，缓冲间内的空气洁净等级就高不就低。

（7）窗户评估要点

① 密闭管理：通常食品生产区域不设窗户。但因消防等因素需要安装窗户时，需关注窗户的密闭性，如更衣室窗户是否装有防虫纱窗，纱窗网孔尺寸是否足以防护飞虫，以及纱窗是否易于清洁等。

② 窗台卫生：车间内窗台是否存在卫生死角，或者窗台设置倾角，可以尽量少的

积尘。

③ 窗户玻璃防护：评估窗户的玻璃易碎风险，工厂是否进行管理，玻璃材质是否为钢化玻璃或者防碎塑料，或者使用保护膜，防止玻璃一旦破碎或者破损，玻璃异物有进入产品的风险。

(8) 屋面/屋顶评估要点

屋顶在审核时，通常不是审核的重点，但是其也存在相关的风险关注点：

① 屋面排水：屋顶需要注意排水，屋面的坡度在1%～2%之间，并设有落水管，落水管需要有防鼠机构，落水管应设置在建筑物外墙外部，如果不可能设置在外部，则不能设置在洁净区域内。

② 屋面防水：屋面是否有良好的防水，防止车间的雨水渗漏。

③ 相关通风口的防护：屋顶通常设有相关的排气口与进气口，应设置防虫防鸟措施和防雨帽。

3. 查记录

基础设施的检查、维护和清洁是GMP的重要组成部分，因此在评估GMP环节中，可以结合文件记录对部分内容进行验证。

(1) 检查记录：看工厂是否有周期性对设施环境进行评审，是否将这部分内容放在内审或管理评审中，如放在内审或者管评中是否有这部分内容等，与GMP相关内容一起进行验证检查的有效性。

(2) 维护记录：维护记录可以在查看设备或工程部文件时进行验证，看工厂如何进行设施维护的。

(3) 清洁记录：对于墙面，地面，地漏，天花板的清洁记录可以在审核清洗管理部分查看，审核员需要评估工厂设计的清洗频率和现场设施状态是否合理，如现场较为明显的脏污，清洁周期为每半年显然不能满足需求。

4. 问人员

设施的保养、维护和清洁最终需由人员操作，因此建议在审核过程中就相关问题与不同部门人员沟通，以评估设施管理水平。

(1) 维修/工程部：如可以询问工厂基础设施维护是由哪个部门负责的，是否有专人或划定职责指定人员进行维护，设施维护是如何策划的，是否清楚设施维护标准等，每年的基础设施的维护预算是如何制定的。另外，个别隐性问题可以通过人员沟通进行确认，例如排水系统的出口连接到室外的市政污水收集池，连接口需要考虑防鼠措施。通过询问可以了解企业对这类风险的关注程度。

(2) 生产部：通过与生产部人员的沟通，了解其基础设施的风险，例如与生产部沟通其上一次的基础设施更新是什么时候？目前基础设施的使用过程中，有哪些不足之处，例如是否发生过屋顶漏雨，排水口返水等。

(三) 对行业的建议

基础设施是企业的重要投资环节，因此企业需特别关注其是否能满足需求。在基础设施方面，企业需特别关注：

(1) 设计阶段评审：企业的基础设施设计一定要采用专业的方案聘请专业的人员

进行评审，避免闭门造车。否则容易出现一旦不合理后期基本就无法改造的尴尬局面，比如排水系统，地面的材质等。

（2）借助专业第三方：目前很多的基础设施的设计是由设计院进行，但是很多设计院对于食品企业的各类风险并不清楚，因此在基础设施设计和改造阶段，除了设计院外，建议请食品领域的专家进行评审和把关。

（3）良好的维护：再好的基础设施也需要持续的维护，这样的行动是工厂前提方案的重要组成部分，例如，外资企业很多几十年的老工厂看上去像新的一样。审核员在工厂审核中特别需要关注工厂对于基础设施维护的职责及其预算制定的合理性。

五、设备卫生设计良好审核实践

（一）卫生设计背景

1. 卫生设计的重要性

在食品企业的日常食品安全和质量管理中，我们发现许多问题源于工厂和设备在设计、制造、安装阶段的缺陷，这些问题往往难以修改，不仅增加了日常质量管理的工作负担，也提高了成本。我们需要在工厂以及设备在设计和制造的初期就从卫生设计的角度出发，尽量使之符合卫生设计的原则，提前规避后续可能因此而引发的质量问题。

符合卫生设计的工厂和设备具有以下优势：

（1）符合法规要求。确保工厂和设备保持良好的卫生条件，减少污染。

（2）提高生产效率。卫生设计有助于降低清洁难度，提升生产效率。

（3）降低产品质量风险。卫生设计能够从源头上减少很多卫生死角，便于清洁消毒，从而降低产品质量风险。

（4）降低综合管理成本。通过从源头的设计阶段预防问题的发生，降低生产管理和质量管理的成本。

2. 卫生设计的相关标准要求

尽管卫生设计的标准在全球各类食品安全标准中均有提及，尚未形成独立章节。但是GFSI基准比较文件v2020中有独立的两个章节是关于卫生设计的要求，一个是对于建筑和设备的制造方的卫生设计《JI食品建筑和加工设备卫生设计（面向建筑施工者和设备制造商）》，一个是对于建筑和设备使用方的卫生设计《JII食品建筑和加工设备卫生设计（面向建筑和设备使用者）》。

关于卫生设计，目前国内外已经有相关的标准和要求，下表3-8是关于卫生设计方面的主要国内外标准的清单：

表3-8 卫生设计国内外标准清单

国家	组织名称	标准名称
美国	3A SSI卫生标准公司	3—A卫生标准
美国	北美肉制品协会（AMI）	卫生设计十大原则

（续表）

国家	组织名称	标准名称
欧洲	EHEDG 欧洲卫生工程设计集团	EHEDG 标准
中国	国家标准	GB 16798—2023《食品机械安全要求》 GB/T 22747—2022《饮食加工设备 基本要求》

除了如上的标准要求，还有很多其他的标准法规中也有关于卫生设计的相关章节，在此不再赘述。

（二）卫生设计的主要原则

卫生设计的要求和原则众多，不同标准侧重不同，审核员需要了解最重要且易于观察和评估的要求。以下是七个易于理解且至关重要的方面：

1. 材料兼容

用于与产品直接接触的部件的制造材质必须完全与产品、环境和清洁剂、消毒剂以及清洗方法相兼容。

2. 易于清洁

食品工厂的厂房以及设备一定要制造成能够在整个寿命阶段确保有效和高效的清洗。设备的食品接触表面和非食品接触表面应该被设计成能够阻止细菌侵入、存活、生长和繁殖。高洁净度要求的工厂生产区域的设计和施工需要考虑易于清洁，避免积尘。

3. 自排尽

食品工厂的厂房以及设备在设计和施工的过程中需要考虑确保能自动排水，并确保液体不会在设备上积蓄、成滩或冷凝，从而防止细菌生长和繁殖。

4. 无缝隙死角

食品工厂厂房以及设备在设计、制造以及安装施工过程中，需要避免缝隙死角，防止污物的残留从而引发细菌的滋生。例如凹痕、裂缝、锈蚀、孔洞、敞开的接缝、缺口、搭接缝、凸处、内部的螺纹、螺栓、铆钉和死角等。

5. 孔洞封闭

食品工厂厂房以及设备在设计、制造以及安装施工过程中，需要避免孔洞，如果有孔洞需要进行封闭，防止蚊虫鼠蚁，以及细菌的进入。

6. 分区控制

食品工厂厂房在设计的过程中需要考虑进行分区控制，防止交叉污染，易于控制。

7. 防脱落

食品工厂厂房、系统以及设备在设计和制造过程中需要考虑物品脱落的风险，从而降低异物的风险。

（三）卫生设计在审核中的良好实践

设备的卫生设计，审核员在现场评估时，重点是通过现场评估进行检查，同时可以借助文件检查和人员沟通来进一步评价其有效性。

1. 阅文件

卫生设计通常不是作为单独的审核项目，而是贯穿于厂房/设备审核的整个过程。因此，审核员需要具备卫生设计思维，并在审核过程中自然地应用这些原则。一般来说，不会专门建立卫生设计的文件程序，而卫生设计又无处不在。工厂主要能够体现卫生设计的相关文件是相关图纸，主要是厂房图纸和设备图纸。

（1）厂房图纸：厂房的审核的过程中，需要查看厂房的布置图，主要查看的就是我们布置图的分区是否符合卫生设计的分区原则。

（2）设备图纸：审核员在检查设备卫生时，通常需要提供设备的制造图纸，但是很多时候，由于我们的审核员机械电气的知识不足，被审核方未必能提供最终的制造图纸，以及审核时间不足等诸多因素，因此设备的卫生设计更多的是依据卫生设计的几大原则在现场进行审核，而不是设备图纸审核。

2. 看现场

现场检查设备卫生设计主要包括厂房建筑检查和设备检查两个重要部分。结合卫生设计主要原则，在厂房和设备的现场检查过程中，对于卫生设计的主要关注点有如下方面：

（1）材质兼容

总体需要符合以下主要原则：

与产品直接接触的设备的材料必须是惰性的、无孔无缝不吸附的、无毒无害的、可清洁可消毒的。

① 金属材料与产品直接接触的部分可以选用不锈钢，且为 300 以上的不锈钢；与产品直接接触的部分不可以选用碳钢喷漆（特殊情况需要进行评估后确认）；非食品直接接触的部分可以选用碳钢喷漆，但是需要注意保证不要在开放状态产品的上方，防止油漆脱落掉入产品中。例如：与食品直接接触的材质应该选用不锈钢，且需要注意不能选用 2 开头的不锈钢，可以选择 3 和 4 开头的不锈钢。碳钢需要看场合选用，一般与产品直接接触的材质不建议使用碳钢，如果必须使用，只能是暂时的且要有内衬。

② 弹性体材料一般用于设备的密封圈等材料，有以下几大类：硅胶（Silicone，VMQ）、氟橡胶（Viton，FKM）、丁腈橡胶（NBR）、三元乙丙橡胶（EPDM）、热塑性聚氨酯（TPU）、聚四氟乙烯（PTFE）等。但是选用的时候需要根据接触的物料的特性、工作温度、工作压力等进行选择。需要充分考虑与物料的兼容性。

与食品接触的材料，在材质的要求需要符合的相关法规主要有如下：

① GB 4806.1—2016《食品接触材料及制品通用安全要求》

② GB 9685—2016《食品安全国家标准食品接触材料及制品用添加剂》

③ 欧盟食品卫生法规 EC 852/2004

④ 美国 FDA 中 21 CFR Part 170～189

材质是否兼容可以通过几个方式进行核实：

① 通过设备的制造图纸中的材质表可以看到，并且还可以通过查阅设备中与食品直接接触部分的材质证明文件，包括不锈钢以及密封件等。

② 通过看现场，例如在厂房的现场检查的过程中，就能查看到厂房的各种材质种类是否符合要求，例如墙面和天花的材质是否有脱落和起尘的风险。

(2) 易于清洁

总体需要符合以下主要原则：

① 设备在设计的时候需要考虑清洗的全覆盖性，尤其对于高风险工艺；并且需要尽量避免卫生死角、缝隙。例如：在选用罐体内清洗用的喷淋球的时候，就需要充分考虑喷淋球的数量，需要根据罐体内搅拌器的数量位置，以及管道进口等不同复杂的情况而相应的改变方案。

② 系统设备在设计和制造过程中需要考虑清洗的有效性，通过避免死角来实现。例如，管道系统在安装的过程中，需要注意避免死角盲端。

③ 设备与食品直接接触的金属部分，需要保证表面光洁度，来保证易于清洁。

④ 厂房、系统和设备的设计以及施工，不仅需要考虑与食品直接接触部分的完全清洗，还需要考虑环境卫生以及设备外表面清理的可操作性。例如：厂房的湿区需要进行环境清洗和消毒，那么需要进行清洗消毒的区域的建筑材料需要注意可清洁性。比如：一定需要有止水墩，洁净板可以落在止水墩上，湿区的洁净板不能直接落在地面上，因为一般洁净板内的材料为岩棉，而岩棉遇水之后会降低保温性能，并且岩棉的粘胶可能还会释放出氯离子而引发腐蚀。

(3) 易于排尽

总体需要符合以下主要原则：

① 设备在设计和制造过程中需要考虑设备的可排尽性，保证设备具有低点排放，整个设备能自动排水，并没有残留。不仅需要考虑设备的内部，还需要考虑设备的表面的可排尽性，需要设置一定的坡度，且坡向需要远离食品。例如，罐体设备的内部，出口需要在罐体的最低点，罐体尽量不使用平底等。

② 系统在设计和施工的过程中需要考虑管道的整体可排尽性，管道需要设置相应的坡度保证管道和系统能自动排水，并且需要在管道和系统的最低点设置排放，保证管道和系统的可排尽性。

③ 厂房的排水系统在设计和施工过程中需要根据产品的特性设置相应的坡度，保证排水系统的自动排水以及可排尽。例如：厂房内需要考虑地面的排水点的设置的合理性，排水点的选型，排水点的日常维护，其中排水点的设置的合理性以及选型在基础设施章节有详细的描述。

(4) 无缝隙死角

总体需要符合以下主要原则：

① 设备在制造和施工过程中需要避免与食品直接接触的部分进行搭接，如果搭接需要避免间断焊接或者点焊，必须进行满焊，且焊缝需要进行后续的处理。

② 设备中与食品直接接触的部分在设计和制造过程中需要避免裸露的螺纹。尤其是搅拌器的桨叶和轴的连接部分需要注意尽量不要使用螺栓连接，可以考虑焊接，如果无法避免螺栓，也要尽量避免裸露的螺纹。

③ 设备外表面以及支架也需要避免缝隙，应避免点焊或者段焊，需要使用满焊。

④ 设备的支撑平台在施工过程中需要注意裸露的螺纹，需要设置防尘罩或者其他处理措施保证易于清洁。

⑤ 厂房在施工过程中也需要考虑避免缝隙，例如伸缩缝的处理等。厂房的结构伸缩缝是需要重点防范的位置，由于伸缩缝是结构的需要而无法去除，且很难进行封闭，即使用硅胶暂时封闭，随着地基的不均匀沉降，3～6 个月也会脱落。因此最好的办法是在厂房进行设计的时候就将结构伸缩缝设置在非重点区域，例如：非洁净区域，尤其注意不要将伸缩缝设置在排水的区域。

（5）孔洞封闭

总体需要符合以下主要原则：

① 设备在设计和制造过程中需要对孔洞进行封闭，如果需要连通大气，需要设置过滤器或者防虫网等，具体根据产品的特性以及洁净程度而定。

② 系统设计尽量考虑封闭工艺，如果必须采用开放工艺，需要根据产品的特性、洁净程度对环境的洁净程度进行相应的控制。

③ 设备的外表面以及支架也需要考虑孔洞的封闭，例如方管支架的端口封闭等。

④ 电气设备线槽的选择需要适应使用场景，且线路连接处也需要考虑孔洞的封闭，使用专业的连接头。电气设备需要兼顾防尘和防水两部分的要求。

⑤ 厂房在施工过程中需要注意工艺管道、非工艺管道、线管、线槽穿楼板和墙体后留下的孔洞，需要对孔洞进行封闭。尤其注意洁净区域的墙顶地上的开孔都需要进行孔洞的封闭。还有一点比较容易忽略，就是穿防火墙以及穿楼板的电缆桥架也同样需要进行封闭。

（6）分区控制

分区的主要依据有：

① 生熟分开

② 干湿分开

③ 冷热分开

④ 过敏原/非过敏原分开

⑤ 无菌/非无菌分开

分区控制的手段包括物理隔断和隔离，这个物理隔断可以通过设置隔墙，洁净板墙等手段；隔离包括人流/物流的隔离，空气处理系统、设备、CIP 系统、控制柜以及其他潜在的可能引发交叉污染的渠道的区分。不同的隔离手段需要根据产品的特性以及要求进行制定。

分区控制不仅可以在查看图纸的过程中查看，还可以在走现场的时候看到。特别要注意生熟分开，很多工厂都会犯这个错误。

（7）防脱落

总体需要符合以下主要原则：

① 设备中的脱落主要考虑螺丝螺栓的脱落，密封圈的脱落以及润滑油的滴落。设备的螺母最简单的防脱就是一定要安装垫片，这已经可以大大提高螺母的防脱了。除此之外，还可以考虑使用防脱螺母，或者从垫片入手选择防脱垫片；但采用化学

黏结剂需要谨慎考虑，可能会引入新的问题。设备的密封圈从设计开始就要考虑防脱。但是密封圈的设计需要查看密封的详细图纸，很少有厂家会提交设备的详细设计图纸，即使有，也很少有密封圈的详细设计，所以很多时候，我们只能通过询问人员进行复核，主要关注点是密封圈的材质，例如：EPDM材质的密封圈不耐油，会导致密封圈的胀大从而引发密封圈的失效。密封圈最常见就是在检查过程中直观检查并发现。

② 设备外表面以及支架也需要考虑脱落的风险，尤其是螺丝螺栓的脱落，润滑油以及冷凝水的滴落等。

③ 厂房的选材需要考虑脱落的风险，避免墙皮内层的涂料的脱落。

④ 钢平台以及穿越楼梯等需要设置飞边，防止钢平台上的物品的掉落，尤其是跨越物料输送线的平台。

3. 问人员

关于设备的卫生设计，主要与设备人员及采购人员沟通，以了解他们对设备卫生设计的知识水平和实施情况。可以结合现场观察的风险点与人员进行沟通交流，从而相互交叉验证。通常询问人员如下问题：

① 你是否了解设备的卫生设计要求？

② 我们工厂的卫生设计要求的核心要求有哪些？

③ 工厂的卫生设计是如何在相关的设备要求中体现？如何有效传达给上游供应商？

④ 工厂对于设备卫生设计的要求，会影响成本吗？如何在采购过程中，做相关的决策？

⑤ 我们平时在设备的维修过程中，有哪些卫生设计的要求是需要特别关注的？

六、设备管理良好审核实践

(一) 设备管理基本介绍和相关标准要求

1. 设备管理基本内容

食品工厂的设备管理涵盖设备全生命周期，包括前期管理（如设备选型与购置、安装调试与验收），中期管理（如日常维护与保养、定期检修和档案管理），以及后期管理（如设备更新与报废）。目的在于控制成本的同时，最大限度地提升设备可靠性和可用性，减少故障停机和其他非计划维护，确保质量和食品安全管理，最终满足客户需求。

（1）设备选型与购置

通过科学选型和购置，获得满足安全、环境、卫生设计、产能、操作性、可靠性、维护性、可视化管理、质量及食品安全标准等要求的设备，确保生产适用性、运行可靠性和经济合理性。

（2）设备安装、调试与验收

设备安装、调试和验收是设备管理的关键环节。由设备供应商或公司选定的专业安装团队负责，通过科学安装和调试，确保设备满足所有要求，并在正式生产前解决发现的问题。

(3) 设备的状态的监测

实时监控设备运行状态和性能指标，及时发现并处理异常，防止生产中断或引发质量和食品安全问题。

(4) 维护与保养

日常维护包括定期清洁、检查和调整设备，保持良好运行状态，以及润滑、紧固和更换磨损部件，延长设备使用寿命。

(5) 设备更新与报废管理

定期评估设备性能和经济性，决定是否更新或报废不再适用的设备。

(6) 设备的档案管理

建立设备档案管理制度，记录采购、维护、故障和修理等信息，确保设备使用的可追溯性和管理透明性。

(7) 设备的信息化

对现有的设备按新标准和要求进行改善，配合数智化或工业 4.0 升级设备的现代化管理。

2. 相关标准要求

食品工厂的设备管理需遵守众多国内外法律法规和标准的要求。如在国际上，通用的标准要求有：ISO 22000、HACCP、GMP、FSSC 22000 等；还有其他的具体标准如 BRCGS、IFS、SQF 等；国内的标准如：GB 16798《食品厂设计规范》、GB 14881《食品安全国家标准　食品生产通用卫生规范》，也都对食品工厂设备的设计、安装调试、使用和维护等都做了具体要求。汇总起来，基本要求如下：

(1) 制造材料

设备设计应适应预期用途，并在正式投入使用前验证其能满足产品要求。所有接触食品的设备材料必须符合食品安全标准，确保不会释放有害物质。所有直接接触食品的设备和工具都应有符合性证明，以证实其满足现行法规要求。润滑剂和导热流体若有直接或间接与产品接触的风险应确保是食品级。

(2) 卫生设计

食品设备要具备可清洁性，设备应设计成易于清洗，避免藏污垢的死角，采用光滑的表面处理。这方面内容请参照卫生设计章节的内容。

(3) 维护与校准

为符合产品要求，应建立充分的、文件化的、覆盖所有主要设备（包括运输工具）的维护体系。此体系适用于内外部的维护保养活动。食品企业需要制定设备维护计划，包括保养、校验和更换部件，以确保设备始终处于良好状态。关键设备的校准必须按照计划的时间表和可验证的标准进行。

(4) 设备使用

食品企业应进行员工培训，确保所有操作员接受设备使用和卫生标准的培训，并定期考核。同时，应建立标准操作程序（SOP）和详细操作手册，明确每台设备的正确使用、清洗和维护流程。

（5）卫生管理

食品企业应制定并执行清洁和消毒程序，确保设备达到卫生标准。同时要制定并执行防污染措施，设备布局应避免交叉污染，设置适当的隔离和通道。需做好临时维护管理和维护前后的卫生管理，防止污染。故障维修的实施应确保邻近生产线或设备的生产没有污染的风险。应保持工程车间清洁、井然有序，而且应实行必要的控制，以防止工程碎屑转移到生产或贮藏区。食品接触的备件要做好防护，防止受到污染。在高风险地区使用专用便携式手动设备。

（二）设备管理审核良好实践

设备管理对确保产品质量和食品安全至关重要，因此设备审核也是供应商审核的关键部分。建议按看文件、走现场、查记录、问人员四个方面来进行：

1. 看文件

在食品企业供应商设备管理审核中，文件审查是一个关键步骤。以下是一些良好实践，帮助我们有效地进行文件审查：

（1）准备工作

在审核之前，需要客户按审核员的要求提前准备好需要审核的文件清单，包括设备清单、维护计划、维护记录（包括故障维护记录）、校准计划和记录、培训记录、润滑清单、润滑油标签等。

（2）设备清单和记录

在收到文件后，首先检查设备清单是否详细，信息是否准确，包括设备名称、型号、序列号、投入使用日期等。

（3）维护计划

食品企业需要有自己的设备管理程序，并按管理程序规定按设备的实际需求制定并执行设备的维护计划，包括年度计划、按年度计划逐步细化分解的季度、月、周计划，包括点检、保养、定期维护等。

（4）培训记录

查看培训计划，确认操作人员和工程维护人员是否定期接受培训。检查培训记录，确认相关人员经过充分培训，并熟悉设备操作规程和维护规程。

通过以上步骤，你可以系统地审查供应商的设备管理文件，确保设备管理符合食品安全和质量要求。

2. 走现场

对于设备方面的现场审核，需要根据抽样产品所需要使用的设备，对它们进行一些现场检查，主要包括：

（1）设备状态

在走现场时，首先与供应商提供的设备清单进行核对，确认设备的实际存在和状态。然后检查相关设备的外观，确认是否有明显的损坏或不符合标准的情况。重点检查设备的卫生设计情况，看看是否满足卫生设计标准；管道的焊接质量，是否有焊渣、焊缝等不良点；是否有易脱落件没有得到有效管理；关键设备的状态等。

（2）设备操作

在现场时可以要求操作人员进行设备操作演示，观察操作是否符合标准和规程。同时检查设备的运行状态，确认设备运行平稳，无异常噪声或振动。

（3）维护保养的状态检查

审核人员需要现场查看设备的维护记录，确认维护工作是否按计划进行。检查设备的保养情况，确认设备清洁、润滑等工作是否到位，现场是否有跑冒滴漏的情况，是否有零件松动情况，以及是否有垫圈的破损等。如果现场有施工，需要观察施工团队对 GMP 标准的遵守情况。

（4）校准和验证

检查设备上的校准标识，确认校准日期和有效期。现场查看设备的校准记录，确认校准工作由合格的机构进行，并符合要求，如巴氏消毒处的流量计、温度计，灌装机的流量计等，确保这些 CCP 和 QCP 处的计量器具的精度。

（5）备件库

在走现场时需要查看设备的备件存放情况，确认关键备件是否齐全，并有良好的管理；食品接触备件，是不是得到有效防护；备件库有没有存放化学等物料等。

（6）维修间

审核员需要检查维修间的情况，包括工具的状况、是否有热加工分区、进出车间工具的检查记录等。

（7）润滑站

食品工厂的润滑剂作为化学品，应该储存在润滑站。审核员需要检查润滑站食品级润滑剂的存放是否符合标准，有没有与非食品级润滑剂混合存放。润滑工具有没有标签，并和润滑剂的标签一致，做到专油专工具，如图 3-4。

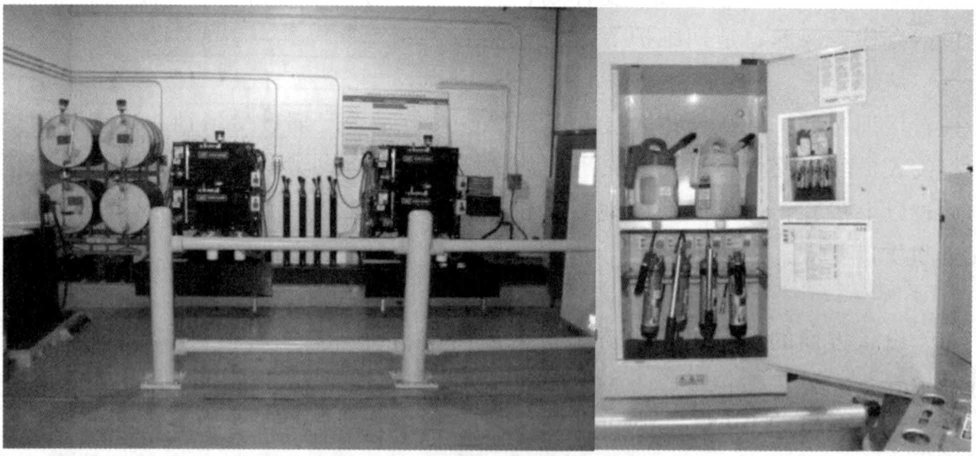

图 3-4　润滑站和润滑工具

3. 查记录

在食品工厂供应商审核中，检查设备管理记录是确保设备管理符合标准和规程的重要环节，主要包括：

（1）设备清单

检查设备清单是否包含详细信息，如设备名称、型号、序列号、安装日期、使用年限等。确认设备清单是否定期更新，是否反映了当前的设备状况，见表 3－9。

表 3－9　设备清单

序号	设备名称	规格型号	数量	使用工艺段	单台额定功率（kW）	材质	采购情况	工况		安全装置说明	备注
								温度℃	压力MPa		
1	奶油分离机	7.5t/h	1	前处理	18.5	不锈钢	进口	60/85	0.5	—	分离奶油和脱脂奶
		20t/h	1		30	不锈钢	国产	60/85	0.5	—	
2										—	
3										—	
4										—	
5										—	

（2）维护和保养记录

查看设备的维护计划，确认是否有定期维护安排，见表 3－10。检查维护日志，确认每次维护的具体内容、日期、负责人员和结果。查看设备的故障维修记录，确认故障描述、原因分析、维修措施、维修时间、备件消耗和结果是否详细记录如图 3－5。

表 3－10　设备维护计划

维护	内容及要求	频率	1	2	3	4	检查人	备注
下蛋卷器	检查旋转气缸	半年						
喷巧克力	清洗喷头	每月	☆	☆	☆	☆		
	检查气缸上下运动漏气情况	每月	☆	☆	☆	☆		
	滑动轴承加油	每月	☆	☆	☆	☆		

（3）校准和验证记录

审核老师需要查看设备的校准证书，确认校准工作由合格的机构进行，校准结果是否在有效期内。检查校准记录，确认校准频率和结果符合要求，记录是否详细，包括校准日期、校准标准、校准结果等。

（4）培训记录

审核人员需要查看供应商的培训计划，确认操作人员和维护人员是否定期接受培训。检查培训档案，确认每次培训的具体内容、日期、培训人员和参加人员。检查培训评估记录，确认培训效果是否经过评估。

故障维修记录

编号：____________________

部门：________ 生产线：________ 设备：________ 日期：____年____月____日

维修开始时间：________ 维修结束时间：________ 班次：________

故障位置：____

故障描述：____

____

故障原因：____

采取的行动：____

清理标准是否包括了这个问题？	Y	N	措施：	修改□	制订□
点检标准是否包括了这个问题？	Y	N	措施：	修改□	制订□
润滑标准是否包括了这个问题？	Y	N	措施：	修改□	制订□
是否有关于这个问题的 OPL？	Y	N	措施：	修改□	制订□

这个故障涉及哪个系统？

驱动□ 密封□ 润滑□ 液压□ 气动□ 电气□ 紧固□

以下几项中，哪些与这个故障相关？

自然劣化□ 强制劣化□ 操作不当□ 部件设计/加工缺陷□ 知识缺乏□

更换零件清单：

序号	部件名称	型号	数量	序号	部件名称	型号

工程师/维修工：________________

操作工：____________________ （此单由工程师/维修工填写，操作工确认）

图 3-5 设备故障维修记录

4. 问人员

通过与现场相关人员的交流，了解相关人员的设备管理知识和技能，并和程序、现场、记录等交叉验证。主要包括：

（1）与管理层交流

与公司负责设备管理的管理层沟通，了解设备管理策略，包括设备采购流程、人员配置、预算和资源提供等。

（1）与设备维护人员交流

维修保养工程师在设备管理方面起着重要作用，他们的能力和执行力决定食品设备管理的质量。维护和保养方面，可以请维护人员说明相关的维修计划和维修标准，并给出具体的保养细节。可以问设备发生故障时，他们的处理流程等。

（3）与操作人员交流

可以询问操作人员接受过哪些设备操作培训，培训内容包括哪些方面。也可以问他们设备的操作手册是否容易理解，在操作中如何严格按照手册执行。

（三）设备管理常见问题与风险

食品工厂的设备管理中存在的常见问题和风险可能会影响生产效率、食品安全和产品质量，审核人员需重点关注。以下是一些常见问题和潜在风险：

1. 设备前期管理不良

设备从设计、采购开始，没能按食品设备的标准设计、采购、安装、调试、验收等，造成设备先天存在安全、环保、质量、食品安全、可操作性、可维护性、稳定性、效率或成本等问题。这些问题的解决需要按照设备早期管理的方法去设计和采购设备，并按要求对设备进行安装、调试和验收。

2. 设备老化和故障频发

由于设备使用年限较长，频繁出现故障，影响生产效率。从而造成生产停滞、产品质量下降、维修成本增加等问题。

3. 维护和保养不及时

这个问题是很多食品企业都存在的问题，由于设备维护和保养工作没有计划，或计划不科学，有的即使有计划，也没有按计划进行，导致设备性能下降、设备故障增加、生产效率降低、影响产品质量，带来食品安全隐患。

4. 校准不准确或未及时进行

一些企业设备校准工作流于形式，设备校准工作不准确或未按要求及时进行，导致测量不准确、产品质量不合格、食品安全存在风险。

5. 缺乏相应设备管理标准

一些食品工厂由于规模，管理和历史原因等，缺乏设备的采购、安装、调试、卫生设计、维修保养、润滑管理、备件管理、施工管理等标准，导致现场的设备难操作、难维护、被错误维护，存在很多食品安全、质量、效率等的风险。

6. 人员培训不足

由于操作和维护人员未接受充分的设备操作和维护培训，造成操作失误、设备存在强制劣化、生产效率降低。

（四）对行业的建议

对食品企业而言，设备管理是确保生产效率和食品安全的关键环节。以下是一些具体建议，帮助提升设备管理水平：

1. 建立完善的设备管理体系

首先，建议制定设备管理的关键绩效指标（KPI），实施绩效管理；其次，建立设备维护的年度和季度计划，并根据实际情况细化为月度、周度和日度计划；进一步，建立并执行设备管理的标准操作流程（SOP），涵盖设备采购、安装、运行、维护、保养、校准和报废等环节；建立设备管理制度，明确各岗位的职责，确保设备管理工作有序进行；加强设备故障维护管理，对重大故障进行原因分析，并根据分析结果采取措施，防止故障再次发生；同时，建立工程团队的技能矩阵，明确技能需求，加强人员培训，并通过提升人员技能来提高设备管理水平。

2. 建立设备早期管理的流程

根据生产需求和工艺要求进行设备选型，确保设备性能和产能满足要求。选择信誉良好、技术先进的设备供应商，以确保设备质量和售后服务。由专业技术人员负责设备安装和调试，确保设备按照要求运行。安装完成后进行验收测试，确保设备性能稳定且运行正常。总之，执行设备早期管理的七个关键步骤，或遵循新项目管理流程进行新设备/生产线的设计、采购、安装、调试和验收等工作，如图 3-6。

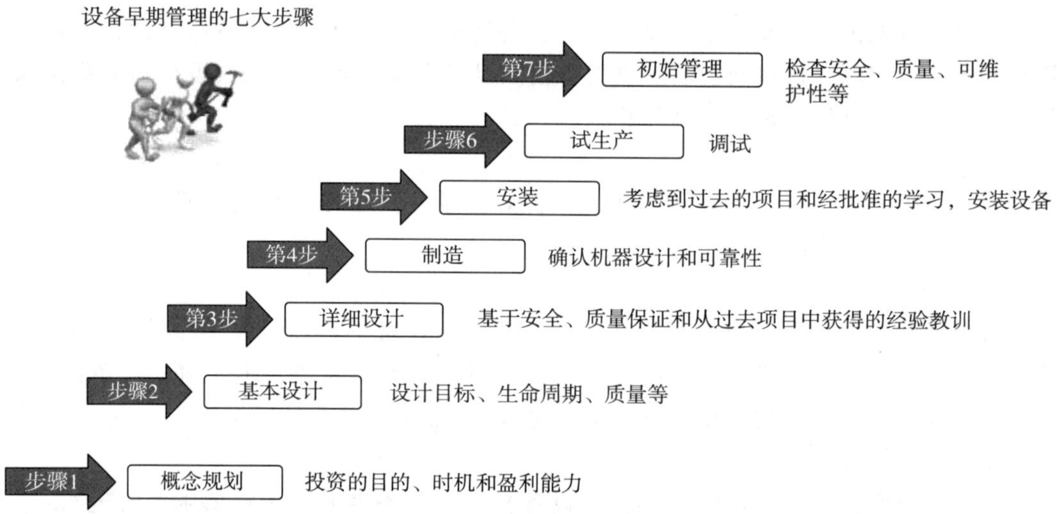

图 3-6 设备早期管理流程

3. 现代化/数智化提升

根据新标准和要求对现有设备进行改进，并配合数智化或工业 4.0 进行升级，利用物联网信息系统实现生产中的供应、制造、销售信息的数据化和智能化，最终实现快速、高效、个性化的产品供应。例如，利用物联网、云计算、人工智能等技术，构建高灵活性、高资源利用率的“智能工厂”，实现智能生产、智能质量控制、食品安全和智能物流管理。

通过以上建议，食品企业可以建立和完善设备管理体系，确保设备运行稳定、生产效率提高、食品安全得到保障。

七、食品工厂水、冰、蒸汽良好审核实践

（一）水、冰、蒸汽基本介绍和相关要求

与产品直接或可能接触的水、冰、蒸汽的食品安全管理至关重要。水用于食品加工多个环节，优质水可避免微生物和化学污染。冰用于保鲜和温控，若被污染则会成为污染源。蒸汽用于加热和杀菌，合适的蒸汽质量对加工安全意义重大。

在食品安全审核中，对于水，应重点关注水源安全、水处理系统的运行以及水质监测记录。对于冰，要审查制冰用水质量、制冰设备清洁维护和冰的储存条件。对于蒸汽，重点在于蒸汽产生系统清洁、压力温度控制以及蒸汽管道维护和检查记录。

（二）水、冰、蒸汽审核良好实践

作为食品安全审核员，在审核食品工厂的水、冰、蒸汽时，应重点关注以下方面：

（1）水的审核：重点关注水池/水箱良好保护；水处理系统（过滤、软化、消毒）运行和维护；水质检测符合标准。

（2）冰的审核：重点关注制冰用水；制冰设备检查清洁；冰的储存防止污染。

（3）蒸汽审核：重点关注用蒸汽端合适过滤器；若蒸汽直接接触食品，所用化学品（除氧剂、阻垢剂、缓蚀剂）为食品级。

现场审核通常采取“走现场，看文件，查记录，问人员”的方式，全面评估产品风险和实现过程。通过这些步骤，确保食品工厂的水、冰、蒸汽系统安全合规，保障食品安全。

1. 走现场

在“走现场”环节中，需检查食品工厂水处理、制冰和蒸汽制备过程中是否存在影响产品质量和安全的因素。下面具体从水、冰、蒸汽的审核“关注点”和具体“案例”两个方面来分别阐述。

1）水处理现场审核重点

（1）水源情况：

① 关注点：水源类型与质量。确认是市政供水还是自备水源。对于市政供水，检查水质报告，检测频率和数据是否包含重金属、微生物等关键指标；自备水源需查看水源地周边环境，有无潜在污染源，如工厂排污口、垃圾堆放点等。

② 案例：若工厂靠近化工企业，自备水源可能受到化学污染。审核时要注意水源地的防护设施，如围栏是否完整，有无警示标识；同时关注水质报告中重金属，微生物等关键指标。

（2）水处理设备

常用的水处理设备有：罐体储水箱，过滤罐体设备，软化设备，RO设备，紫外杀菌设备，保温过滤等。在现场审核这些设备时，应关注以下重点：

① 罐体储水箱关注点：

a. 检查罐体的材质或者内衬是否是不锈钢材质或者其他食品级材质以符合食品安全标准，以确保不会对水质造成污染；

b. 确认罐体的密封性，防止外界污染进入储水罐；对于室外的大储水罐应该有上锁；

c. 如果室外储水罐有溢流口，确保溢流口有不锈钢网密封以防止虫鼠害入侵。

② 过滤罐体设备关注重点：

a. 检查过滤介质是否完好，没有破损，以及是否定期更换，以保证过滤效果；

b. 检查各密封件是否完好，如有破损，追查破损缺失的密封件去向和预防措施；

c. 确认过滤罐体的清洁程度，内部是否有沉积物或污染物，是否有管道死角存在；

d. 检查过滤罐体的密封性和完整性，防止未经过滤的水直接进入系统。

③ 软化设备关注重点：

a. 检查软化树脂是否定期更换，以及是否有更换记录；

b. 检查各密封件是否完好，如有破损，追查破损缺失的密封件去向和预防措施；

c. 审核软化设备的清洁和消毒流程，防止细菌和微生物污染；

d. 检查软化水的水质指标，如硬度，确保软化效果。

④ RO 设备（反渗透设备）关注重点：

a. 检查反渗透膜的完整性和清洁度，确保没有物理损伤和生物污染；

b. 检查反渗透设备的预处理和后处理措施，如保安过滤器和消毒装置，确保水质安全；

c. 审核反渗透设备的维护和化学清洗记录，防止膜污染和延长设备寿命；

d. 关注各密封件是否完整有破损。

⑤ 紫外杀菌设备关注重点：

a. 检查紫外灯的完整性和光强，确保杀菌效果；

b. 确认紫外杀菌设备的运行参数，如流速和紫外强度，是否符合设计要求；

c. 检查是否有紫外强度监测装置，以确保紫外灯的杀菌效果；

d. 审核紫外杀菌设备的清洁和维护记录，防止设备故障和确保水质安全。

⑥ 保安过滤关注重点：

a. 检查保安过滤器的滤芯是否完好，没有破损，以及是否定期更换；

b. 确认保安过滤器的清洁程度，内部是否有沉积物或污染物和卫生死角；

c. 检查保安过滤器的完整性和密封性，防止未经过滤的水直接进入系统；

d. 审核保安过滤器的维护和清洗记录，确保设备正常运行和水质安全。

案例：过滤设备的滤料长时间未清洗或者更换，可能导致过滤效果下降。审核时可查看滤料清洗更换记录。对于有快接过滤器时，可以打开并检查当前滤料的外观，是否有结块、变色等异常。

⑦ 管道系统

关注点：管道材质与清洁。确认管道材质符合食品卫生要求，如食品级塑料或不锈钢；检查管道的标识是否区分不同用途的水管（如生产用水、清洗用水）；检查管道连接部位是否密封良好，有无密封件缺损、渗漏现象，防止污水渗入，异物流入到产品中去；查看管道的清洁计划和记录，检查管道内部有无水垢、生物膜等沉积物。

案例：使用不符合卫生标准的管道材质，如碳钢易生锈，可能会导致有害物质溶出到水中。审核时可通过查看管道采购资料和检测报告来核实。

2）制冰过程现场审核重点

（1）制冰用水

① 关注点：确认制冰用水是否来自合格的水处理系统，包括检查水质检测报告，是否符合饮用水标准或更高的食品加工用水标准；检查制冰用水的储存容器，是否清洁卫生，有无防止污染的措施，如密封盖、空气过滤装置等。

② 案例：若制冰用水的微生物超标，制成的冰用于食品保鲜或者用于加工配料会污染食品。审核时可现场采集制冰用水样本进行快速检测。

（2）制冰设备

① 关注点：设备清洁与卫生设计。检查制冰机内部的清洁状况，包括蒸发器、冰模等部件，有无污垢、霉菌、异味。查看设备的卫生设计，如是否便于拆卸清洗，有无排水装置以防止积水滋生细菌。

② 案例：制冰机蒸发器表面有大量污垢，会影响冰的质量。审核时可要求打开设备进行检查，观察清洁死角是否有残留污渍。

（3）冰的储存与防护

① 关注点：储存条件与防护。检查冰的储存容器和区域，是否清洁、干燥，有无防虫、防鼠设施。储存容器应密封良好，防止灰尘、虫害和微生物污染。查看冰在储存和转运过程中的防护措施，如是否使用专用的冰铲，冰桶避免交叉污染。

② 案例：如果冰储存区域潮湿且有鼠害，可能会污染冰块。审核时可检查储存区域的环境监测记录和防虫防鼠设施的使用情况。

3）蒸汽制备过程现场审核重点

锅炉水质处理化学品使用

① 关注点：软化与除垢措施的化学品，如食盐，阳离子交换树脂和阻垢剂等使用。由于锅炉用水对硬度要求高，通常需要对水进行软化处理。如果蒸汽与产品有直接接触的情形，需要确定软水处理的化学品是食品级的，且有 MSDS 备查。

② 案例：蒸汽用水硬度高会使管道内壁形成大量水垢，降低热效率；而水处理的化学品如果不是食品级，当蒸汽与产品接触时，则会污染产品带来食品安全问题。

2. 看文件 & 查记录

食品工厂水、冰、蒸汽食品安全审核中的文件审核部分将从“文件和记录”以及“常见审核问题”两个方面进行详细说明。

1）水处理工艺文件审核内容

（1）水源和水质监测相关文件与记录：

① 文件或记录审核：重点看水质监测计划、内部监测报告、第三方检测报告、水质一旦超标，后续的处理措施，记录和复查记录等。

② 常见审核问题：报告或者记录不全，没有签字和确认；第三方检测资质不符合要求等。

（2）水处理设备及管道系统文件与记录：

① 文件或记录审核：水处理设备操作、操作手册、维护计划、维修和保养记录、零部件更换记录，以及密封件缺损追查报告和预防措施。CIP 管道清洁消毒程序文件、清洁消毒记录。

② 常见审核问题：水处理系统维修保养记录不全；易损件，特别是密封件缺损追查报告与预防措施缺失；管道材质生锈，密封泄漏；消毒剂浓度确认和清洁消毒记录缺失或不完整等。

2）制冰过程文件审核内容

制冰用水/制冰设备/冰存储的文件与记录：

① 文件或记录审核：制冰用水来源记录、水质检测报告；制冰设备和制冰用水管路清洁程序文件，清洁消毒计划，和清洁消毒记录。

② 常见审核问题：制冰用水来源记录不清晰，无法追溯到水处理环节；水质检测报告不符合要求；清洁程序文件未涵盖设备、管路、冰铲、冰桶等工具所有易污染部位；清洁消毒记录不完整等；是否有避免冰存放柜的排水管道直接接到下水道的相关规定和要求。

3）蒸汽发生设备文件审核内容

蒸汽发生设备—锅炉主要审核的文件和记录：

① 文件或记录审核：锅炉软化水系统运行文件和记录，化学品的 MSDS，以及锅炉安全装置的检测文件和记录，确保锅炉的安全装置正常运作。

② 常见审核问题：化学品管理缺失，特别是食品级除垢剂和阻垢剂等化学品没有 MSDS 文件。

水处理系统，制冰系统和蒸汽制备系统部分常用的文件和记录清单见表 3－11。

表 3－11　水、冰、蒸汽部分常见文件与记录

程序文件	操作程序/指引	部分记录
水处理系统	《水处理系统操作规程》《水质监测程序》 《设备维护保养程序》	《水处理系统运行日志》 《水质监测报告》 《设备维护保养记录》 《化学品使用记录》
制冰系统	《制冰系统操作规程》 《制冰设备维护保养程序》 《制冰过程卫生管理程序》	《制冰系统运行日志》 《制冰设备维护保养记录》 《制冰过程卫生消毒记录》
蒸汽系统	《蒸汽锅炉系统操作规程》 《蒸汽锅炉系统用水质量控制程序》 《蒸汽锅炉系统蒸汽质量监测程序》	《蒸汽锅炉系统运行日志》 《蒸汽锅炉系统用水水质监测报告》 《蒸汽锅炉系统蒸汽质量监测报告》

3. 问人员

食品工厂食品安全审核水、冰、蒸汽时，作为审核员除了走现场，看文件查记录之外，一个重要的环节就是随机对管理人员和现场操作人员进行访谈，以了解工厂实际做的与文件要求的是否一致，员工对自己的岗位要求和执行能力达到什么程度。

以下是食品工厂审核员在审核水、冰、蒸汽时可询问的一些典型问题清单：

工厂的水源是什么类型（市政供水/自备水源）？

如果是自备水源，周边环境有无潜在污染源？有没有采取了哪些保护措施（如水质检测、取水点设置围栏，警示标识、巡查制度等）？

工厂水处理设备有哪些，它们的功能分别是什么？

软化树脂，RO 反渗透膜等是否有保养/更换计划，频率如何？有没有记录？

水处理设备如果出现故障时，有应急处理程序？

最近一次水质检测结果如何？如果出现水质超标情况，采取了哪些措施？有没有记录？

工厂制冰用水来自哪里？是否有专门的制冰用水处理流程？

制冰机或者储冰容器，冰铲等多久清洁消毒一次？采取什么消毒方式？

锅炉安全阀门、压力表等关键部件是如何维护和校准的？最近一次校准是什么时候？

蒸汽用水的软化处理是如何获得的？软化水使用的化学品有哪些？有没有 MSDS？

(三) 水、冰、蒸汽常见问题与风险

现在我们来总结水、冰、蒸汽的常见问题与风险，如下：

1. 现场问题

(1) 水方面：水源地存在污染隐患，防护设施不足；水处理设备卫生设计不足，设备与管道材质不符合卫生标准；储水设备没有定期的清洁，水质检测有漏项，或者没有定期检测等。

(2) 冰方面：制冰用水储存容器脏污、无防护措施，制冰设备内部有污垢、霉菌；冰储存区域卫生差、无防虫防鼠设施，取冰工具未清洁消毒等。

(3) 蒸汽方面：蒸汽锅炉安全阀门或压力表没有定期检验；蒸汽软化水用化学品不是食品级（与产品直接接触），化学品管理缺少，没有 MSDS 文件等。

2. 文件和记录问题

(1) 工厂的制水、制冰和蒸汽，没有纳入 HACCP 体系中，很多企业是没有相应的独立的子流程进行相关的危害分析。

(2) 水、冰、蒸汽相关清洗消毒记录不全。

(3) 相关检测缺乏相应的计划，和检测项目不全。

3. 人员问题

主要是员工对于工艺流程不清楚，人员培训和执行不到位，人员能力不足。

(四) 对行业的建议

做好食品工厂水、冰、蒸汽的管理不是一蹴而就的事情，可以采取如下措施分步骤进行持续改善：

（1）引入卫生设计理念。在水、冰，蒸汽制备系统设计和安装过程中，依据相应卫生设计要求，第一次就把事情做对。

（2）检测计划的制定。对于水、冰、蒸汽制备系统要优先制定相应的检测计划，并按照计划执行相关检测，和记录。

（3）将水、冰、蒸汽的关键控制点纳入 HACCP 计划中，这样不会遗漏重点监测和控制项。

八、压缩空气管理良好审核实践

（一）压缩空气系统基本介绍和相关标准要求

在食品行业，压缩空气不仅作为动力源驱动气缸输送粉状物料、回收清洗前的浆状物料（气体堵头），还被用于食品的膨化处理，以及在牛奶和饮料行业中制备无菌空气，对贮罐进行正压保护等。

对于食品行业而言，压缩空气可能造成以下三种食品安全危害：

生物性危害：外界空气含有的微生物，被吸入压缩机，如果不加以控制，微生物会在压缩空气系统中迅速生长。

化学性危害：大多压缩机会使用到空压机油，而这些油如果控制不当将随着压缩空气一起进入食品或污染食品接触面。

物理性危害：空气中有大量的尘埃粒子，同时，压缩空气系统的阀门、管道等在部件动作和气体流动的时候会产生碎屑。

1. 压缩空气系统组成

压缩空气系统通常包括以下组成部分：

（1）空气压缩机：将大气中的空气压缩，常见类型包括往复式、螺杆式和离心式，包括有油型、半油型和无油型，选择时需考虑能效和适用性。

（2）储气罐：用于储存压缩空气，帮助平衡需求，减少压缩机频繁启停，延长其使用寿命。

（3）干燥器：去除压缩空气中的水分，防止水分对生产设备和产品造成污染，常用的有冷冻式干燥器和吸附式干燥器。

（4）过滤器：去除压缩空气中的固体颗粒、油雾和其他污染物，确保空气的洁净度符合食品安全标准。

（5）管道系统：将处理后的压缩空气输送到各个用点，设计时需考虑压力损失和流量要求。

下面就是一个简单的压缩空气系统，如图 3-7。

2. 相关标准要求

我国关于压缩空气的相关标准主要有 GB/T 13277.1—2023《压缩空气　第 1 部分：污染物净化等级》，这一标准对压缩空气的使用提出了具体要求。

国际上关于压缩空气的相关标准主要包括：ISO 8573（压缩空气质量标准），

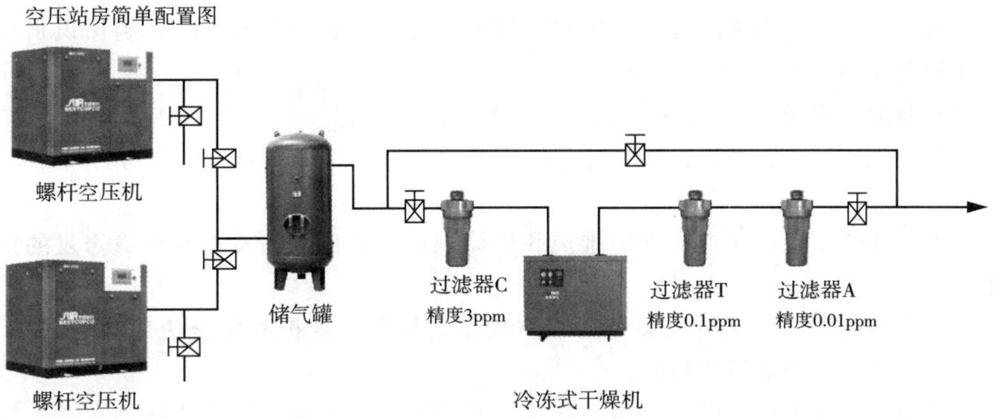

图 3－7　空压机系统示意图

BRCGS（全球食品安全标准），IFS（国际食品标准）也都对压缩空气质量管理提出了相关要求，要求确保其在食品生产过程中不会带来食品安全和质量隐患。

各个质量和食品安全管理体系和标准对食品工厂压缩空气的管理要求主要集中在以下几个方面：

（1）危害分析和风险评估：识别压缩空气可能带来的危害和风险。

（2）控制措施：实施适当的控制措施，如过滤、干燥和定期检测等。压缩空气系统需符合相关食品安全标准，如 ISO 8573，确保空气的洁净度和质量。

（3）维护与检查：定期检查和维护系统各组件，确保其正常运行，降低故障风险，尤其是定期排水和过滤器滤芯的更换。

（4）验证和监控：定期验证和监控压缩空气的质量，包括水分、油分和颗粒物含量，确保其符合相关标准和要求，防止对产品的污染。

（5）记录和文件管理：保存所有相关记录和文件，以备审核和追溯。

通过遵循这些管理体系和标准，食品工厂可以确保压缩空气的质量，进而保障食品的安全和质量。

（二）压缩空气系统审核良好实践

审核压缩空气系统时，审核人员需对空压系统有一定的了解，以便进行深入审核。对于压缩空气的审核，从看文件、走现场、查记录、问人员四个方面来进行。以下是一些良好实践，帮助你进行有效的审核：

1. 看文件

审核食品工厂的压缩空气系统时，文件审核可以根据需要包括以下内容：

（1）设备管理文件

检查设备的采购、维护和操作手册，确保符合相关标准和要求。比如，空压机是否为无油空压机；干燥器是否能够达到工艺需要的水分含量要求；过滤器能否达到粉尘和油含量的标准；手册中要求的过滤器更换周期、储气罐和过滤器的排污要求等。

（2）危害分析文档

审核与压缩空气相关的危害分析和关键控制点的文件（HACCP），确保识别和控制潜在的食品安全风险。

（3）监测与记录

压缩空气质量监测报告：查看定期的压缩空气质量检测报告，确保符合 ISO 8573 等标准。

维护和检修记录：检查设备的维护和检修记录，确保定期检查和故障修复的记录完整。

员工培训文件：审核员工关于压缩空气系统操作、维护和安全使用的培训记录，确保员工具备相应的知识和技能。

通过这些文件审核，可以全面评估压缩空气系统的风险，从而确保其在食品生产中的安全使用。

2. 走现场

现场审核是确保食品工厂压缩空气系统运行符合食品安全和质量要求的重要环节。以下是现场审核的关键步骤和要点：

（1）现场观察

空压机及设备检查：核查空压机类型、运行状态。确认空压机是有油型还是无油型。空压机房要通风散热良好，以保证空压系统的长期稳定运行。

干燥器：确认干燥器的配置是否合理。干燥器的配置要和最后的使用点的空气质量相关。一些企业使用的冷干机达不到工艺标准中的露点的要求，如选择的冷干机出气露点是 10℃，而现场空压气是食品接触的，要求的露点是－40℃，这就是设备的选型没有考虑到实际的工艺标准，设备能力达不到工艺的需求。

过滤器：确认过滤器的配置是否合理。对于过滤器，需要检查是否按要求进行定时排水、更换和维护，以确保空气干燥且洁净。对于使用端的过滤器，要检查其型号是否能满足使用点的要求。

管道检查：查看压缩空气管道的安装是否规范，是否有锈蚀、漏气等问题，特别是在食品接触区的管道，确保不会造成二次污染。食品车间内的空压气管道建议使用不锈钢材质的。

（2）空气质量检测

在关键的压缩空气出口处（如生产线、包装区）进行采样，确认空气的洁净度符合标准。一般可以打开压缩空气气管，放出压缩空气，观察是否有水排出。然后把空压机吹向干净的白纸约 0.5～1 分钟，看看纸上有无油污或黑点，来检查空压气的质量。

（3）操作流程审查

查看操作维护人员是否按时进行压缩空气系统的维护工作，包括清洗、过滤器更换和定期排水，确保系统在最佳状态下运行。可以打开过滤器的排水阀，看看过滤器中有没有过量的水。

（4）关键控制点检查

特别关注压缩空气用于与食品直接接触的区域，如包装区、清洁区等，确保这些区域的压缩空气达到高洁净度标准。需要检查现场的终端过滤器的型号是否满足要求。如对于物料罐内的无菌空气进罐之前无菌过滤器的状况，罐内的无菌空气是否为正压。

通过这些步骤，现场审核可以有效评估压缩空气系统的运行状况，并确保其符合食品质量和安全标准。

3. 查记录

在食品工厂压缩空气系统审核中，查阅记录有助于评估系统的合规性和有效性，具体可从以下几点入手：

（1）空气质量检测记录。

查看定期检测的空气质量记录，包括颗粒物、水分和油分的测试结果，确认是否符合标准（如 ISO 8573）。

（2）设备维护和检修记录：

检查压缩机、干燥器、过滤器等设备的维护和检修记录，确保按照预定计划进行，且每次维护的内容、日期和责任人都已记录。对有油空压机，确认使用的是否是食品级润滑剂，要检查其更换记录。

通过系统化地查阅记录，可以全面了解食品工厂压缩空气系统的运行状况、合规性和持续改进的效果，确保其满足食品安全和质量标准。

4. 问人员

在食品工厂压缩空气系统审核中，由于现场人员较少，需提前做好准备：

首先要确定询问对象，包括操作员、维护人员、负责监测空气质量的质量控制人员等。一般情况，空压机房的操作和维护人员是二合一的，主要是询问他们对过滤器和贮气罐的排水的操作是如何进行的。然后询问过滤器的更换频率，看看他们是不是按规定的标准进行过滤器的更换。对于空压气体质量监测人员，要问他们空气质量的监测频率，是否有相关记录，同时询问如何处理检测到的空气质量不达标的情况。

通过系统化的人员询问，可以深入了解压缩空气系统的实际运行情况、员工的知识和操作水平，从而为审核提供有力支持。

（三）压缩空气系统常见问题与风险

在食品工厂中，由于压缩空气系统直接或间接接触食品，其质量和维护显得尤为重要。如果管理不当，压缩空气系统可能带来食品安全风险。以下是压缩空气系统的常见问题与风险：

（1）油污染：空压机选型不当，因为成本问题没有选择无油空压机。而使用了有油空压机后没有使用食品级润滑油。同时没有使用 0.01PPM 精密过滤器进行除油处理，导致润滑油的污染。

（2）水分污染：因为冷干机的选型不当，没有按终端用气标准选用冷干机，造成水分超标。水分可能导致微生物繁殖，尤其在潮湿的环境中，增加霉菌和细菌的风险。可以使用高效干燥器和排水装置，定期检查排水系统。

（3）颗粒物和气味污染：空气中的气味、灰尘、金属微粒、锈蚀等颗粒物可能通过压缩空气进入生产区域，污染食品或包装材料。可以安装高效过滤器并定期更换，特别是在压缩空气出口的关键位置安装相应标准的过滤器。对于气味的去除，需要在过滤系统的末端增加活性炭精细过滤器。

(4) 过滤器失效或维护不及时：一些企业过滤器安装之后就没有更换过，如果过滤器未定期更换，过滤效果下降，空气中的污染物可能进入生产区域。需要制定过滤器更换计划，确保按时更换过滤设备，并定期进行空气质量监测。

(5) 空气质量监测不足：一些企业没有压缩空气质量监测的概念，如果没有定期监测空气质量，可能无法及时发现空气中的污染物或湿度超标。需要按标准（如 ISO 8573）定期监测空气质量，记录检测数据，确保实时监控。

(四) 对行业的建议

为确保食品安全和系统高效运行，以下是针对食品工厂压缩空气系统管理的一些建议：

1. 采用无油压缩机

选择高质量的空压机供应商，优先使用无油压缩机以减少油污染风险。如果使用有油压缩机，应严格过滤并去除油分，同时必须使用食品级润滑油。

2. 高效过滤与干燥设备

从经过认证的供应商处采购高效过滤器、油水分离器和干燥器，去除空气中的颗粒物、水分和油雾，确保空气质量符合标准。尤其是干燥器的选择，要符合使用端的空气质量中的水分含量标准。

3. 建立定期维护计划

对压缩机、干燥器、过滤器等设备进行定期维护，确保设备处于良好工作状态。定期更换过滤器和干燥器，清理管道和接头。对于无菌空气系统，要定期进行系统的消杀。

4. 检测空气质量

定期检测空气中的颗粒物、水分和油分含量，确保压缩空气符合食品接触要求。记录空气质量检测数据，并定期审核检测结果。

5. 优化能源消耗

定期评估压缩空气系统的能源效率，并优化压缩机运行和设备配置以减少能源浪费。在适当情况下，考虑使用变频压缩机以适应生产需求并降低能耗。同时，回收产生的热气。采用高效的能源管理系统可以减少 20%以上的能源消耗。

通过这些管理措施，食品工厂能够有效提升压缩空气系统的运行质量，降低污染风险，确保食品安全，并实现高效、可靠的生产环境。

九、食品工厂新风系统良好审核实践

食品工厂新风系统对空气质量、食品安全和品质至关重要。它不仅引入新鲜空气、排出污染空气，控制湿度和有害气体，减少微生物污染风险，保持生产环境的温湿度适宜，还保障设备运行和食品品质。下面先简要介绍其基本知识，后面再描述新风系统审核时的良好审核实践。

(一) 新风系统基本知识

新风系统在食品工厂中扮演着关键角色，审核员应了解其基本组成和过滤等基本知识，以便进行深入审核。

1. 新风系统组成

食品工厂的新风系统通常由送风系统（含过滤装置）和排风系统两大部分组成。

(1) 送风系统

① 新风机：这是新风系统的核心设备，负责将室外的新鲜空气吸入并进行处理。新风机通常配有风机、电机、热交换器（除湿或者供暖要求）、过滤装置等组成。其中过滤装置则对空气进行净化处理尤为重要。如图 3－8 所示为室外独立新风机。

② 管道：用于连接新风机和各个房间的通风口，将处理后的新鲜空气输送到室内的各个区域。

③ 通风口/通风罩：安装在室内的墙壁、天花板等位置，用于将新风系统输送的新鲜空气均匀地散发到室内空间。

(2) 排风系统

① 排风机：其作用是将室内的污浊空气排出室外，与新风机协同工作，形成空气的循环流动。

② 排风管道：与送风管道类似，排风管道用于连接室内的排风口和室外的排风口，将室内的污浊空气输送到室外，如图 3－9 所示。

图 3－8　独立送风系统

图 3－9　排风系统

2. 新风系统的过滤等级

食品工厂新风系统的过滤等级严格来说有五个，但通常被分为初效、中效、高效三个等级。下面将按照初、中、高三个等级来简述各过滤等级以及运用场合。

(1) 初效过滤：属于过滤系统中的第一步粗滤，过滤对象一般为≥5μm 的沉降性微粒以及各种异物。滤料多采用容易清洗和更换的金属网、无纺布等材料。初效过滤器可有效过滤空气中的粉尘、烟尘、花粉等固体颗粒物。例如常用的 G 系列初效空气过滤器，分为G1、G2、G3、G4、Gn（尼龙网过滤器）、Gh（金属网过滤器）、Gc（活性炭过滤器）、Gt（耐高温粗效过滤器）八个品种，其中G3、G4型号较为常用。如图3-10所示，为G4级初效过滤器图。

图3-10 初效G4级过滤器

（2）中效过滤：是在初效滤网之后的第二级过滤，进一步过滤中小颗粒物。其滤芯多采用玻璃纤维毡（经树脂处理）、无纺布、复合无纺布和长丝无纺布等。主要用于截留1～5μm的悬浮性微粒，可作为一般洁净度要求的最后过滤器，或者净化空调系统（高洁净度）中高效空气过滤器的前置过滤器。中效过滤器通常分为袋式和非袋式两种类型，其中袋式过滤器常用型号为F5、F6、F7、F8、F9。其应用场合常为：

① F5中效过滤器：过滤效率为40%～50%，适用于中央空调通风系统中级过滤、制药、医院、电子、食品等工业净化中；

② F6中效过滤器：过滤效率为60%～70%，可以作为高效过滤的前端过滤，以减少高效过滤的负荷，延长其使用寿命；

③ F7中效过滤器：过滤效率为75%～85%，具有大风量、低阻力、容尘量大的特点，适用于制药、电子、食品和空调通风系统的中级过滤；

④ F8中效过滤器：过滤效率为85%～95%，同样适用于中级过滤，具有较高的过滤效率；

⑤ F9中效过滤器：过滤效率达到99%，是中效过滤器中效率最高的型号。

非袋式包括FB（一板式中效过滤器）、FS（隔板式中效过滤器）、FV（组合式中效过滤器）。这些型号的中效过滤器广泛应用于不同的工业和商业环境中。如图3-11所示为F系列中效过滤器图片。

图3-11 F系列中效过滤器

（3）高效过滤器：是洁净新风系统最主要的末端过滤器，采用玻璃纤维滤纸、石棉纤维滤纸和合成纤维等材料制作。主要用于过滤小于1μm的尘粒，常作为三级过滤的末端过滤器，以实现各级空气洁净度等级要求。高效过滤器根据GB 13554—2020《高效空气过滤器》可分为ABCD四个细分等级；按照结果又可分为有隔板和无隔板高效过滤器。以欧洲标准生产的HEPA高效过滤器，例如H12，H13，H14则最为常用。其中H13可以达到过滤0.3μm的微粒。如图3-12所示为HEAP H13高效过滤器图片。

不同卫生等级下的过滤等级选择：

① 一般作业区：卫生要求相对较低，在这种情况下，选择初效过滤或初效＋中效过滤的组合基本可以满足需求。

② 准清洁作业区：该区域对空气洁净度有一定要求，需要控制空气中的悬浮微粒和部分微生物。建议采用初效＋中效＋/或高效过滤的组合。

③ 清洁作业区：对于卫生要求非常高的清洁作业区，如生产无菌食品、婴幼儿食品、药品等区域，需要严格控制空气中的微粒、微生物等污染物。常采用初效＋中效＋高效过滤组合。

图 3-12　HEAP H13 高效过滤器

（二）新风系统审核良好实践

作为食品安全审核员，审核食品工厂新风系统通常遵循“走现场，看文件 & 查记录，问人员”三个步骤，以进行有效审核。

走现场：检查空气过滤器配置状况、通风管道密封性和风口布置合理性，以及风机，滤网等运行与维护清洁状态。

看文件 & 查记录：审查新风系统运行、维护清洁记录，包括参数记录、保养计划、清洁计划、故障处理等；核查空气质量检测记录，不同洁净区域压差记录（若有要求）。

问人员：询问操作人员日常有无异常处理情况；向维护人员了解维护保养清洁计划和执行情况；询问管理人员对新风系统在食品安全中重要性的认识、管理措施等。

下面具体介绍这三个步骤在新风系统审核时的具体审核关注点要求。

1. 走现场

不同食品加工区域对新风系统的要求各异，以下通过不同食品类型的案例来说明食品工厂新风系统现场审核的关注点

（1）一般食品加工区（如饼干、糕点生产区）

① 空气清洁度与气流组织

a. 关注点：观察车间内空气是否清新无异味，查看风口布局是否保证空气均匀流通，避免出现死角。检查工作区域上方、设备周围等关键位置的风口有无明显积尘。

b. 案例：在某饼干生产车间，发现部分角落有面粉堆积且出风口有轻微霉味，检查发现是进出风口布局不合理，导致空气流通不畅，部分区域换气不足。

② 通风量与温湿度控制

a. 关注点：确认通风量满足人员舒适和生产工艺要求。对于有湿度要求的产品（如饼干、糕点）生产，适宜的湿度可防止产品受潮，需检查湿度、温度控制符合状况。

b. 案例：对于糕点饼干车间，若车间湿度计显示湿度偏高，糕点表面出现受潮变软现象，检查发现新风系统除湿功能是否充足，通风量是否根据生产情况调整。

（2）高洁净度要求加工区（如休闲食品，肉制品加工）

① 空气过滤与微生物防控

a. 关注点：重点检查空气过滤器等级是否能有效拦截微生物和杂质。检查过滤器的安装密封性和出风口位置布局是否合理。查看车间内是否有冷凝水现象，因为这可能滋生微生物。

b. 案例：在某肉制品成型车间，发现净区成型机模板边上设备附近有微生物超标情况。检查发现空气过滤器有微小破损，部分未经过滤的空气携带微生物进入，同时车间内局部温度过低导致设备上方有空气凝结水产生。后分析得出产生微生物的可能原因除了清洗消毒不彻底外，过滤器破损也是一个重要的原因之一。

② 湿度调节与冷凝水排水设施

a. 关注点：检查湿度调节设备（如除湿机）运行状况，是否能将湿度控制在合适范围（如糖果包装车间湿度一般控制在40%～60%）。

b. 案例：某夏天的口香糖包装车间，出现包装机一直卡纸，经检查发现蒙特除湿机故障，不能除湿，使得车间湿度超标，导致包装机不能正常工作。

2. 看文件 & 查记录

在审核食品工厂新风系统的文件与记录时，通常从设计文件、设备文件、运行记录、维保清洁记录和空气质量检测记录等五个方面进行。

1）设计文件审核

设计文件审核一般不是现场审核的重点，但是为了大家更全面了解新风系统的详细审核要求，在此还是简单叙述一下设计文件审核的内容，以扩大食品安全审核员的知识和审核关注点。检查设计方案的相关要求：

① 审核内容：检查新风系统设计方案，是否根据生产类型、规模和布局进行合理设计。包括新风量计算依据，应综合考虑车间人员数量、加工工艺、换气次数等要求因素。例如，对于人员密集的包装车间，新风量需满足必要的换气次数要求（一般为18～25次/小时）；对于高湿度加工区，新风量要能有效调节湿度。

② 检查文件：新风系统设计图纸、设计说明书。

③ 常见问题：新风量计算不准确，未考虑所有影响因素；通风管道走向、风口位置不合理等情况。

2）设备文件审核

设备文件审核不是审核重点，在此，简单叙述一下设备文件审核的内容以扩大食品安全审核员的知识面。

（1）设备选型与技术参数

① 审核内容：查看空气过滤器、风机、加湿器、除湿器等主要设备的选型文件，确认其技术参数能否满足设计要求。例如，空气过滤器的过滤效率和过滤等级、阻力等参数应与设计的空气净化级别相匹配；风机的风量、风压应能保证新风系统正常运行。

② 检查文件：设备选型报告、设备技术手册。

③ 常见问题：设备选型不当，技术参数低于设计要求，导致新风系统性能不足。

（2）设备质量证明文件

① 审核内容：检查设备的质量合格证书、检验报告等文件，确保设备质量可靠，符合相关标准。对于进口设备，检查是否有符合国内食品安全要求的认证文件。

② 检查文件：质量合格证书、检验报告、认证文件（如适用）。

③ 常见问题：质量证明文件缺失或不完整，无法证明设备质量符合要求。

3）运行记录审核

对日常运行参数记录进行检查：

① 审核内容：检查新风系统的日常运行记录，包括开机时间、关机时间、风速、风压、温度、湿度等参数的记录。查看这些参数是否在正常范围内波动，有无异常情况记录及相应处理措施。例如，若风速持续异常，可能表示风机故障或通风管道堵塞。

② 检查文件：运行日志、参数记录表。

③ 常见问题：运行参数记录不完整，缺少关键参数记录；对异常参数未做任何处理记录。

4）维护保养记录审核

（1）维护计划与执行记录

① 审核内容：审查新风系统的维护保养计划，包括维护周期、维护内容（如过滤器更换、设备清洁、部件检查等）是否合理。检查维护保养执行记录，确认计划是否得到有效执行，维护工作是否按时、按要求完成。

② 检查文件：维护保养计划、维护保养记录。

③ 常见问题：维护计划不合理，维护周期过长或缺项；执行记录不完整，无法证明维护工作的实际完成情况。

（2）清洁消毒记录

① 审核内容：检查空气过滤器、风机等设备的清洁消毒记录，确认清洁消毒的频率、方法是否符合卫生要求。查看是否有清洁消毒效果的检查记录，如空气质量监测结果在清洁消毒后的变化。

② 检查文件：清洁消毒记录、空气质量监测报告。

③ 常见问题：清洁消毒记录缺失或不规范，未注明清洁消毒方法和消毒剂信息；没有对清洁消毒效果进行评估的记录。

5）空气质量监测记录审核

（1）检测计划与执行

① 审核内容：查看企业是否有完善的空气质量检测计划，包括检测项目（如微生物指标、尘埃粒子数、有害气体浓度等）、检测频率、检测方法等。检查检测执行记录，确认是否按计划进行检测。

② 检查文件：空气质量检测计划、检测报告。

③ 常见问题：检测计划不全面，缺少关键检测项目；检测频率不足，无法及时发现空气质量变化。

（2）检测结果分析与处理

① 审核内容：分析空气质量监测结果，查看是否有不符合标准的情况。检查企业对超标结果的处理措施记录，如是否采取了加强通风、更换过滤器、调整新风系统运行参数等措施。

② 检查文件：检测报告、超标处理措施记录。

③ 常见问题：对检测结果中的超标情况未做任何处理记录；处理措施不合理，无法有效改善空气质量。

3. 问人员

在食品工厂食品安全审核新风系统时，除了现场检查和文件记录审核外，一个重要环节是随机访谈现场操作人员，以了解设计的合理性和实际使用效果。

以下是各类食品工厂食品安全审核新风系统时可询问的一些典型问题和关注点：

车间风量计算时是否考虑到车间面积、人员数量、设备散热量等考虑因素？

新风系统的过滤器等级是如何选择的？是否符合食品工厂对于空气洁净度的要求？

是否有空气质量监测装置？洁净区、准清洁区与一般区域有无风压压差要求？是多少？怎么测量？

新风系统过滤系统维保是自己做还是别人做？多长时间清洁和更换过滤网？依据是什么？

新风系统管道是否做清洁和消毒？如何做？

（三）对行业的建议

食品工厂新风系统的管理需要持续改善，可以从以下四个方面采取措施，分步骤进行，以提高系统的安全性和有效性。

1. 设计规划

根据食品工厂生产类型、规模和工艺确定新风量。例如，高湿度加工需加大新风量控湿，有异味或粉尘的加工要保证有效换气。同时，要依据不同区域特点分区设计，防止清洁区与污染区空气交叉，如在烘焙食品生产中，将原料处理与成品包装区分开通风。选用符合食品卫生标准的高质量设备和材料，如合适的空气过滤器、稳定的风机，以及耐腐蚀、易清洁的通风管道。

2. 安装调试

专业施工队伍安装，保证管道连接紧密、密封好且有坡度，设备安装牢固、位置准确。安装后全面调试，检测新风量、风速、温湿度等参数，依据结果优化调整，使空气分布均匀、温湿度精准。

3. 运行管理

培训操作人员熟悉操作流程和注意事项，制定操作规范手册。安装传感器实时监控运行参数，如风速、空气质量，并做好记录。通过数据分析及时发现异常并处理。

4. 维护保养

制定包含空气过滤器更换、风机维护、管道清洁等内容的维护计划，明确周期和预防性维护措施。安排专业人员或委托专业公司维护，建立备件库存管理制度。

第二节 食品安全管理体系主要模块审核

一、食品欺诈模块良好审核实践

(一) 食品欺诈基本介绍和相关标准要求

在食品安全领域，“食品欺诈”这一非传统问题正日益受到关注。IFS 食品标准第 8 版对食品欺诈进行了明确定义：出于经济利益，故意替代、错误标识、掺假或伪造食品、原料或包装材料并将其投放市场的行为。2013 年的欧洲“马肉风波”是一个促进食品欺诈在各个国际标准中建立相应要求的一个重要事件，它揭示了食品欺诈在全球各个国家供应链中潜在的风险，食品欺诈是一个无处不在的威胁，对企业在供应商管理方面提出了严峻挑战。食品欺诈与食品防护、食品质量及食品安全有一定的相关性，但是又显著不同，如下图 3 - 13 所示。

全球食品安全倡议基准比较要求（GFSI BMR），由全球食品安全倡议（GFSI）发布，是一项旨在对全球食品安全相关标准进行认可和基准比较的重要机制。GFSI BMR 的核心目的在于确保这些标准能够满足国际食品安全管理的高标准。在食品欺诈管理方面，GFSI BMR 提出了一系列具体要求，以强化食品安全管理体系，保护消费者健康，并维护全球食品供应链的完整性。

GFSI BMR 关于食品欺诈管理要求：

(1) 应建立、实施并维护食品欺诈脆弱性评估程序，以识别潜在的脆弱性并优先考虑食品欺诈缓解措施。

(2) 应制定一份成文的食品欺诈计划，明确为减轻已识别的食品欺诈脆弱性带来的公共卫生风险而实施的措施。

(3) 该食品欺诈缓解计划应得到组织食品安全管理体系的支持。

为了有效预防和应对食品欺诈，企业必须将食品欺诈的防范措施融入日常管理之中，而不仅仅是为了满足客户审核或体系认证的要求。那么在供应商审核过程中如何对食品欺诈模块进行有效审核？重点关注哪些方面的问题？以下内容为大家尽可能梳理了结构化的相关要点。

(二) 食品欺诈良好审核实践

作为审核员，我们对食品企业的食品欺诈管理进行综合检查和评估。通常，我们会采用“走现场，看文件，查记录，问人员”的方法来进行系统的评估。现在，让我们深入探讨食品欺诈管理审核的关键点。

1. 走现场

在实施食品企业二方审核的过程中，鉴于食品欺诈问题很大程度与上游供应商所

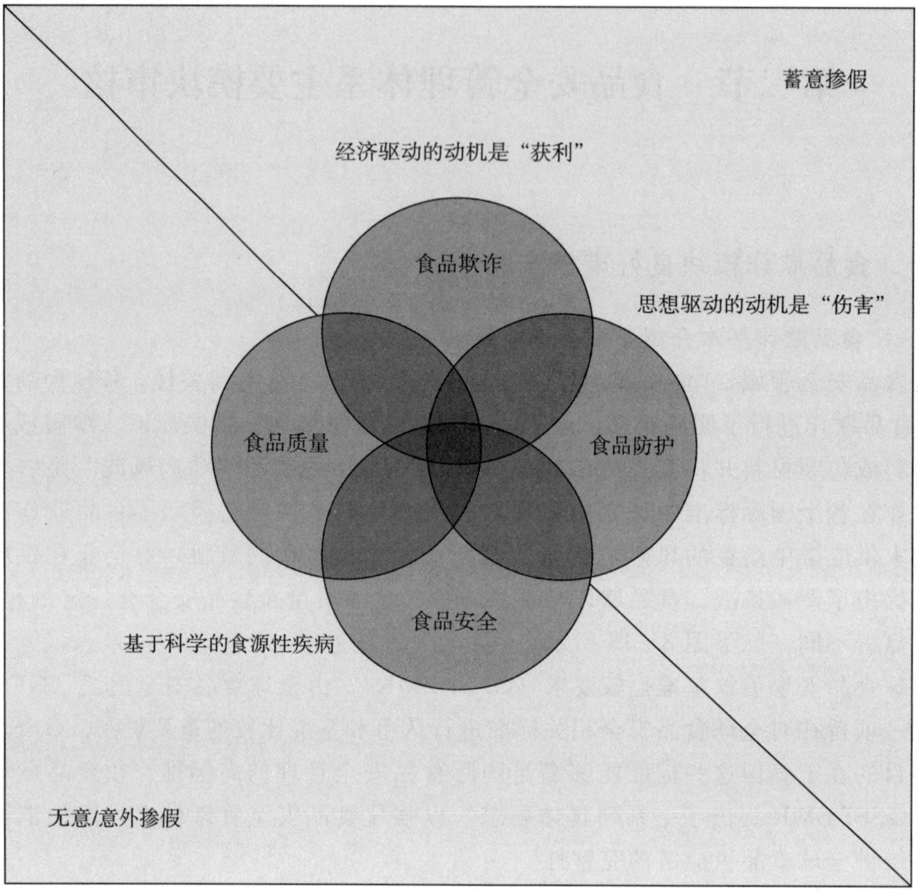

图 3-13　蓄意掺假与无意掺假

提供的原辅料有关，我们应特别聚焦于原辅料仓库和原辅料检验的审核。以下是在现场审核时应予以重视的核心问题：

(1) 仓库区域

检查中高风险物料（如有机原料等）是否单独标识隔离放置，原料是否有明确的标签标识包含必要的产品信息（如配料等）。

(2) 原辅料感官检查和实验室检验

是否按照食品欺诈控制措施要求对中高风险物料进行感官或者真伪鉴别的检测。同时确保感官及实验室检验严格遵循食品欺诈防控标准，对这些物料进行必要的真伪鉴别。

(3) 产品配方和实现

对于供应商审核，另外一个重要的环节是产品配方的有效执行，需要按照产品规格书严格检查其从领料至配料及整个加工过程中的配方执行情况，现场检查时重点关注配料间的相关操作。

2. 看文件

在进行食品欺诈文件审核时，我们应特别关注企业为预防和消除食品欺诈而制定的控制程序。针对文件审核，我们可以从以下几个关键方面进行细致的审查，以发现常见问题：

（1）是否制定了文件化的食品欺诈控制程序？

（2）是否成立了食品欺诈小组，关键岗位人员如原辅料采购人员和原料检验人员、仓库管理人员等？

（3）是否规定了脆弱性评估的维度和风险等级，脆弱性评估是否包括了产品维度和供应商维度两个方面？

（4）是否规定了建立缓解方案/控制措施的情况？

（5）是否规定了缓解方案/控制措施监视、验证和更新要求？

通过查阅食品欺诈管理程序文件，我们可以全面了解企业当前的食品欺诈管理现状。接下来，我们将结合现场审核的发现和记录，对这些文件中的规定和程序的实施情况进行验证，以确保企业的食品欺诈管理体系不仅在纸面上，而且在实际操作中也得到了有效执行。

需要特别说明的是供应商建立的食品欺诈程序，主要是对其上游的欺诈管理，而无法通过建立一个欺诈程序来预防其自身的欺诈行为（如主动更换配料原料），这种企业主动进行欺诈的行为，通常不是食品欺诈程序控制的范畴，需要审核员通过现场和访谈来寻找企业欺诈的蛛丝马迹。

3. 查记录

查记录时，应当重点关注食品欺诈脆弱性评估记录以及企业对于已经识别出的中、高风险物料的是否实施缓解措施记录。在现场进行记录审核时主要关注如下表 3－12 记录：

表 3－12　原辅料食品欺诈脆弱性评估记录

原辅料名称	供应商	可能会产生的掺杂/假风险因素	是否发生过的掺杂/假历史	原辅料是否有过行业风险预警	有无经济利益驱动	供应链的复杂性	原辅料本身	可检测性	危险性判定分值	风险等级判定	采取的控制措施

（1）脆弱性评估记录：是否涵盖所有原料、配料、包材，并按照既定方法确定脆弱性的显著性。

（2）缓解措施记录：对于中、高风险物料，是否有文件化食品欺诈缓解措施和记录。包括但不限于：

① 供应商实地审核或调查问卷

② 中高风险物料专项外检或者加严检测报告

（3）在审核食品欺诈记录时，重点应放在脆弱性评估的全面性、中高风险物料的详细缓解措施记录，以确保企业的食品欺诈管理体系全面且有效。

此外，我们还可以评估企业是否将年度食品欺诈管理情况纳入管理评审的范围，评审结果应能明确指出当前食品欺诈管理体系的有效性。

4. 问人员

进行食品欺诈管理审核时，人员访谈是一种关键的方法，用以深入了解现场的管理实践。食品欺诈审核时，人员访谈可以关注食品欺诈涉及的关键部门和人员，如食品欺诈小组组长、原辅料采购人员、仓库管理人员、原辅料检验人员等。建议采用开放式提问的方式，激励受访者详尽说明他们在食品欺诈管理中的具体操作流程。在此过程中，要注重倾听、深入追问和适时回应，以确保准确捕捉和传达关键信息。

对于食品欺诈管理，我们现场审核的提问可以设计如下：

（1）食品欺诈小组组长

① 食品欺诈小组由哪些人员组成？其职责如何？

② 目前识别出哪些食品欺诈中高风险物料？中高风险物料分别有什么样的控制措施？

（2）原辅料采购人员

① 对于价格较大波动的原辅料，您在采购过程中如何确保原辅料的真实性和质量？

② 目前对于食品欺诈风险较高的物料我们的采购策略是什么？

（3）仓库管理人员

您如何管理和监控中高风险物料的到货验收和在库管理，以确保食品欺诈风险得到控制？

（4）原辅料检验人员

您如何进行感官和实验室检测以鉴别原辅料的真伪？

（三）食品欺诈审核常见问题与风险

1. 供应商食品欺诈落地实施常见问题

食品欺诈管理是食品安全管理的重要环节，食品欺诈事件往往会导致严重的舆情危机。然而，很多企业还是会忽视食品欺诈管理重要性，日常二方审核仍然会发现表3－13中所列的问题。

表3－13 食品欺诈管理审核常见问题

类型	常见问题/风险
现场评估	产品测试未实施：中、高风险物料未按照缓解措施进行食品欺诈的检查（感官、标签、转基因食品等） 产品实现：企业对于配方和工艺的执行情况，并没有按照产品规格书执行 中高风险物料未单独标识隔离：有机原料等中高风险原辅料未标识隔离
文件评估	无食品欺诈控制程序：实际审核中经常发现企业未制定食品欺诈控制程序 文件与实际执行不一致：欺诈小组未包括关键岗位（采购、IPQC、仓库等）、程序未规定食品欺诈脆弱性评估准则

（续表）

类型	常见问题/风险
记录评估	无脆弱性评估记录或覆盖不全：企业无原料、配料、包材脆弱性评估记录，或未覆盖所有物料。 未对中高风险物料建立文件化缓解措施和记录：未建立中高风险物料缓解措施或者无缓解措施记录。 管理评审未包含食品欺诈内容：未验证缓解措施有效性、管理评审遗漏食品欺诈
人员评估	人员能力不足或未有效实施脆弱性评估：未实际开展食品欺诈脆弱性评估或小组人员未接受过食品欺诈培训，未理解食品欺诈脆弱性评估要求

2. 供应商自身食品欺诈

在执行二方审核过程中，我们需对企业潜在的食品欺诈行为进行细致的审查。鉴于品牌客户将食品欺诈视为重大不符合项（KO 项），审核的核心任务是双重的：一方面评估企业在供应链中对食品欺诈的管理能力，另一方面识别企业是否存在显著的食品欺诈风险。为此，我们必须深入探究企业的内部控制机制，确保其在食品安全和诚信方面符合规定要求。在日常的二方审核中，以下问题应成为我们关注的焦点：

（1）是否存在虚假标注生产日期、使用过期原料、回收物料、超范围或超限量使用食品添加剂、非法添加物质、掺杂掺假以及篡改产品保质期等行为。

（2）是否使用走私、边境贸易食品原料或假冒伪劣原料，以及产品规格书与实际投料记录、标签是否一致。

（3）是否有意隐瞒外包行为或外包商是否缺乏相应资质。

（4）是否有确凿证据表明生产和检验记录、检验报告存在大量伪造情况。

这些问题的审查对于确保食品供应链的透明度和企业的诚信至关重要。

（四）本章小结

在食品企业二方审核中，食品欺诈管理的关键点涵盖了：确立清晰的食品欺诈管理程序，确保欺诈风险识别和环节措施得到落地执行，以及对食品欺诈事件的后续处理措施要有明确的指导。在审核过程中，我们需特别关注现场管理是否合规、食品欺诈管理程序文件是否得到遵守、相关记录是否完整，以及员工是否具备必要的能力。此外，还应密切监控供应商潜在的食品欺诈风险，以防止因供应商的问题而引发危机公关事件。

二、食品防护模块良好审核实践

（一）食品防护管理基本介绍和相关标准要求

食品防护参考 IFS 食品标准第 8 版定义是为确保食品及其供应链免受恶意和蓄意威胁而实施的程序。输日“毒水饺”事件、澳大利亚发生的多起“草莓藏针”等事件警示我们强化食品防护审核和重视供应链风险管理的重要性。2011 年 11 月 10 日，原国家质量监督检验检疫总局和国家标准化管理委员会发布了 GB/T 27320—2010《食品防护计划及其应用指南　食品生产企业》，该标准是中国第一个关于食品防护的国家标准，旨在指导企业应对不法食品生产经营者故意污染食品的非传统食品安全问题。

GFSI Benchmark Requirements 基准比较要求为食品企业提供了一套食品防护管理要求的框架，主要要求如下：

(1) 应建立、实施并维护食品防护威胁评估程序，以识别潜在威胁并优先考虑食品防护措施。

(2) 应制定并记录食品防护计划，明确为缓解任何已识别的食品防护威胁对公共卫生风险所采取的措施。

(3) 该食品防护计划应得到食品安全管理体系的支持。

目前绝大部分品牌餐饮、零售、生产企业的供应商审核标准均包含食品防护模块审核要求，食品企业为了满足品牌客户审核和体系认证要求，均建立了企业自己的食品防护管理文件和记录，但是很多企业的食品防护管理往往停留在纸面上，实际并未结合公司实际情况进行全面的评估，那么在供应商审核过程中如何对食品防护模块进行有效审核？重点关注哪些方面的问题？以下内容为大家尽可能梳理了结构化的相关要点。

（二）食品防护良好审核实践

供应商审核时，在对食品企业的食品防护管理进行评估时，我们通常也会采用“走现场，看文件，查记录，问人员”的方法来进行评估，以确保评估的全面性和深入性。接下来，我们将详细探讨食品防护管理审核中的核心要素。

1. 走现场

现场审核作为食品防护模块审核的重要手段，通过观察现场相关观察点可以直观反映企业食品防护管理意识和水平，我们可以重点从人员、地点、产品三个维度进行细致的现场审查。以下是每个维度需关注的核心内容：

1）人员维度

① 敏感区域（配料、混料、内包装等）员工是否进行背景调查。

② 车间手机是否授权带入，是否设置手机柜受控管理，车间入口是否配置手持式金检进行带入物品检查。

③ 对于临时工和访客、服务商、承运商、离职员工等是否进行安保行为监控，如进入厂区或车间登记，使用出入证等。

④ 员工是否知晓在生产区域或厂区发现陌生人员及非相关人员时的汇报要求。

2）地点维度

(1) 厂区外部：

① 进入厂区和车辆有无登记。

② 外围是否使用围墙或围栏，除厂区大门外，其他出入口是否有效管控，是否对厂区外围和内部进行定期巡视。

③ 厂区外围、厂区内应具备足够监控设施或夜间照明措施，能够发现任何可疑的活动。

④ 通风、空调、新风系统仅允许授权许可人员进入，日常加锁管理。

（2）厂区内部：

① 车间入口是否加装门禁，门禁管理是否能保证离职员工无法进入车间。

② 敏感区域（配料间、拆包间、混料间、水处理间等裸露原料区域）是否上锁管理或加装监控。

③ 厂区内部 CCTV 是否覆盖所有裸露原料区域和人员出入区域（如车间入口和仓库入口等），可以去到 CCTV 控制中心抽查 CCTV 是否全覆盖。

④ 工器具专人管理，日常刀具和小件物品定期点检。

⑤ 生产电脑系统授权访问登录。

⑥ 实验室是否仅允许授权人员进入，化学品是否建立台账并加锁专人管理，现场账物卡是否一致。

3）产品维度

① 车间内无有毒有害化学品存放或藏匿，清洗剂和消毒剂专人管理，大量存放需要上锁，所有车间用化学品均有标签标识。

② 散装物料进料口是否上锁管理，化学品库（含杀虫剂）和限量添加剂仓库是否上锁管理，专人领用，现场账物卡是否一致。

③ 原料来货检查是否包含包装完整性检查，是否进行仓库定期巡检，散装物料是否有铅封并核对铅封号码。

④ 水源地或原水罐、纯水罐是否加锁管理。

通过对产品、地点、人员三个维度的全面评估，我们可以全面评估企业在食品防护管理方面的风险，同时在后续文件和记录审核、人员访谈时进行验证，从而对企业食品防护管理水平做出客观全面的评价。

2. 看文件

如何在有限时间里完成有效的食品防护文件审核，进行文件审核时重点关注如下内容：

（1）是否制定了文件化的食品防护控制程序和食品防护计划。目前不少企业建立的防护计划，很多是参考国标的通用标准或者国家标准，因此食品防护计划程序在完整性和符合性上面，通常都能够满足要求，因此在查看文件制度时，更多的是关注文件的有效落地，而不是文件完整性本身。

（2）是否成立了食品防护小组，小组成员是否包括关键职能部门（如人力行政部门、安保部门），同时对于涉及产品的其他部门是否有纳入防护小组，如生产部门，仓储部门等。很多企业将食品防护小组成员构成等同于 HACCP 小组成员，而二者在目的和成员职责上会有较大的不同。

（3）是否有文件化的程序来实施威胁评估，以识别和评估潜在威胁，是否覆盖了现场检查中的主要风险点。风险评估最通常的方式也是通过可能性和严重性的评估方式。

（4）是否规定了针对有威胁的薄弱环节，制定相应的缓解措施要求。

（5）是否规定了食品防护措施检查、验证、演练和更新要求。

（6）是否规定了人员培训和沟通要求。

（7）是否规定了发生食品防护事件的应急响应要求。

（8）是否按照二方审核客户要求安装 CCTV 和管理。

在文件检查时，我们可以通过与现场审核进行交叉检查，对“走现场”发现的食品防护不符合项，进行重点查看，确定是因为程序设计问题还是执行不到位导致，这样不仅仅能触发企业的现场整改，也能促进企业在食品防护的流程和机制上的完善。

3. 查记录

食品防护涉及记录并不多，记录审核时应当重点关注食品防护威胁评估记录以及企业对于已经识别出的薄弱环节是否制定控制措施。在审核食品防护记录时，应重点检查企业薄弱环节防护措施记录是否有效执行，在现场进行记录审核时主要关注如下记录：

（1）食品防护威胁评估记录：是否涵盖外部、内部、加工、储藏、供应链、水/冰、人员、信息系统、实验室等环节，是否按照既定程序来确定威胁的显著性。

（2）薄弱环节食品防护措施记录：对于已识别的薄弱环节，是否有文件化食品防护控制措施实施记录。包括但不限于：

① 访客和外来人员、车辆登记。

② 散装物料车辆铅封核对、登记。

③ CCTV 日常回顾记录和监控视频保存一定期限。

（3）评审和验证记录：查看是否有每年评审和验证食品防护控制措施的记录，以及是否有采取纠正和预防措施的记录。

（4）年度演练记录：检查企业过去 1～3 年对于食品防护开展模拟演练，模拟演练的场景是否包括风险评估中的高风险的受威胁的环节。

（5）培训和沟通记录：检查是否有食品防护小组和员工安保程序培训的记录，包括培训内容、参与人员和培训效果评估，是否保留内部 24 小时联系清单和政府、监管机构紧急事件联系人清单，审核关注联系人清单的及时更新。食品防护文件中的威胁评估结果是需要进行保密，培训的内容需要关注培训对象及其保密性。

4. 问人员

在进行食品防护审核时，人员访谈是洞察现场管理实践的重要手段。应依据食品防护程序，识别涉及食品防护的关键部门和人员，如人力行政部和仓储管理人员等。通过开放式提问，鼓励受访者详细描述他们在食品防护中的操作流程。访谈中要注重倾听、深入追问和适时反馈，确保准确获取和理解关键信息。

对于食品防护管理访谈，可以选择食品防护小组人员的关键人员（如食品防护小组组长、人事行政部门、仓储部门等），以深入了解现场的管理实践：

（1）食品防护小组组长

① 公司食品防护的工作是如何开展的？

② 食品防护小组有哪些人员参加？各自的主要职责是什么？

③ 公司最近一次食品防护演练是什么时间进行的？请简述食品防护演练的过程和演练后食品防护计划的变更了什么？

(2) 人力行政部

① 公司目前如何通过 CCTV 来做食品防护的管理？哪些部门参与了 CCTV 的管理，如何分工？

② 公司对于访客和送货司机进入厂区如何管理？对于临时工和离职员工怎么能够做到有效的人员管理？

③ 公司如何进行食品防护相关的培训和教育？

(三) 食品防护审核常见问题与风险

食品防护管理是食品安全管理不可或缺的组成部分，它涉及食品从供应链到最终送到消费者整个过程的食品防护管理。食品防护事件不仅可能对公众健康构成威胁，还可能引发严重的公众信任危机和负面舆论影响。如下表 3-14。

表 3-14 食品防护管理审核常见问题

类型	常见问题/风险
现场评估	a. 散装物料管理失效：散装物料无铅封、未核对铅封号、未登记铅封号或铅封检查情况、散装物料进料口未上锁。 b. 水源管理：水源地的储水罐之类的没有进行上锁防护。 c. 敏感区域未受控管理：水处理间、投料间、配料间等无门锁或监控、CCTV 未覆盖所有敏感区域或者未定期回顾。 d. 车间内部管理：车间入口无门禁，更衣室内员工带入个人物品或药品，刀具和小件物品摆放随意，车间化学品无标识。 e. 人员管理：员工带入手机或个人物品进入车间，员工不了解安保程序。
文件评估	a. 无食品防护控制程序或文件与实际执行不一致：实际审核中经常发现企业未制定食品防护控制程序或食品防护计划，未对薄弱环节制定食品防护措施要求、无 CCTV 布局图和管理要求。
记录评估	a. 无食品防护威胁评估记录或覆盖不全：企业无食品防护威胁评估记录，或未涵盖外部、内部、加工、储藏、供应链、水/冰、人员、信息系统、实验室等环节。 b. 未对薄弱环节建立文件化食品防护措施和记录：未针对不同风险的薄弱环节建立食品防护措施，无食品防护措施的相关记录（如车辆检查记录）。 c. 无食品防护演练记录：年度无食品防护演练记录、未验证食品防护计划有效性。 d. 食品安全防护小组成员变更未及时更新连续清单。
人员评估	a. 人员培训不足：食品防护小组人员未实施培训并保留记录。或者无全员的安保程序培训记录。 b. 人员全员培训：企业将食品防护的程序的风险点进行了全员的培训，没有注意到食品防护保密性的要求。 c. 产线操作人员离职后二次入职未做充分的背景调查。

(四) 本章小结

食品防护管理审核的核心要点包括：建立明确的食品防护管理程序，确保整个食品链各个过程的食品防护威胁评估和薄弱环节控制措施均得到有效执行。审核时需重点检查原辅料和现场管理是否存在蓄意污染的风险、食品防护计划是否落地实施、相关记录是否完整，以及人员管理是否得当、内部员工是否经过了适当的培训。这些关键点共同构成了食品防护管理的基础，旨在保护食品安全，维护企业声誉，防止潜在的危机发生。

三、过敏原管理要求

(一) 过敏原管理标准要求

过敏原管理目前在很多国家是强制标识的法规要求，如美国、欧洲、澳新地区、日本等都是强制标识过敏原的要求，而在中国目前还是属于推荐标识的要求，国家标准《预包装食品标签通则》在换版更新中，也有将过敏原标识作为强制标识要求的法规趋势。在中国，根据 GB/T 23779—2009《预包装食品中的致敏原成分》，过敏原共有 8 大类：

① 含有麸质的谷物及其制品如小麦、黑麦、大麦、燕麦及其杂交品系；

② 甲壳纲类动物及其制品如蟹、龙虾、虾等；

③ 鱼类及其制品；

④ 蛋类及其制品；

⑤ 花生及其制品；

⑥ 大豆及其制品；

⑦ 乳及乳制品（包括乳糖）；

⑧ 坚果及其果仁类制品。

全球各国对于过敏原种类的要求，可以查询网站：http：//farrp. unl. edu/IRChart 各类国际食品安全标准和品牌客户的审核标准中，都有关于过敏原的相关要求，虽然侧重点和要求的颗粒度不同，但通常包括如下方面：

(1) 应建立和执行过敏原的管理程序。

(2) 应进行风险评估，识别原料、加工和销售过程中的风险，避免或减少在生产过程中产生交叉污染或接触。

(3) 产品标识。应符合目标销售国的法规要求。

(二) 过敏原管理政策或程序

企业应建立过敏原管理政策或程序，作为过敏原管理的总纲，审核员应当清楚地了解过敏管理程序中应当包括哪些要求，这样在审核时才会有一个全局思维。过敏原的管理程序，通常其主要内容宜包括：

(1) 识别工厂涉及的所有过敏原。

(2) 原物料过敏原识别及对供应商的要求。

(3) 过敏原物料贮存管理要求。

(4) 生产过程中，过敏原交叉污染控制。

(5) 生产环境的过敏原交叉污染评估和控制。

(6) 返工产品过敏原管控。

（7）过敏原的去除及效果验证。

（8）产品标签中的过敏原信息。

（9）过敏原与 HACCP 危害评估。

（10）过敏原培训。

1. 识别过敏原

企业应识别过敏原，通常考虑以下 2 个因素：

（1）企业所在国的法规要求。

（2）客户的要求。举例说明：某企业生产的产品供给 to B 客户。客户绝大多数是国内的，但也有少量欧洲客户。这种情况下，通常有 2 种做法：

① 识别的过敏原＝中国过敏原＋欧洲过敏原

② 识别的过敏原＝中国过敏原；生产有特殊要求产品时（如少量欧洲客户产品），执行中国过敏原＋欧洲过敏原

识别的过敏原，不仅仅指识别的过敏物质不同，还包括对过敏原的管控政策不同。举例说明，中国法规目前为止对过敏原仍然是推荐性标准；而美国、欧盟对过敏原分别有强制和详细的标准和要求等。

2. 原物料过敏原及对供应商的要求

对于原物料及供应商的过敏原要求，主要包括：

采购的原辅料、内包装材料、加工助剂等，应予以准确识别含有、可能含有的过敏原。企业终产品过敏原宣称，应包含其所用到的物料的过敏原信息：原物料中含有、可能含有的过敏原应转移至所对应的终产品的过敏原标签中。

原物料供应商应建立并执行过敏原控制程序，产品标签应准确标识过敏原信息。过敏原信息如有变更，应提前与客户沟通并取得客户同意后方可变更。

3. 原物料贮存管理要求

原物料贮存中控制过敏交叉污染措施：

（1）建立过敏原物料清单；仓储保管员应了解企业识别的过敏原以及含有过敏原物料的过敏原信息；

（2）过敏原物料分区存放并显著标识。

（3）过敏原物料与其他非过敏原物料同一货架存放时，过敏原物料应放在货架的最下方。

带有包装的过敏原物料、产品，与其他物料交叉污染的风险很低。但是需要考虑在转运和领用过程中的异常破损等特殊情况下导致的风险。

4. 生产过程中过敏原交叉污染控制

生产过程的过敏原交叉污染是过敏原管理的重点，也是难点之一。通常包括：

（1）在设计产品生产线及工艺流程时，充分考虑相邻生产线过敏原交叉污染的风险。如经评估相邻生产线有交叉污染风险的，采取以下措施：

① 如确实无法避开的，采用不同时排产的方法控制

② 清洁时，采用物理隔断，比如围挡等方式避免交叉污染

③ 最终如仍不能控制相邻生产线过敏原交叉污染，产品标签应标识“可能含有”

交叉污染的过敏原。

(2) 同一区域或同一条生产线过敏原交叉污染的控制措施：

① 同一区域，如配料间，应采取过敏原物料单间配制、清场、先配不含过敏原物料产品等方式管控交叉污染。

② 同一条生产线，含有过敏原物料的产品生产结束后，应按照过敏原清洁要求进行清洁和清场。

③ 同一条生产线，如过敏原清洁达不到去除的程度，这条生产线产品标签应标识“这条生产线也加工含有＊＊过敏原的产品”

5. 生产环境过敏原交叉污染风险评估和控制

按照工厂车间布局和工艺过程评估在原料存储，运送及生产过程中是否有工器具公用，是否人员携带，是否有粉尘随气流飘溢等，对所识别的相关风险需要采取有效的管控措施。

6. 返工产品过敏原管控

过敏原管控中经常有一个疏忽的风险点就是返工料，返工物料只能添加在过敏原信息与其完全相同或者包含返工物料过敏原种类的产品中。返工添加要识别不同过敏原的风险。

7. 过敏原的去除及效果验证

(1) 过敏原的去除，常用的方法有：

① 水洗清洁，包括手工清洁、COP 清洁、CIP 清洁。水洗这是最常用、最易执行的方法。

② 物料冲刷，如巧克力生产线，用油冲刷管道和设备。

③ 生产安排：也是过敏原去除的一种方法，用足够多批次不含同一条线交叉污染过敏原的产品生产，达到去除某种过敏原的目的。

(2) 过敏原清洁效果验证

过敏原清洁做到什么程度意味着“彻底”去除，并产品标签上无需标注“这条生产也加工含有××过敏原的产品”或是“可能含有××过敏原”字样？

通常的做法是，过敏原清洁后，通过对生产加工线中的设备接触面进行取样检测，以及对下一个产品做目标过敏原（上一个产品含有，而这个产品不含有）进行检测，使用 ELISA 检测方法，表明产品在换产清洁后不得检出上一个产品的过敏原。

对于清洁验证这里需要说明二点：

第一，样品选择。验证产品的选取，通常是取最差条件的样品。如这条线某个产品某种过敏原配料比例最高的或者最难清洁的比如特别黏稠的，通常选取这个产品生产后清洁、验证。

第二，样品取样规则。下一个产品如何取样（如取样方法，取样时间段），不同客户要求不同，应视客户要求而定。

(3)“可能含有”与“含有”的过敏原的量的区别

同一条生产线交叉污染的过敏原并不能彻底去除的，目前国内基本上都是标“可能含有”。不过国际上有些头部企业，已明确残留过敏蛋白含量如超过指示限值，标签上必须标“含有”而不是“可能含有”。表 3－15 供参考，来源于亿滋国际供应商质量期望手册（2023 版）。

表 3－15 应标注“含有”而不是“可能含有”的限值

Allergen	Indicative Level（ppm protein）
Peanuts	60
Tree nuts	100
Egg	30
Milk	60
Soya	250
Wheat	100

举例：如果过敏原清洁后，这条线残留的牛奶蛋白≥60ppm，那么这条线其他不添加牛奶物料的产品，其过敏原标签应标“含有牛奶过敏原”，而不应标“可能含有牛奶”。

8. 产品标签中的过敏原信息

产品中的过敏原信息，最终都体现在产品标签上。理论上某个产品标签上的过敏原等于：该产品原料中带入＋这条线其他产品带入（这条线也加工含有××过敏原产品）－彻底去除带入的过敏原。

实际标签内容不一定等于理论内容，尤其是不能水洗清洁的生产线。各企业应结合各自情况在过敏原政策或管控程序中说明。所以，原料中的过敏原信息变更、生产线新增产品带入新的过敏原，对这条线所有产品过敏原标签信息都会有影响。

标签标识是过敏原中最后一道关键的控制措施，如何保证标签中的过敏原标注正确非常关键，因此包含过敏原信息的标签管理通常被作为 OPRP 点管理，其目的是确保标签不被用错。

9. 过敏原与 HACCP

美国、欧洲等头部食品企业的 HACCP 计划，将过敏原识别为化学危害。那怎样将过敏原这部分纳入 HACCP 计划体系呢？以某条生产线和某个产品为例，举例说明如下：

（1）首先是对于原料进行过敏原风险识别，列出这条生产线用到的所有原料的过敏原信息，见表 3－16。

表 3－16 过敏原原料识别评估

原料名称	列出这条线所有原料中“含有的过敏原”名称	列出这条线所有原料中“可能含有的过敏原”名称
花生碎	花生	NA
黑芝麻	芝麻	NA

（2）对于加工过程的过敏原交叉接触进行过敏原评估，见表3-17。

表3-17 过敏原交叉接触评估

A	B	C	D	E	F	G	H
列出这条生产线上生产的所有成品名称	列出这个产品所有“含有”或“可能含有”来自E1的过敏原	列出所有交叉接触带给这条线的过敏原	列出防止交叉污染的控制机制：同一条生产线，生产不同的产品（过敏原不同）交叉控制	B栏的过敏原＋C栏的没有控制的过敏原	将标签上的过敏原信息复制过来	列出E栏和F栏的不同	解释实际生产中的过敏原和标签上标识的过敏原为什么不同
产品1：A001	含有：花生、芝麻	携带（来源于第B列其他产品的含有）：榛子	非过敏原清洁，不能完全去除其他产品带来的过敏原交叉污染	含有（来源于B栏的含有）：花生、芝麻	标签标识含有：花生、芝麻	含有：一致	/
	可能含有：NA	二次携带（来源于第B列其他产品的可能含有）：NA	风险极低可忽略：这条线其他产品所用原料过敏原信息“可能含有”，污染这条生产线、这个产品的风险极低	可能含有（来源的C栏的携带）：榛子	可能含有：榛子	可能含有：一致	/
产品2：A002	含有：榛子仁	携带：花生、芝麻	非过敏原清洁，不能完全去除其他产品带来的过敏原交叉污染	含有：榛子仁	标签标识含有：榛子仁	含有：一致	/
	可能含有：NA	二次携带：NA	风险极低可忽略：这条线其他产品所用原料过敏原信息“可能含有”，污染这条生产线、这个产品的风险极低	可能含有：花生、芝麻	可能含有：花生、芝麻	可能含有：一致	/

(3) 过敏原换产清洁。对于彻底去除过敏原的步骤，如水洗清洁、物料冲刷等，查看企业的 HACCP 计划中如何识别换产清洁中的过敏原风险，部分企业将过敏原换产清洁作为 CCP 点管理。

(4) 最后是标签管理，过敏原的标签管理，很多企业将标签管理作为 OPRP 管理，举例见表 3－18：

表 3－18　过敏原交叉接触评估

控制点：				
含过敏原信息的产品标签准确应用				
过程步骤：				
目视检查				
危害：				
化学危害一不正确的过敏原标识导致不清楚或不准确的过敏原陈述				
行动准则：				
产品标签（包含标签内容的包装材料）过敏原信息正确 产品标签（包含标签内容的包装材料）正确使用				
监控：				
序号	负责人	频率	行动	记录与位置
1	检验员	1. 包材进厂验收时 2. 标签首张打印出来时	1. 核对包材是否与批准的设计稿件图案一致，配料表和过敏原信息是否一致，特别对于新的/变换的包材。 2. 核对标签内容是否与设计稿件产品的名称、型号、配料表、过敏原信息等是否一致，特别是对于新产品/配料信息变更的产品	包材检测原始记录/质量部
2	仓库人员生产班长	领用时	1. 当包材从仓库转运到车间时，由仓库和生产领料人员共同核对包材领用是否正确。 2. 当领用标签时需签字确认与计划要领的标签是否一致	领料单/生产部 标签领用记录表/生产部
纠正行动：				
序号	负责人	频率	行动	记录与位置
1	检验员	1. 如果包材接收检查时，发现包材和批准的签样图案不一致 2. 标签首张打印出来核对信息不对时	1. 将包材直接退货处理。 2. 通知打印标签人员，重新打印，再核对	扣留盘点明细表/储运部

（续表）

序号	负责人	频率	行动	记录与位置
2	仓库人员/生产人员	领用时发现包材不对	1. 替换为正确的包材 2. 原因分析、纠正及预防措施	领料单/生产部 退库单/储运部 纠正及预防措施行动表/储运部
最低验证行动				
序号	负责人	频率	行动	记录与位置
1	生产班长	每班	回顾记录并签字确认	生产记录/生产部
2	检验员质量经理	每年或出现变化时	每年/生产线有变更时验证产品标签上过敏原标识是否和 HACCP 的评估一致	验证记录/质量部

10. 过敏原培训

生产、质量、设备维护与维修、仓储、研发等部门应开展年度过敏原培训和复训。

（三）过敏原审核良好实践

供应商审核过程中，对于过敏原的审核，通常也是使用“走现场、看文件、查记录和问人员”的审核方法，对于过敏原审核，重点是储存环节（仓库及生产区域物料暂存区）及生产环节。接下来从这两个环节来阐述如何有效进行现场审核。

1. 生产环节审核，见下表 3-19。

表 3-19 生产环节审核要点及内容

审核思路	审核要点及内容
走现场	a. 相邻生产线过敏原交叉污染风险识别及管控。 b. 同一配料空间过敏原交叉污染风险识别及管控。 c. 生产结束后清场及检查。 d. 生产区域过敏原物料暂存管理。 e. 彻底去除这条线交叉过敏原管理要求的执行。举例如，水洗清洁过敏原。 f. 现场清洁方法是否与 SOP 一致。 g. 清洁效果验证是否与文件要求一致。 h. 过敏原标签管理，若作为 OPRP 管理，监控计划的执行，若未作为 OPRP 管理，企业是如何有效管理。 i. 返工物料过敏原管理。 j. 过敏原配料工具管理

（续表）

审核思路	审核要点及内容
看文件	《过敏原控制程序》对生产的有关管理要求。 过敏原清洁去除计划是如何规定的。 HACCP 计划书，查看表 1/表 2 对生产线过敏原的识别及是否与标签一致
查记录	a. 过敏原清洁及检查记录。 b. 过敏原换产清洁监控和验证记录。 c. 避免过敏原交叉污染的排产计划。 d. 过敏原培训记录。 e. 过敏原清洁验证报告
问人员	a. 生产人员对于产线中涉及的过敏原种类有哪些？ b. 过敏原的清洁去除措施和监控计划要求：如 CIP 清洁水的温度、时间、化学品浓度、纠偏措施等。 c. 作为 OPRP 点过敏原标签管控的监控计划。 d. 仓库发生过敏原物料泄露的处理流程是什么？

审核现场执行是否与有关的文件要求一致，文件的要求是否在仓储和生产区域被很好地执行。

2. 存储环节，见下表 3－20。

表 3－20　存储环节审核要点及内容

审核思路	审核要点及内容
走现场	a. 查看仓储环节中的过敏原物料清单。 b. 查看过敏原物料贮存区域及标识，并查看过敏原物料是否放置在货架的最下层。 c. 抽查 1～3 个含过敏原物料的标签信息，其后与物料过敏原清单核对是否一致。 d. 查看过敏原物料生产退货以及半成品的管理
看文件	“过敏原控制程序”，仓库对过敏原物料有关的管理要求
查记录	查看过敏原培训记录，仓库人员是否参加？
问人员	a. 公司识别的过敏物质有哪些？ b. 仓库的过敏原物料有哪些？ c. 过敏原物料贮存要求是什么？

（四）过敏原审核常见问题

过敏原管理程序停留在纸上。工厂没有建立过敏原程序或者程序仅是“千篇一律”的空话套话，没有把过敏原识别清楚，也没有将关键控制的环节讲清楚，造成整个公司对过敏原管控混乱，表面上看似乎有管理，实际上管不住风险。

没有纳入 HACCP 计划中。过敏原作为化学危害，很多公司没有在 HACCP 计划中采用表 3－16 和表 3－17 类似工具来系统地识别风险，导致过敏原管理不系统。体现在如下方面。

（1）不能有效识别所有的过敏原，尤其是由其他产品、返工和回料添加所引入的过敏原。导致过敏原标识漏标，给消费者造成潜在风险。国际上因过敏原标签标识不正确导致的产品召回和消费者致敏案例屡见不鲜。

（2）过敏原清洁没有有效管控。对过敏原清洁管控不够细致。如没有识别出难以清洁的点；没有将过敏原清洁作为 CCP 点进行管控，这就导致了 CCP 点监控计划，描述得不够详细和可执行；清洁和验证记录，没有详细记录与清洁有关的所有信息等。最终导致 CCP 点失效。

（3）过敏原标签没有作为 OPRP 点系统地管控，导致如标签信息错误、清场不彻底导致标签混用、错用等，终产品出现标签与产品不符的食品安全事故。

生产现场没有识别相邻生产线带来的过敏原交叉污染风险，也就没有相应的管控措施。

（4）培训：基本上企业都会做过敏原的全员培训，但没有识别关键岗位和关键人员，并对其进行深度培训、理论和实操考核，导致关键岗位关键人员对过敏原管控不清楚。例如，仓储保管员不清楚物料的过敏原信息及过敏原贮存要求；生产计划排产人员不清楚避免过敏原交叉污染的排产要求；CCP 点、OPRP 点的操作和监控人员对监控计划了解得一知半解等。

（五）对行业的建议

各区域、各国家对过敏原的危害和管理要求不同，导致各有关食品生产商对过敏原的重视程度和管理水平参差不齐。国内很多企业对于过敏原的管控还停留在初级阶段，建议国内企业：

（1）对标国际。国内对过敏原的法规及管理要求是逐渐严格并与国际接轨的趋势。建议各生产商重视过敏原这个食品安全风险，在过敏原的管理标准和执行上，向国际大厂要求看齐，不打折扣地执行。

（2）系统地使用 HACCP 工具来管控过敏原。避免只建立过敏原管理程序，而没有使用 HACCP 工具来系统识别和管控其中的风险。

（3）关注国内法规动向。国内法规在过敏原方面的法规会越来越向越国际接轨，需要关注法规的更新动态。

四、追溯模块审核

食品追溯不仅是法规和国际标准的关键要求，也是各类客户审核标准中的重要环节。在供应商审核过程中，这一条款尤其需要被重视。审核员必须掌握如何有效开展追溯系统审核，以验证受审核企业的追溯效率和准确性。

（一）法规和相关标准要求

1. 法规对可追溯的要求

目前可追溯性在中国及其他主要发达国家都是法规的强制要求，各国对于追溯的主要法规要求见表 3-21：

表 3-21　各国对追溯的主要法规要求

国家/区域	法规名称	章节号	主要内容
中国	《中华人民共和国食品安全法》2021 年	第 42 条	食品生产经营者应当依照本法的规定，建立食品安全追溯体系，保证食品可追溯
欧盟	《食品基本法》NO. 178/2002	第 18 条	在生产、加工和分销的各个阶段，对食品、饲料、产肉动物和其他任何物质要用于或预期引入食品或饲料中，应建立其可追溯性
美国	《食品安全现代化法案》2011 年	第 204 节	食品企业应建立生产档案和追溯制度，预防食品安全事件的发生
加拿大	《加拿大食品安全法》2012	5.1 法规	应强化食品追溯能力，并制定相关的配套法规，要求生产经营者建立追溯体系以保证销售食品可识别、上下游可追溯
澳新	《食品标准条例》2016 年	1.2.2 3.2.2 4.2.1～6	食品标识 食品接收 & 召回 初级生产加工标准的追溯要求
日本	《日本食品卫生法》2003 年修订	第 3 条等	食品从业者必须记录与销售食品或其原材料的销售相关者的名称及其他信息

2. GFSI 标准对可追溯要求

GFSI 各标准对追溯的要求基于 GFSI 的指导文件而建立，虽然各标准的具体要求有所差异，但在总体并无本质区别。接下来列出针对食品加工行业最主要的四个 GFSI 认可的标准及中国 HACCP 标准的要求。四个 GFSI 认可标准以及中国 HACCP 对于追溯的主要要求见表 3-22 所列：

表 3-22　四个 GFSI 认可标准以及中国 HACCP 标准对于追溯要求

国际标准	章节号	明确追溯时限要求	明确物料平衡	明确描述正/反向追溯
IFS	第 8 版 4.18 条	4 小时	明确说明	正向 & 反向
BRCGS	第 9 版 3.9 条	4 小时	明确说明	正向 & 反向
SQF	第 9 版 2.6.2 条	无	无说明	正向 & 反向
FSSC 22000	第 6 版本 8.3 条	无	无说明	无明确说明
CHINA HACCP	第 6.7 条	无	无说明	无明确说明

3. 品牌大客户对追溯的要求

除了 GFSI 提及的相关追溯要求外，不同客户标准中，对于追溯还会对追溯时限和物料平衡提出明确的要求。以下汇总列出了 5 个国际品牌客户审核标准对于追溯的要求（表 3-23）。

表 3-23 国际品牌客户对于追溯的要求

品牌客户	标准名称	追溯方向	追溯时限要求	物料平衡/回收率
麦当劳	SQMS	正向 & 反向	3 小时	100%从原料追溯到成品
百胜	STAR	正向 & 反向	2 小时	99.5%~105%原料追溯至成品 100%成品追溯至第一个外部客户
星巴克	D58	正向 & 反向	4 小时	98%~102%从原料追溯到成品
玛氏	QMA	正向 & 反向	4 小时	无明确说明
卡夫	SQE	正向 & 反向	4 小时	无明确说明

(二) 追溯体系审核良好实践

食品生产企业的追溯体系审核是一个全面且细致的过程，其目的是确保食品供应链中各环节信息的可追溯性，以控制食品质量和安全。在追溯审核过程中，通常也可以采取“走现场，看文件，查记录，问人员”的方式对可追溯系统进行系统评估。

1. 走现场

在进行现场审核时，审核员应特别关注食品追溯体系中的两个核心要素：追溯标识和追溯记录。追溯标识主要涉及产品流的识别，而追溯记录则涵盖了信息流与产品流之间的对应关系。

(1) 追溯标识：标识主要是保证产品在生产过程中，产品的主要信息能够随产品一起传递，企业最主要的是原料、半成品和加工过程中的物料标识。

很多时候，看一个企业的追溯做得好不好，看一看配料间的脱包产品、开封产品和加工过程中的周转产品是否进行了标识，基本就能反映出其追溯的水平。

(2) 追溯记录：追溯记录则关注于信息流与产品流的一致性，可以是纸质也可以是电子形式。这些记录应包含产品信息、原料信息、生产信息等，以确保在必要时能够追溯产品的来源、加工过程和销售路径。现场查看这些记录是否得到了及时准确的记录。

(3) 追溯抽样：审核员在现场审核时，应进行实际抽样并开展模拟追溯操作，以验证物料平衡的准确性，进行追溯抽样时，通常包括成品抽样与原料抽样。

① 成品抽样。成品抽样通常是在成品库内进行实际样品抽样，若成品库中没有相关产品，则可以抽取过去 3 个月以来的发货记录，通过发货记录来抽样进行追溯。成品抽样是很多品牌客户进行抽样的基本要求之一。

② 原料抽样。对于原料抽样，可以对成品配方中的某一种原料进行抽样，然后进行追溯，查询其追溯的有效性。原料抽样追溯在很多客户的供应商审核时，是一个较高的要求，通常只有在审核时间充分时才会进行。

2. 看文件

工厂需要建立追溯程序文件，在审核过程中需要查看程序文件是否包含以下内容：

(1) 原料、辅料、包材、化学品、半成品和返工品（如必要）、成品批次管理规定。

(2) 追溯流程。正向追溯是从原料到成品，反向追溯是从成品到原料。追溯流程可参考图 3-14：追溯流程图，该图来源于 IFS《良好评估实践指南》。IFS 中的正向追

附件3：基于抽样产品的可可追溯性测试

在此处输入产品名称：*包装的汉堡包*

开始

从这里开始，当您检查原材料时：*面粉*

物料平衡

接收过程：

入站存储：

生产流程：

出站存储：

运输：

供应商原材料客户协议

○单据

· 根据配方，产品使用了哪些批次的原材料，返回批次和主要包装材料？

· 生产时使用了哪些工艺材料/食品接触材料？

○采购

· 原材料供应商清单

· 供应商评级

· 原材料规格副本

· 供应商审核风险评估和时间表

· 审核报告和纠正措施（包括第三方信息）

· IFS证书或其他GFSI认可的标准证书或确认声明的证书（有机，MSC，UTZ，RSPO，Halal，Kosher等）

○质量

· 进材料记录，包括任何微生物测试，车辆温度检查，车辆状况检查，收货信息，证明材料来源或索赔的证书

Notes：

接收过程

○采购

· 原料接收检查

· 过敏原数据和转基因声明

○产品检验与分析

· 此批次或最接近生产日期的任何化学，营养，微生物检测结果（如果适用）

· 与该批次有关或最接近生产日期的微生物和感官保质期限数据

· 化学，营养，微生物学测试的任何趋势结果

○规格

· 授权产品规格

Notes：

入库存储

○单据

· 已交付了什么，库存有多少？EDP库存是否与现有数量匹配？

· 原料储存过程中的过敏原控制

Notes：

开发过程

○HACCP

· HACCP手册以及HACCP计划，培训，范围

· 针对该产品确定的所有CCP的书面记录

· 食品安全相关CP

○测量与分析

· 所有CCP和食品安全相关CP的记录

○产品开发

· 产品管理的试验结果和程序

· 任何食品安全验证记录

Notes：

生产过程

○异物控制

· 筛分和/或过滤记录

· 刀，刀片，剪刀和/或针头的完整性检查等

· 启动检查

○异物检测

· 金属探测/X射线探测

· 任何测试的记录，包括周期的开始和结束

○制造过程

· 重要的流程和/或工作说明（存档）

· 产品所有工艺步骤和测试计划的流程图

○测量与分析

· 产品的抽样计划（根据客户要求或自己的规格）进行产品分析

· 以前批次的此产品的“最佳截止日期”评估

· 相同产品类型的投诉用于检查该产品的CCP和安全相关CP的测试设备的校准协议

· 生产前所有生产阶段的最后清洁记录，包括殊清洁

○过程控制

· 与运行有关的所有配方/产品控制和记录

· 任何存储和生产区域的室温记录，例如手动和自动监控

○规格

· 配方和返工程序（如果适用）

· 生产过程中的过敏原控制（最新过敏原列表生产计划，过敏原清除后的记录，隔离的工具）

○重量，体积和数量

· 与整个过程中重量，体积或计数控制有关的所有记录

· 任何检重秤校准/启动记录

Notes：

包装

○制造过程

· 包装材料的储存和使用要求

○采购

· 供应商审核风险评估和时间表

· 审核报告和纠正措施（包括第三方信息）

· 收货包装记录，包括任何测试，质量检查，车辆状况检查，收货信息，证明符合法律标准的证明，例如：迁移

○规格

· 包装材料规格

· 食品接触包装材料的确认声明和迁移测试

Notes：

出库存储

○单据

· 使用此编码已生产了多少产品数量以及何时（时间/天）（分别确定配方和产品数量）可以解释损失吗？

· 产品隔离规定

○产品标签和编码

· 所有与产品控制，标签和编码有关的记录

· 品评面板/质量记录

○规格

· 最终产品规格以及必要时与客户的合同协议（私有标签）。

· 列出最有效的日期和剩余期间

· 最终产品的出厂检验或分步过程控制

· 最终产品规格符合客户要求和原材料规格

Notes：

运输

○单据

· 包装上的编码结构和EAN编码

· 产品交付到哪里，我可以在哪里购买？哪些客户收到了产品？

· 收据

○追溯与运输

· 上一次可追溯性/危机管理测试何时进行？

· 车辆湿度和清洁度记录

· 所有发货记录到仓库

Notes：

开始

检查成品时从这里开始*汉堡包*

图3-14　追溯流程图

溯是从供应商、原材料、客户协议开始，到运输；反向追溯是从运输开始，到供应商、原材料、客户协议。

(3) 是否包含正向追溯（从原料/辅料/包材追溯到成品）和反向追溯（从成品追溯到原料/辅料/包材）。

(4) 追溯时限要求及频次。

(5) 成品回收率及物料平衡要求。

(6) 追溯异常时的问题原因分析。

3. 查记录

审核员评估和检查追溯记录，通常是通过现场模拟追溯时提供的各类记录来实现，现场追溯需要包含追溯总结报告、基本溯源信息记录、扩展追溯信息记录。

(1) 追溯总结报告。追溯总结报告应包括整个追溯过程的信息，对于从原料至成品的正向追溯，可以参考图 3-15 模拟追溯总结报告——原料至成品，来了解整体追溯过程的信息及物料平衡信息。

(2) 对于从成品至原料的追溯，可以参考图 3-16 模拟追溯总结报告——成品至原料，汇总从成品至原料的每个原料、半成品及包材的相关信息及物料平衡信息。

(3) 基本追溯信息记录主要用于追溯责任，这是保证企业产品在生产过程中有效链接的最少信息，通常包括生产者信息、物料批次、物料数量、生产地点信息等。主要查看其物料批次信息是否正确传递，数量是否能够相互对应。

(4) 扩展追溯信息记录主要用于质量安全或其他管理目的，如产品规格书、产品检验信息、CCP 监控记录、操作工信息、产品温度信息等。

(5) 关于追溯的基本信息和扩展追溯信息，不少审核员在审核时会将其混合，从而导致企业在开展模拟追溯时，提供厚厚的一摞记录，这样审核员在进行追溯记录检查时也会失去重点。在审核员开展追溯信息检查时，需要先将基本追溯信息筛选出来进行溯源，再审核其他扩展追溯信息。

(6) 对于追溯过程中的物料平衡，审核员在开展成品至原料的模拟追溯前，建议让企业提供追溯产品的理论出品率，这样便于在做物料平衡时了解其是否在合理范围之内。物料平衡通常分为两种：原料物料平衡和成品物料平衡，不同客户其计算公式不同，目前使用较多的计算方法如下：

原料物料平衡：回收率=（已领用原料数量+原料现库存数量+问题原料数量）/原料入库数量。

成品物料平衡：回收率=（已发货数量+成品现库存数量+问题物料数量+检测取样产品数量）/生产数量。

4. 问人员

有效的人员访谈和沟通有助于深入评估追溯管理的有效性，在追溯模拟审核过程中，利用不同部门提供的追溯记录与相关记录的负责人进行沟通，可以有效了解企业的追溯实施有效性：

(1) 公司如果开展追溯，目前是如何进行分工？

悦孜 Integrated Quality Consulting

模拟追溯总结报告——原料至成品

1. 基本信息			
模拟追溯测试日期		模拟追溯产品名称	
模拟追溯开始时间		原料批号	
模拟追溯结束时间		原料规格	
模拟追溯总时长		原料生产日期	
模拟追溯小组成员			

2. 原料追溯

原料名称	原料入库日期	原料批号	原料入库数量（A）	已领用数量（B）	现库存数量（C）	问题原料数量（D）	抽样数量（E）	追溯率（B+C+D+E）/A
				1000				

3. 原辅料追溯（含添加剂）

领用次数	领用日期	领用数量（A）	返库数量（B）	问题料数量（C）	损耗数量（D）	生产成品名称	生产成品批次	生产成品数量（个）
1								
2								
3								

图 3－15　模拟追溯总结报告——原料至成品

悦孜 Integrated Quality Consulting

模拟追溯总结报告——成品至原料

1. 基本信息			
模拟追溯测试日期		模拟追溯产品名称	
模拟追溯开始时间		产品批号	
模拟追溯结束时间		产品规格	
模拟追溯总时长		生产日期	
模拟追溯小组成员			

2. 成品销售					
成品名称	成品批次	发货日期	发货数量	客户名称	发货数量汇总

3. 成品追溯							
成品名称	成品批次	成品入库数量（A）	已发货数量（B）	现库存数量（C）	问题物料数量（D）	抽样数量（E）	追溯率（B+C+D+E）/A

4. 半成品追溯（适用时）							
工序名称	半成品批次	半成品生产数量（A）	已使用数量（B）	现库存数量（C）	问题物料数量（D）	抽样数量（E）	追溯率（B+C+D+E）/A

（续图）

5. 包材追溯（内外包材）

包材名称	包材批次	包材入库数量（A）	已使用数量（B）	现库存数量（C）	问题包材数量（D）	抽样数量（E）	追溯率（B+C+D+E）/A

6.1　原辅料追溯

原辅料名称	原辅料批次	原辅料入库数量（A）	已使用数量（B）	现库存数量（C）	问题数量（D）	抽样数量（E）	追溯率（B+C+D+E）/A

6.2　原辅料追溯

原辅料名称	原辅料批次	原辅料入库数量（A）	已使用数量（B）	现库存数量（C）	问题数量（D）	抽样数量（E）	追溯率（B+C+D+E）/A

7. 原辅料追溯（含添加剂）

原辅料代号	原辅料名称	生产批号	生产日期	原辅料使用数量 kg	实际出品率%	理论出品率%	理论成品重量	理论与实际差异率	差异是否可接收	差异原因分析
							0	0.0%		
						上限：				
						下限：				

图 3-16　模拟追溯总结报告——成品至原料

(2) 目前这些记录中，哪些是纸质的，哪些是手动记录的？你们是如何进行存放和管理的？

(3) 追溯记录中的这些关键信息，你们是如何进行复核和检查以保证不出错的？

(4) 你能解释一下这些追溯记录之间的关联吗？

(5) 你们是如何计算模拟追溯的物料平衡的？麻烦解释一下。

(三) 追溯常见问题与风险

追溯过程中常见问题较多，以下是基于现场审核的“走现场，看文件，查记录，问人员”四个维度提炼出的相关问题与风险：

1. 现场评估问题与风险

(1) 物料无标识或信息不全：如存放在特定容器中的物料没有任何信息，糖、盐等拆包后放到周转容器中的物料是否有批次标识，标识是否及时更新；生产现场的半成品没有标识或信息不全。

(2) 不能及时记录：食品工厂不能及时记录是一个严重问题，可能会影响食品安全追溯、生产过程监控以及产品质量控制。可能是没有记录管理制度、未对员工进行有效培训，存在临下班补填记录的情况。

(3) 记录信息不准确：可能是因为未及时记录而补记，也可能是员工疏忽导致记录不准确或漏记，还可能是实际生产参数与程序文件不一致。或者员工只记录配方原料用量而不是实际称量投入的数量。

(4) 签字和验证：记录应包含记录人员和验证人员的签字，审核过程中经常会发现记录缺少记录人员或验证人员的签字。

(5) 审核员在现场审核时未进行实时抽样和模拟追溯：审核员在现场审核时应进行实时抽样和模拟追溯，以验证企业追溯体系的有效性。这包括检查记录的完整性、准确性，以及是否能够迅速准确地追踪到产品的每一个环节。通过这种方式，审核员可以评估企业追溯体系的实际运作情况，并提出改进建议。

2. 文件评估问题与风险

(1) 程序文件缺少追溯要素：如未对原料、辅料、包材、化学品、成品进行批次规定或规定不清晰；回收率未量化等。

(2) 对工艺过程的影响评估不足：未清晰的识别过程原料在设备中流转时的残留量（如液体/粉料存储罐，管路）以及连续生产时更换原料批号后如何记录和区分，从而影响追溯的物料平衡。

(3) 缺少追溯文件清单：未制定追溯流程图或未明确追溯涉及的记录信息，不方便员工培训，影响追溯效率。

(4) 追溯职责不清晰：对于追溯过程中不同部门的职责和要求，没有明确。

3. 记录评估问题与风险

(1) 记录完整性问题：企业必须记录原辅材料进货查验记录、原料验收记录、投料记录、生产记录、关键控制点记录等关键信息。缺少任何一个工序的记录都可能导致无法追溯产品的历史和应用情况，如缺少物料交接确认记录或返工记录。

(2) 记录合理性问题：记录的合理性涉及记录的效率和准确性。同一内容信息在不同记录中重复出现可能会导致员工在记录时延迟，影响记录的及时性和准确性。生产记录的设计应全面准确地反映生产操作情况及半成品、成品的质量情况。

(3) 物料平衡：企业未规定物料平衡的计算方法，物料平衡的计算方式不正确。审核员在审核时未让企业在模拟追溯前提供产品的理论出品率，而是在追溯结束后才提供。

(4) 总结报告：追溯结束后，企业提供了生产记录、出入库记录等，但未提供总结报告，或追溯报告中缺少物料平衡信息。

4. 人员评估问题与风险

(1) 人员培训不足：相关人员未接受培训并保留记录，包括如何填写生产记录内容，如何标识生产过程中的半成品等。

(2) 员工不清楚记录的重要性：生产员工认为记录可有可无，只会影响他们的其他工作。

(3) 追溯人员不清楚自己的职责，也不清楚客户的追溯要求，如追溯需要提供的相关记录、物料平衡、追溯时限要求等。

(四) 对行业的建议

针对食品行业追溯，以下是一些建议，旨在提升食品企业的追溯管理水平、食品安全水平以及增强消费者信心：

(1) 提升企业追溯能力：加强企业内部管理和员工培训，提高追溯信息的采集、整理、分析和应用能力，确保追溯信息的准确性和及时性。

(2) 应用数字化系统：企业通过建立数字化系统，提高追溯的效率和准确性。

(3) 加强自律与诚信建设：企业应自觉遵守食品安全法律法规和追溯标准规范，加强自律与诚信建设，树立良好的企业形象和品牌形象。

五、内审和管理评审模块审核

食品企业内审和管理评审确保食品安全管理体系的适宜性、充分性、有效性和符合性，是质量管理体系持续改进的重要环节。通过持续改进食品安全管理体系，可以提高产品质量和客户满意度，增强企业在市场中的竞争力。

内审和管理评审是供应商审核中经常包含的审核条款要求，但企业内审和管理评审经常流于形式，如何对内审和管理评审进行有效审核，是审核员需要掌握的重要技能之一。

(一) 内审

虽然不同标准体系对于内审的具体要求会有不同，但是通常会包括如下方面的要求：

(1) 审核人员的专业知识和技能：内审人员应具备与食品安全和合规管理相关的专业知识和技能。内审人员应经过相应的培训和考核，确保其具备进行内审工作所需的能力和素质。

(2) 独立性和客观性：确保内审工作的公正性和有效性，应避免与被审核对象存在利益冲突或受其影响。

(3) 审核频率和范围：食品加工企业应每年至少进行一次内部审核，或在体系运行一段时间后进行内部审核。

（4）审核标准和程序：应根据公司建立的体系要求，建立内审计划和程序。内审计划应包括内审目的、范围、依据、成员分工、时间安排等内容。

（5）审核准备和实施：内审员应根据审核计划进行准备，编制内部审核检查表，并与受审核部门沟通，确保审核前准备充分。审核过程中，内审员应详细记录不符合项，并填写相应的报告。

（6）纠正措施和跟踪验证：对审核中发现的不符合项，相关部门应采取纠正措施并实施跟踪验证，进行有效关闭。

1. 内审程序文件审核

查看企业是否建立有内审程序，文件是否包含以下内容：

（1）审核的目的、范围。

（2）内审小组成员的职责。

（3）开展内审的时机和内审频率。

（4）内审实施：内审计划、内审人员资质要求、审核前准备、审核实施、审核报告、跟踪验证。

对于内审程序，其通用性较强，因此审核时经常会出现千篇一律的情况，因此内审程序并不是审核的重点，重点是看内审人员的能力及企业如何开展内审及其效果。

2. 内审实施审核

如何审核企业的内审模块是否有效开展，接下来阐述如何通过内审计划、内审实施和内审不符合项这三个方面来评价一个企业的内审实施的好坏。

（1）审核计划评估

企业内审都制定了内审计划，审核时可以查看企业的审核计划是否满足要求，通常检查审核计划时，会重点关注以下几个方面：

① 查看内部审核计划，是否明确了审核的目的、范围、时间、审核依据、内审员及其他要求等。

② 审核依据：目前大部分企业都会有二方和三方审核，如你是客户或客户委托的第三方审核公司，需要查看内审范围是否包含了二方的标准要求，常见的二方审核包括餐饮、零售、生产商等。

③ 审核范围：审核是否包括各个模块和环节，尤其是外部租赁的仓库等是否纳入审核范围。

④ 审核频率：审核时间是否符合内审程序文件要求和二方的要求，如食品企业要求每年至少进行一次内审，但发现上一次内审截至审核时已经超过了 1 年。

⑤ 审核人员：查看内审人员的学历、是否具有食品行业经验、是否经过外部相关专业知识培训等，如是二方审核，还需查看内审员的资质是否符合二方要求。例如，内审员是非食品专业应届毕业生，这显然不满足内审人员资质要求。

（2）审核实施评估

查看审核前是否将审核计划、审核表与各部门、管理者代表进行了有效沟通。查看是否召开了首、末次会议并留有记录，参加人员是否包括审核员、被审核部门人员。

这可以了解企业是否真实、有效地展开了内审活动。

内审员应根据记录的不符合项撰写不符合报告，不符合项描述需要尽可能详细，尽可能包含时间、地点、问题、影响和风险等，不符合项描述应易于被受审核部门正确理解。如内审报告中不符合项描述为“车间设备未清洗干净”，这样的描述并不清晰，缺少具体车间、具体设备、具体的清洁问题。若描述为“2024 年 10 月 19 日在成型区发现 1 台清洗消毒后的滚揉机内部存在滚揉液，后验证其余 2 台滚揉机未发现类似情况”，后者描述则更容易理解。通过不符合项描述的详略程度，可以大致判断出审核人员的能力水平。

有效的人员访谈和沟通有助于深度评估企业内审的有效性。通过对内审报告的人员抽样访谈，可以获得更加清晰的内审效果，人员访谈的提问可以设计如下：

① 询问内审员个人信息，如入职时间、专业、以往食品相关的工作情况等。

② 贵司最近一次内审是什么时间？您审核了哪几个部门？审核时重点关注了什么？

③ 上次审核有哪些较大不符合项？不符合项如何和被审核部门沟通？

④ 内审人员是如何提升自己的审核能力的？

（3）内审报告和内审发现评估

一份优秀的内审报告是内部审核的重要成果，它使未参与审核的人员能够全面、清晰地掌握审核的整体情况，为企业提供明确的改进方向，是不符合项能有效关闭的基础，还能促进持续改进和质量管理的提升。供应商审核时，对于内审有效性的评估，重点关注其审核总结。以下是内审报告应包含的关键要素：

① 审核总结：审核员应先查看本次审核的总结，是否对本次审核进行了全面概述，包括审核的目的、范围、方法和实施过程。概述企业在管理体系、流程执行、产品质量等方面的表现，明确其优势和改进空间。

② 审核发现项：不符合项是否清晰易懂，包括具体的不符合事实描述、影响，以及不符合标准或程序的具体条款。对每个不符合项提供清晰、具体的描述，包括时间、地点、涉及的人员或部门、问题的具体情况和不符合项照片，描述应足够详细，以便于受审核部门能够准确理解问题所在，并采取相应的纠正措施。不少企业的内审仅有个位数的几条不符合项，且不符合项均比较简单（如地面有水、毛巾没有放置好），不符合项浮于表面。

③ 纠正措施和跟踪验证：每个不符合项应进行根本原因分析，并制定具体的纠正措施，明确责任部门和完成期限。审核报告需要质量负责人或最高管理者批准，同时确保所有相关方都能接收到报告，每个不符合项应得到有效解决并留有相应的证据。

3. 内审模块常见的问题

内审活动在企业的运营和质量管理中扮演着至关重要的角色，然而在实际操作中，内审活动也常会遇到一些问题。以下是对内审活动常见问题的归纳：

（1）内审没有进行：企业仅写了内审报告，但并没有真正开展内部审核。

（2）内审工作流于形式：内审工作未能得到有效实施，流于形式，未能发挥应有的监督和改进作用。以往部分企业内审后仅发现 1～2 条不符合项，甚至部分企业仅停留在文字上，实际没有开展内审工作。同时，部分企业担心内审发现的很多问题，如果都列在内审报告上，则容易被第三方老师抓到“把柄”，这一点对于专业的审核员，其实不太在意你发现了多少问题，而在于你如何有效整改。

（3）内审员专业能力不足：内审员的专业知识和经验不足，难以发现被审核部门存在的问题和潜在风险，沟通能力有限，难以获取准确的信息和意见，影响审核效果。

（4）报告编写不细致：内审报告要素不全、内容不具体、结论不清晰，未能准确反映审核结果和改进建议。

（5）整改措施不到位且验证不足：被审核部门对审核发现的问题未采取有效的整改措施，或整改措施执行不力，导致问题未能得到及时解决，对整改措施的跟踪验证不足，未能确保整改措施的有效性和持续改进。

4. 关于内审的相关建议

内审的质量确实能够反映企业的管理水平，而低质量的内审很难证明企业的质量体系运行良好。当企业自身的内审能力有限或存在不足时，建议借助第三方机构来开展内部审核，这确实是一个有效的解决方案。第三方机构通常具备丰富的审核经验和专业知识，能够为企业提供客观、公正的审核服务。他们可以帮助企业识别管理体系中的薄弱环节，提出改进建议，并帮助企业建立更加完善的管理体系。同时，也可以帮助企业提升内审员的专业能力和沟通能力，确保后续审核过程的准确性和有效性。

（二）管理评审

虽然不同标准体系对于管理评审的具体要求会略有不同，但其开展的内容都大同小异，以下是审核企业管理评审工作是否有效的重点关注内容：

（1）管理评审人员专业度：评审人员应具备必要的评审技能和知识，同时组织应为他们提供充分的培训，使其能够准确理解和评估被评审的管理体系，避免刚毕业的小白主导或作为评审人员。

（2）管理评审频次：管理评审应每年至少进行一次，间隔不得超过 12 个月。

（3）高层参与：明确各参与人员的职责和角色定位是确保评审顺利进行的关键，高层管理人员作为评审的主导者，这一点很重要。

（4）评审内容材料的收集：评审内容材料作为管理评审的基础资料，其完整性和真实性直接影响到评审工作的质量和深度。输入要素应全面、详细，包括目标达成、质量记录、内审报告、客户反馈、市场变化、法律法规更新等。

（5）输出和改进：管理评审不应成为走过场的形式主义活动。对于管理评审报告提出的改进要求，责任部门应制订详细的改进计划或实施方案，并经过管理者代表批准后实施。质量管理部门应监视、跟踪其改进情况，并验证纠正、预防措施的执行情况和有效性。

1. 管理评审程序文件审核

查看管理评审程序文件是否包含以下内容：

（1）审核的目的、范围。

（2）管理评审小组成员的职责。

（3）需要组织管理评审和管理评审的频率。

(4) 管理评审计划、评审会议、管理评审报告、跟踪验证。

对于管理评审程序，其通用性较强，因此审核时经常会出现千篇一律的情况，因此管理评审程序并不是审核的重点，重点是看企业如何开展评审及其效果。

2. 管理评审实施审核和良好实践

(1) 管理评审计划

① 管理评审计划是否包括评审时间、评审地点、参加人员、评审目的、评审范围、评审内容、各部门评审准备工作。

② 审核计划中的评审内容是否缺项，可以对照企业的程序文件进行核对。是否与各部门进行了有效沟通，各部门是否根据计划准备了相关材料。如各部门管理评审材料是否对各部门质量目标进行了总结，对未达成目标的指标进行了原因分析和改善方案制定。

(2) 管理评审报告

管理评审是企业为确保食品安全、提升产品质量、优化运营流程并满足法规要求而进行的一项重要活动。评审报告作为评审工作的总结与反馈，其内容需要全面、详细且具有针对性。以下是企业管理评审报告需要重点关注的要点：

① 高层参与

查看高层管理者或管理者代表是否参加，在管理评审的实际操作中，若高层没有参加，管理者代表应被赋予充分的决策权力。

② 管评输入

管理评审报告需要重点关注输入，需查看各部门准备的管理评审会议材料，可以随机挑选几个部门沟通材料中的信息，如质量目标及完成情况，未达成目标的原因及改进计划，是否获得相应的资源。

③ 人员访谈

有效的人员访谈和沟通有助于深度评估企业管理评审的有效性，现场审核的提问可以设计如下：

a. 询问相关报告的人员如何准备管理评审会议材料，如何参加管理评审？

b. 评审后获得了哪些资源？是如何改进的？

c. 询问高层是如何参与管理评审的？

d. 在与企业沟通后可以查看企业是否对改进措施进行了跟踪验证并保存了记录和证据。也可以随机抽样进行现场验证。如上一年度总计有 10 起客户投诉产品发酸变质，企业经过分析是因为产品品类转型，大部分产品由常温品转为速冻品，导致速冻机成为瓶颈，在生产量大的时候，产品不能及时速冻，影响产品保质期。控制措施是需要增加速冻设备。经过评审后，增加 1 台每小时产能 2 吨的速冻机。审核时该项目已到完成时间，审核员可以现场验证是否已经增加。

3. 管评模块常见的问题

在企业的日常运营中，管理评审作为确保食品安全、提升产品质量、优化运营流程并满足法规要求的关键环节，其重要性不言而喻。然而在实际操作中，管理评审往往面临一系列挑战和问题，这些问题可能削弱评审的有效性，甚至阻碍企业的持续改进。以下是对管理评审活动常见问题的归纳：

（1）管理评审并没有开展。企业管理层并没有真正开展管理评审，而仅仅是质量人员编写了管评报告，企业并没有发挥管理评审的作用。

（2）高级管理者未参加：由于日程安排紧张或重视程度不足，高级管理者往往未能亲自参加评审会议。这不仅削弱了评审的权威性，还可能导致评审结果无法得到有效实施。

（3）报告由质量部门独立完成：管理评审涉及企业的多个部门，包括生产、采购、销售、人力资源等。然而在实际操作中，往往只有质量部负责撰写评审报告，导致报告内容单一，缺乏对其他部门运营情况的全面反映。

（4）输出缺少量化的数据：管理评审的输出往往缺乏具体的量化数据，导致评审结果模糊，改进措施缺乏针对性和可操作性。

（5）缺少对于目标达成、客户满意方面的数据：管理评审往往忽视了对这些数据的收集和分析，导致评审结果无法准确反映企业的实际运营情况。

（6）输出缺少对于具体资源的要求：评审输出往往缺乏对这些资源的明确要求，导致改进措施无法得到及时、有效的实施。

4. 关于管评的相关建议

在快速变化的食品行业中，管理评审不仅是确保食品安全、提升产品质量的关键环节，更是推动企业持续改进、增强市场竞争力的有效工具。然而，要使管理评审真正发挥其作用，需要采取一系列综合策略，确保评审过程的高效、全面和深入。企业需要真正有效地开展管理评审会议，而不仅仅是流于形式地提供一份管评报告。企业的管理评审可以与其他重要会议相融合（如与企业经营分析会结合），这样更容易开展与高层的充分沟通、跨部门的沟通与准备，以及对优秀成果的认可与提炼等。

（三）对行业的建议

在食品安全和质量要求日益严格的今天，内审和管理评审成为保障产品质量、提升运营效率、确保合规性的重要手段。以下是一些建议，帮助企业更好地组织内审和管理评审：

1. 加强人员培训

内审和管理评审人员应具备扎实的专业知识和良好的沟通技巧。企业应定期组织内审和管理评审人员参加专业培训，提升其专业技能和综合素质，确保工作的质量和效果。

2. 获得高级管理者的支持

从客户的视角、经营的角度与高级管理者沟通，避免陷入“专业视角”的陷阱。例如，在内审中发现仓库实物和台账不符，不要直接和领导讲这个违反了质量管理的某一条规定，而应从帮助企业实现追溯、确保企业在大客户的审核中获得高分、增强客户信任、提升企业对实物资产的管理能力等视角来沟通。在活动的各个阶段，应主动与高层管理者保持密切沟通，以赢得他们的支持和指导。

3. 在管理评审中，设立专门的环节来展示和讨论优秀成果，将优秀成果提炼为企业的管理标准或最佳实践，并在全公司范围内推广和应用，以提升企业整体的管理水平和运营效率。

六、食品安全文化审核良好实践

食品安全文化经历了漫长的发展历程。早期，食品生产以小作坊或家庭式为主的方式经营，食品安全文化仅建立在每个人不同的经验和道德观上，采用的是师傅带徒弟等方式进行。随着食品工业的快速发展，食品安全问题也变得越来越复杂。食品相关法规的日益完善，意味着食品的质量和安全从小作坊式的道德约束转变成了法律法规的约束。

近年来，各大国际标准纷纷出台食品安全文化评价体系，旨在推动各级食品从业人员从价值观到行为态度的改变，从而做正确的事，并一次就把事情做对。越来越多的头部品牌企业将食品安全文化审核纳入其供应商审核要求中。

（一）食品安全文化审核的现状和挑战

食品安全文化是近几年推行的质量和食品安全管理要求，已被逐步纳入法规要求中，如欧盟2021年修订的食品卫生条例中专门增加了食品安全文化的要求。国内目前尽管在法规层面尚未明确纳入食品安全文化，但已开始关注这一领域，未来有望跟进国际趋势，进一步推动国内食品安全文化的发展。

自GFSI在2018年发布《食品安全文化意见书》以来，越来越多的企业开始开展食品安全文化工作，尤其是大型规模品牌企业，已取得非常好的效果，但更多企业对食品安全文化的实施还停留在食品安全活动、海报、文化日等活动中，并没有完整的文化推行计划和落点，所以文化建设更像一种被动行为，而不是主动规划的。鉴于这种情况，食品安全文化的审核更具挑战性：

（1）概念不具象。食品安全文化是一个比较抽象的概念，涉及企业的价值观、员工意识、行为习惯等很多“软性”方面。目前尽管很多机构都出台了相关指南或评价体系，但尚未形成一个被广泛认可的统一定义和衡量标准。

（2）评估内容难以确定。由于食品安全文化涵盖的内容非常广，包括管理承诺和行为、沟通交流、员工培训、风险认知和管理等几乎涵盖企业经营的方方面面，很难确定一个非常通用的模板来进行评估。

（3）数据来源复杂。食品安全文化应与哪些绩效联系起来，落点在哪里，也没有统一标准，这也导致文化评估的数据来源可以非常多样，审核员的提问、采集的数据、员工的回答都可能受当时环境、本身理解等干扰，导致提供的信息存在不确定性。

（4）主观因素的影响。由于文化本身是抽象的，被审核者出于自我保护、多一事不如少一事、形象维护等心理，可能会有意或无意地提供不准确信息，影响评估的真实性。

（5）审核人员的能力。相较于专业审核，文化审核对审核员的要求更高，评估者的专业背景、提问能力、观察能力、个人经验和偏见都会影响评估的客观性。

（6）动态变化性。和很多其他审核类似，员工对文化的感知和反馈会受外界因素或近期企业事态的影响，这就要求审核工作能够去除瞬时影响、抓住核心信息，减少瞬间情绪或临近事件对评估的影响。

（二）食品安全文化审核良好实践

食品安全文化审核的策划包括很多内容，下面重点介绍审核标准建立、审核方法及报告输出三方面的内容。

1. 食品安全文化审核标准的建立

任何评估和审核都有一定的依据，而对于食品安全文化来说，正如前面提到的，目前对于食品安全文化并没有一个被广泛统一的标准，那么在这种情况下，作为企业或审核者，又该如何建立一个统一的食品安全文化标准呢？悦孜咨询根据目前领先企业的食品安全文化实践和案例，总结了以下关键要素，以统一成熟度标准，利于供应商推行和执行，以及对审核员进行培训：

（1）明确文化成熟度模型一评估维度

审核方应建立自己的文化成熟度维度，其建立应与质量和食品安全体系挂钩，并且有两个核心点是必然不能被忽略的，那就是质量和食品安全愿景以及管理者的承诺和行为。因为文化的建设一定是自上而下的改变。

目前在食品行业中比较盛行的有 GFSI 的《食品安全文化意见书》《PAS 320—食品安全文化实践指南》、IFS 的文化成熟度、BRCGS 的 4P 模型等。当然也有部分大型品牌企业多年前就开始推行质量文化或食品安全文化，他们也已建立了自己的评估模型，见图 3－17。

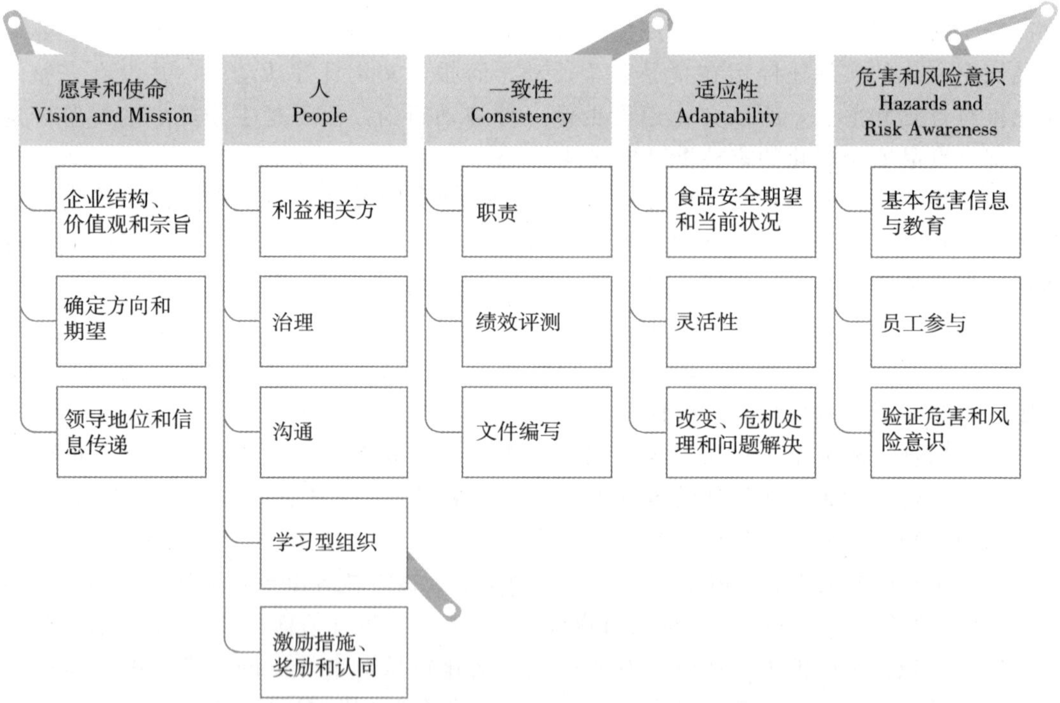

图 3－17　GFSI 食品安全文化审核维度模型

（2）根据维度建立成熟度模型—文化成熟度

通常文化成熟度的等级分为 3 级到 5 级，建立每个阶段的成熟度关键特点有助于审核员培训以及审核结束后校准审核发现和评分，并帮助供应商充分理解成熟度的含义，推进下一步的改善行动。

下表 3－24，IFS 文化成熟度第三阶段—有抱怨阶段的文化特征（摘自一《食品安全文化理论与实践》）

表 3－24　IFS 文化成熟度第三阶段—有抱怨阶段的文化特征

评价维度	具体描述
高级管理层	a. 高级管理层开始更多地参与到产品安全工作中来； b. 高层管理开始赋能到食品安全问题并支持质量保证部； c. 产品安全被优先考虑，但是对于如何去做始终没有明确
公司组织架构	a. 对于产品安全系统的重要性有清晰明确的理解； b. 在错误发生的时候绝大多数后果被管控； c. 对于积极和消极的行为进行奖惩； d. 存在一些既定的程序但并没有真正地生效； e. 沟通交流机制的建立意在使主管跟进产品安全项目的状态，有记录的保存； f. 当进行原因分析来保护业务时，没有适当地跟进措施的进展来衡量其有效性； g. 纠正措施到位但没有得到验证
员工	a. 员工已经更多地参与到工作中来，但仍未完全投入进来； b. 稽核员工对于产品安全问题的理解是有限的，反馈极少
培训	a. 预算被分配到产品安全的发展和培训中； b. 有少量的程序使用和知晓情况的检查； c. 培训内容包含了基础内容但并没有覆盖风险以及可能存在的后果

（3）制定审核表

审核表并不是万能的，但它在最大程度上保持审核范围的一致性及客观性，所以一张合适的结合文化成熟度模型的审核表非常重要。审核表的内容应包含管理者的领导力和行为，尽可能以实际发生的事件、观察到的行为、现场的结果、考核的绩效、领导层的决策等具体事件来评估，以减少主观因素的影响。

图 3－18 为澳新标准局关于食品安全文化中对于领导和愿景的快速问卷——摘自《食品安全文化理论与实践》。

领导/愿景

问题一：你认为食品安全在这个企业中有多重要（如与利润、品牌认知度等相比）？

（1）没有考虑太多。

（2）当出现问题时，就变得很重要了。

（3）确保食品安全始终是重中之重。

问题二：谁负责确保食品的安全？

（1）所有者。

（2）特定人员（如质量保证人员、经理和所有者）。

（3）每一个人。

问题三：管理者（包括老板或其他高级管理层）对食品安全如何承诺？

（1）没有承诺，如他们不做或说任何关于食品安全的事情。

（2）会投入一些时间或精力，如他们有时会在会议或检查和审核中谈论它。

图 3－18　澳新标准局的快速问卷

2. 审核的实施方法

对于质量和食品安全文化的审核，分为根据现有体系标准条款进行审核及质量和食安文化模块的审核，前者相对简单，后者更加聚焦。审核员若对标准中文化条款进行审核，同样可以参考文化模块的审核方法，接下来描述变化模块如何审核。

可以结合日常的供应商审核进行，通常可以在原有日程上增加 0.5～1 天时间，因为在专业审核的同时，需要加入文化审核表中的对各级人员的提问。文化审核结果也可以作为供应商准入、培养、激励、淘汰机制的一部分。

质量和食品安全文化听起来就是一个务虚的工作，那如何通过审核来确定文化的成熟度？审核过程中又该如何进行评估呢？审核范围又包括哪些呢？当你看到摇曳的芦苇花、飞舞的蒲公英、沙沙作响的树叶，就知道风在那里。而文化就像这风一样，它影响并落在质量日常管理、投资计划、沟通培训、现场执行、文件记录等方方面面，可以通过氛围、行为、结果来进行审核。以下总结了在供应商审核过程中需要额外关注的文化项目的审核内容：

（1）观文化氛围

一个具有优秀质量和食品安全文化的企业，应将质量愿景、质量方针等在企业各醒目场所进行张贴、宣传，营造一种浓厚的质量和食品安全氛围。比如，在工厂入口、办公室、员工通道、餐厅、电梯等人员聚集处，通过海报、照片、多媒体等方式对质量愿景、方针进行宣传，表彰优秀员工；分享质量和食品安全的良好实践、优秀改善案例、失败案例，强化质量和食安小知识。

（2）察领导力行为

很多企业可能都存在这种情况：说起来质量和食品安全很重要，做起来不重要，忙起来没必要。如果你看到这里不自觉地在那里点头，那么很抱歉，你所在企业的质量和食安领导力及管理行为出现了问题，通俗来说就是言行不一。而言行不一的后果带给员工的潜在负面信息是：质量和食安在这家企业根本不重要。那么，作为审核员，可以通过哪些方面来审核呢？

询问员工和基层管理者，他们所观察到的管理层的质量和食品安全言行，员工和基层管理者是否视管理者为榜样。

（3）看标准可视化

可视化管理以直观的视觉信号展示信息，提高工作效率、有效培训、减少时间浪费、便于发现问题、加强现场管理、促进团队合作，都有积极作用。审核员应观察产品标准、关键操作流程、产线绩效、问题发现和关闭、CCP 纠偏措施等是否有直观、更新的可视化展示，并通过询问现场员工和主管，了解员工对标准流程的理解和执行。

（4）问方针和绩效

供应商审核时，除了对相关质量和食品安全标准的提问，审核员还应就质量愿景、方针、改善计划、团队和个人绩效目标这些问题询问生产线的员工和基层管理人员，比如审核员可以提出以下开放式问题来询问公司管理层及部分员工代表，来审核质量和食品安全在操作层和执行层的落地情况：

① 你知道公司的质量愿景和方针是什么吗？你是通过哪些渠道了解到公司的质量愿景和方针的？

② 公司的质量和食品安全绩效有哪些？你所在的团队和你个人的质量和食品安全绩效有哪些？有哪些绩效是你所在部门和其他部门共享的？

③ 公司有哪些质量和食品安全活动？你参加过哪些？

（5）追持续改善

在通常的供应商审核中，关注比较多的是现场的执行，但在文化的审核中，应对组织的持续改善能力格外关注，这也是一个组织能否建立完善的质量和食品安全生态系统的重要一环。持续改善能力应包含：质量和食品安全每年的投资计划、人员对纠正预防措施的分析能力、员工发起和参与的改善项目等。审核员应通过核查历年的投资或未来1～3年的质量和食品安全投资计划，评估企业是否有足够的资源进行有效的持续改善。审核员可以通过以下问题对于员工的参与度和能力进行审核：

① 你知道什么是纠正预防措施吗？你知道公司有哪些关于质量和食品安全的改善项目吗？

② 你提出过哪些质量和食品安全改善项目？哪些被认可并改善了？你参与过哪些质量和食品安全改善项目？

③ 你最近一次参加CAPA（Corrective Action and Preventive Action，纠正措施和预防措施）培训、主导或参与RCA（Root Cause Analysis，根本原因分析）和CAPA分析是什么时候？是哪一次？

（6）评激励和处罚

优秀的质量和食品安全文化一定不是处罚出来的。就像一个孩子，从小被老师、家长批评和指责，是不能成为一个阳光、灿烂、不断学习成长和具有抗挫折能力的孩子。同样，审核员应对一个企业的激励和处罚制度进行评估。评估应包含以下内容：

① 企业是否有合理的奖罚制度？

② 当处罚发生时，是否追究了管理责任？

③ 问题发生时，质量部门是否经常成为“背锅侠”？

④ 是否建立了不同等级的激励机制，以鼓励员工的良好行为、质量结果，甚至鼓励创新哪怕失败？

（7）谈风险管理

食品安全是食品企业的基本底线，而谈食品安全就必须谈风险管理，因为世上本无绝对的零风险。审核员可以通过访谈、现场询问等方式审核以下内容：

① 员工是否了解其工作对质量和食品安全的影响？

② 管理层是否了解食品安全问题，并采取改善措施？

③ HACCP小组的活动是否适宜，并且全组参与？

④ 从过往事件或外部事件中得到的经验教训是否被沟通、传达，并做出适宜的增改？

(8) 查现场执行

现场审核的所有部分都可以成为文化落地执行的最终表现。审核员同样可以通过现场发现评估质量和食品安全文化的成熟度。比如:

① 现场GMP、异物管理、虫害控制、清洁卫生、HACCP的执行、设备设施的维护和维修等质量和食安条款的执行情况。

② 标准要求、记录和执行的一致性。

③ 审核时厂长、经理的参与情况;审核时是仅审核质量部,还是所有部门参与且职责明确。

总而言之,当你站在供应商大门口的那一刻,关于食品安全文化的审核就已经开始了,你可以看到、听到和感受到工厂的食品安全文化氛围。

(9) 审核实施良好实践

为了更全面、更真实地对质量和食品安全文化进行审核,准确把握供应商的质量和食安文化成熟度,为供应商准入提供依据,为供应商培养和激励淘汰机制提供标准,本章节将从以下几个方面帮助企业做好供应商的质量和食品安全文化审核。

① 审核前的沟通。企业一旦建立或选择了文化成熟度评估模型,应将其作为供应商必须执行的标准之一,在审核前发放给供应商,如有必要,应做好相应的培训以达成共同认知。

② 审核范围的确认。从本章节前面的描述可以看出,文化审核会有很多现场提问和访谈环节,因此,提前和供应商确定审核范围及参与人员是十分必要的。

③ 访谈人员的确定。在传统的供应商审核中,访谈一直被大家忽略。在文化审核中,除了现场提问外,访谈也是必需的。访谈应覆盖:

a. 核心管理层;

b. 基层管理层;

c. 部分员工。

建议对核心管理层进行单独访谈,其他可以进行圆桌访谈。

④ 访谈环境的设立。访谈室应设立在明亮宽敞的地方,采用圆形座位以避免产生强烈的对立感。

3. 审核报告良好实践

审核结束后,提供一份好的审核报告,将是质量和食品安全文化审核的重要输出之一。审核报告的主要目的是让供应商高级管理层全面了解企业质量和食品安全文化的成熟度现状,找出与标准的差距,从而制定合适的质量和食品安全文化愿景、推进计划和路径。文化审核报告应是独立于正常体系审核的单独报告,输出通常包括以下方面:

(1) 审核总结,包括本次审核的文化成熟度等级及各个维度的成熟度等级,企业的总体优势和不足等;

(2) 各个职级的成熟度等级,包括主要优势和不足;

(3) 整个评估过程中的发现项和反馈项;

(4) 改善行动建议。

对于审核报告发送后，并不意味着审核的结束。根据审核报告的发现项，督促供应商制定下一步的行动计划、文化递进的改善目标和路径，才是审核后企业需要开展的工作。企业也可以将此作为供应商管理和发展策略的一个重要维度，逐步提高供应商的质量和食品安全管理意识、态度和管理水平，共同打造一个高质量的供应链，真正做到质量和食品安全是我和我们的事，做到事事以消费者利益为先。

七、供应商管理模块审核

供应商管理是食品企业在选择供应商、风险评估、问卷审核、现场审核以及绩效管理等方面的一系列管理活动。这些活动旨在确保供应商提供的产品质量和安全符合相关标准。选择和管理供应商至关重要，它直接关系到产品的质量与安全，甚至可能引发舆情事件。

（一）供应商管理当前现状和挑战

供应商管理在食品企业中至关重要，尤其是在大型品牌企业中。当前的供应商管理现状面临诸多挑战，主要体现在人力资源不足、人员能力欠缺、审核缺乏系统性和有效闭环等方面。食品企业供应商管理常见的挑战如下：

1. 人力资源不足

许多企业的供应商管理团队人数不足，无法有效应对较多数量的供应商和品类的复杂性。供应商管理流于形式，没有人力和时间做供应商管理，实际上只查看上游供应商资质材料、检测报告。

2. 人员能力不足

审核人员缺乏必要的专业技能和培训，导致审核质量不高。没有系统的能力提升计划，也没有外部供应商管理专业培训，使得人员在实际操作中难以胜任。

3. 审核缺少系统性和有效闭环

供应商审核流程缺乏系统性，如在以往审核中发现审核表未能覆盖食品安全的重要模块，且新供应商准入和老供应商年度审核缺乏有效的闭环管理，导致问题无法及时发现和解决。

（二）供应商管理审核良好实践

在上游供应商管理审核模块，需评估上游供应商的质量管理体系是否满足法律法规、食品安全和质量要求，同时需要验证实际操作情况是否符合公司供应商管理要求。

1. 供应商管理标准审核良好实践

（1）供应商准入管理

企业应根据供应商的风险等级和品类特性进行分级管理，避免仅采用问卷调查或现场审核的方式，确保有效识别高风险供应商。但有些企业未对供应商进行分级管理，所有供应商均通过问卷调查的方式准入，这样就不能有效识别高风险和劣质供应商，增加采购风险，也不能确保食品安全。也有些企业对所有供应商均通过现场审核的方式准入，增加非必要的出差，也会增加供应商管理成本。总之，无论哪种准入方式，企业都需要对供应商进行分级风险管控，以防止源头供应商的风险传导。

（2）供应商绩效管理

绩效管理应建立明确的指标和评价体系，以多维度评估供应商的表现。企业需定期进行绩效评估，并建立反馈机制，确保供应商能够根据评价结果进行改进。同时，激励机制应与采购量挂钩，推动供应商提升绩效。食品企业供应商绩效管理常见问题主要包括：

① 缺乏明确指标与体系：企业在绩效管理中缺乏清晰的指标和评价体系，导致无法对供应商的表现进行客观评判。这种情况下，企业难以发现供应商的优缺点，无法制定针对的改进措施。如：评价体系不能从食品安全和质量、交货能力、成本、服务水平等多维度进行评价，或缺少其中几个维度。

② 目标设定不可衡量：目标设定不明确、过于宏观，评价时往往依赖个人的感受和印象，这样的主观性评价无法真实反映供应商的绩效水平，也难以推动实际改进。

③ 缺乏定期评价和反馈机制：不能定期评估供应商绩效，企业为了应付大客户的审核，有时仅靠某一位员工完成所有供应商绩效评价工作，这样的评价无法客观真实体现供应商的绩效水平和机会点，上游供应商无法有效转化为实际改进行动。

④ 激励机制不完善：缺乏有效的激励机制，供应商绩效未能与采购量有效挂钩，上游供应商可能会对绩效管理缺乏重视，导致其缺乏动力去提升自身的绩效表现。

⑤ 管理手段滞后：传统的供应商评价管理手段往往工作量大且易出错，缺乏信息化支持，导致管理效率低下，无法适应快速变化的市场需求。

（3）供应商审核标准

审核标准应涵盖法规要求、食品安全、质量要求和客户要求等多个模块，以确保审核的全面性和有效性。企业应定期更新审核标准，以反映最新的法律法规和市场需求，以上讲到的四个主要模块如下：

① 法规要求：审核条款应涵盖所有相关法律法规要求，包括国家和地方的食品安全法规、行业标准等。这不仅包括基本的法规遵循，还应关注特定要求，如返工品的处理和管理、生产日期的管控和标识、过期产品的处理流程、追溯体系的建立与落实。

② 食品安全：食品安全审核应包括 HACCP（危害分析与关键控制点）、GMP（良好生产规范）以及其他食品安全体系的模块要求。在以往审核过程中发现的常见问题有：食品安全体系缺少 HACCP、食品欺诈、食品防护等模块。

③ 质量要求：质量审核应根据企业产品需求，制定从原材料采购到生产过程再到成品的相关条款要求，如原材料的质量标准、生产过程中的质量控制措施、成品的质量标准等。

④ 客户要求：对于大型规模品牌企业，客户要求的审核内容尤为重要。包括客户信息的保密和管理、产品标签和宣传材料的合规性、客户反馈和投诉处理流程等。

（4）合格供应商清单

合格供应商清单确保企业从正规、合法渠道采购原料，避免使用非法或质量不合格的原料，从而保障产品的质量和安全。也有助于企业识别并降低供应链中的潜在风险，包括原料质量风险、交货期风险等，从而确保企业的稳定运营。合格供应商清单常见的问题：

① 供应商清单未能包括所有物料信息，如缺少清洗消毒使用的化学品、缺少维修使用的食品级润滑油等。

② 供应商清单未经过签字批准，仅某位采购人员或质量人员完成清单的统计，其他采购人员和质量人员不知晓清单，当然也无法有效执行。在现场审核时经常会发现物料不在合格供应商清单中。

③ 供应商清单未及时更新，被中止合作的供应商未能在清单中及时删除。如因食品安全问题被中止合作的供应商未被删除或未及时告知相关人员，导致继续采购、使用该供应商的物料，将产生不可估量的损失。

2. 供应商管理执行良好实践

在供应商管理模块的审核中，除了评估供应商管理程序的系统性外，验证其实际管理的有效性同样至关重要。以下是对审核过程中关键要素的详细分析，以及相应的审核方法和问题设计。

评估供应商质量管理人员数量：供应商数量和品类的管理需求与质量管理人员数量直接相关。对于一个拥有 120＋家供应商的企业，若仅有 3 名质量管理人员，显然无法满足对 120＋家供应商的年度审核和日常管理需求。这可能导致审核的频率和深度不足，从而影响供应商的质量控制和管理效果。

关注供应商质量管理人员的专业水平：质量管理人员的专业水平直接影响审核的可靠性和一致性。如果人员缺乏食品行业的实际经验，或者没有经过系统的能力需求识别和培训，审核结果可能无法真实反映供应商的水平。可以通过了解质量管理人员的工作经验，以及查看历年的供应商审核报告和培训记录，来掌握供应商质量管理人员的水平。

抽查历年食品安全质量事件、审核报告、不合格物料是否进行有效性验证和记录，以进行闭环管理。如随机抽查一份审核报告，看上游供应商是否提供了报告中不符合项的有效的原因分析、整改措施和整改证据的记录。

与供应商质量管理人员的直接交流可以快速了解其管理水平和实际操作情况。通过现场询问，可以更深入地评估其对供应商管理的理解和执行能力，现场询问可以设计如下：

（1）人员配置：贵司供应商质量人员总计有几个人？您负责哪些工作内容？

（2）工作经验：您在食品行业工作多少年？在食品企业供应商管理岗位多少年？

（3）供应商管理流程：贵司的新供应商准入是如何做的？供应商绩效是如何管理的？

（三）对行业的建议

（1）提升人员能力：企业应建立供应商质量管理人员的能力矩阵，定期进行培训和能力提升。可以通过与第三方机构合作，进行现场审核能力的提升和经验分享。

（2）数字化管理：利用信息化工具和系统来提升供应商绩效管理的效率和准确性。可以考虑使用供应链管理软件、绩效管理系统等，自动化数据收集、分析和报告生成，减少人工操作的错误和工作量，提高管理效率。

八、实验室良好审核实践

民以食为天，食以安为先。食品生产企业检测实验室是产品质量把关的关键部门，直接关系着食品的质量，实验室的建设在法律法规、标准等方面均有相应的规定。

从法律法规方面来看，《中华人民共和国食品安全法》是食品生产企业检测实验室建设根本性的依据。该法明确规定食品生产企业应具备相应的检验能力，以确保所生产食品的安全。这就从法律层面上要求企业建设检测实验室，对食品生产过程中的原料、半成品和成品进行检测。

在标准依据上，相关的国家标准和行业标准为食品生产企业检测实验室建设提供了详细的规范和要求。例如，实验室的布局要符合 GB/T 27404—2008《实验室质量控制规范　食品理化检测》等标准的要求。在人员资质方面，实验室检测人员须具备相应的专业知识和操作技能，符合特定岗位的能力要求标准。仪器设备的配备上，要满足检测项目的需求，并且设备的精度、准确度等性能指标也要遵循相关计量标准。

同时，食品生产企业检测实验室还应遵循良好实验室规范（GLP）的理念。从样品采集、保存、运输到检测操作流程、数据记录与报告等各个环节，都要有明确的标准操作程序，以保证检测结果的准确性、可靠性和可追溯性。

总之，食品生产企业检测实验室建设必须严格遵循法律法规和各类标准依据，这是保障食品安全、维护公众健康的必然要求。为保障食品生产企业食品安全的质量要求，食品生产企业检测实验室顺利有效运行，企业应具备与生产相适应的质量检测实验室，对实验室进行审核也是供应商审核中的重要环节之一，有效开展实验室审核是供应商审核人员应具备的基本技能。以下为实验室良好审核要求与要点。

（一）实验室管理制度

1. 审核要求

实验室应制定完善的检验管理制度，主要检查以下内容及其执行情况：

（1）实验室是否建立了完善的质量管理体系，包括质量手册、程序文件和作业指导书等。

（2）质量管理体系是否得到有效运行并持续改进以满足检查活动的需要。

（3）实验室是否制定了检查责任追究制度，明确各岗位人员的职责和权限。

（4）对于检查过程中出现的错误或问题，是否有相应的追责和纠正措施。

（5）实验室是否建立了完善的检查资料档案管理制度，确保检查数据的完整性和可追溯性。

（6）检查资料是否妥善保存，并方便查阅和使用。

2. 审核要点

食品生产企业检测实验室管理制度是确保食品安全、产品质量的关键要素，主要包含以下几个重要方面：

（1）人员管理制度。明确人员资质与职责。实验室人员应具备相关专业知识和技能，经培训合格后上岗。对人员的岗位职责进行详细划分，如检测员负责样品检测操作、数据记录；实验室主管负责整体工作安排、结果审核等。

（2）样品管理制度。该制度涵盖样品采集、接收、标识、保存和处置等环节。采集的样品应具有代表性，接收时核对样品信息，标识要清晰准确且唯一性，保存条件要符合检测要求，检测完成后按规定处理样品。

（3）仪器设备管理制度。该制度内容包括仪器设备的采购、验收、校准、使用、维护保养和报废等。新购仪器要严格验收，确保性能符合要求，定期校准，保证检测数据的准确性，使用时按操作规程操作，做好日常维护，延长使用寿命，对无法正常使用的仪器设备按流程报废。

（4）检测方法管理制度。规定检测方法的选择原则，优先采用国家标准方法，当有特殊需求采用非标方法时，要进行方法验证，确保其准确性、可靠性。

（5）环境管理制度。保持实验室环境清洁、温湿度适宜、通风良好，对有特殊要求的检测项目，如微生物检测的无菌环境，要严格控制环境条件并定期监测。

不同实验室的管理制度的详略程度不同，获得 CMA 或 CNAS 的实验室，其制度会更详细，而对于一般实验室，其管理制度参考目录见表 3－25：

表 3－25　实验室管理制度参考目录

编号	制度名称	备注
1	实验室管理制度	
2	人员及培训制度	
3	仪器及器具管理制度	
4	样品管理制度（含留样管理）	
5	实验室标准品的管理制度	
6	实验结果准确性的验证程序和管理制度	
7	化学试剂管理制度	
8	易制毒、剧毒品管理制度	
9	原始记录管理	
10	微生物实验室管理制度	
11	检定菌、培养基管理制度	
12	安全管理制度	
13	清洁卫生管理制度	

（二）人员要求

1. 审核要求

实验室应配置专职检验人员，主要检查以下内容：

（1）实验室是否配置与企业生产规模相适应的检测人员。

（2）检测人员是否具有检验检测相关知识（学历）或者同等能力。

（3）检测人员是否通过实验操作技能和设备操作培训。

（4）有特殊要求的，检测人员应具有在有效期内的健康合格证明。

同等能力是指符合食品生产企业人力资源管理要求，且通过实验操作技能和设备操作培训后考核合格，具有独立承担检测实验能力的人员。

2. 审核要点

主要审核人员数量、人员资质、人员培训等。在实际审核过程，审核人员可以通过座谈、实验考核等方式核查人员实际能力，见表3-26。

表3-26 人员要求审核要点表

序号	检查项目	检查内容
1	人员数量	a. 企业应有不少于2名专职检验人员（含理化检验和微生物检验），且应储备备用检验人员。 b. 品种多、检验项目多的企业应增加检验人员以满足检验需求
2	人员资质	a. 具有高中及以上学历，具有检验检测相关知识。 b. 人员具备实验操作技能，并通过设备操作考核合格能力确认和检测结果比对验证。 c. 人员应能独立或互补完成相应的出厂检验项目
3	人员培训	a. 建立人员培训制度。 b. 制定实验室人员教育、培训和考核等计划。 c. 具备相应人员培训记录或考核记录。 d. 培训内容包括但不限于法律法规、管理制度、检验标准及方法原理、仪器使用与维护、实验室安全与防护、职业道德与从业规范
4	其他	a. 明确人员职责。 b. 定期开展人员的工作质量监督活动，并对监督结果进行评价记录。 c. 检测人员应具有在有效期内的健康合格证明

（三）设备及试剂耗材管理

1. 审核要求

应配备与企业分析检验项目和工作量相适应的试剂及仪器设备等。仪器设备的数量、性能、精度应当满足相应的检验需求，并定期检定或校准，有合格计量证书。主要检查以下内容：

（1）是否具备开展实验室活动所需的设备。

（2）设备是否有唯一性标识。

（3）设备是否有专人管理及建档。

（4）是否有设备使用及维护记录。

（5）检验所需的试剂耗材、培养基、标准物质（含工作对照品）、标准菌株等是否完善保管并建立台账。

2. 审核要点

主要审核设备的硬件条件、设备标识与校准、设备管理与建档等。在实际审核过程中，审核人员可以通过实验室查看、查阅资料等方式核查实验室仪器设备及试剂耗材等相关情况，见表 3 - 27。

表 3 - 27　设备及试剂管理审核要点表

序号	检查项目	检查内容
1	硬件条件	企业应有符合要求的原辅料、中间产品、成品微生物和理化检验室。包含相应的仪器设备、软件、标准物质、试剂、耗材和辅助装置
2	设备的标识与校准	a. 周期检定或校准计划、检测设备是否安排定期检定或校准。 b. 抽取检测仪器，检查是否具有检定报告、贴有校验标志。 c. 所有设备应有唯一性标识，对于需要校准或具有规定有效期的设备应有方便识别的校准状态或有效期的标识
3	设备管理与建档	a. 实验室应配备仪器管理人员，负责仪器建档工作，包括仪器设备清单。档案内容应包括但不限于设备名称、制造商、证书、合同、使用说明书、符合规定的验收报告、配件、检定或校准记录（校准证书或检定证书等）、操作规程、与设备性能相关的维护记录、维修记录及相关文件资料。 b. 检查仪器设备管理制度，是否明确设备仪器操作、清洁及保养等内容
4	设备使用及维护	a. 应有设备使用记录。记录内容包括但不限于使用日期与时间、仪器状态、样品编号、检测项目、检测人员等。 b. 检查设备仪器使用记录与产品批生产检验记录是否对应。 c. 应有设备维护记录
5	试剂耗材	检查实验室试剂耗材、培养基、标准物质、标准菌株等台账。试剂耗材、培养基、标准物质、标准菌株存放条件是否符合要求，是否存在超过保存期限的情况

（四）样品管理

1. 审核要求

（1）是否有样品管理制度。

（2）样品入库管理是否符合要求。

（3）样品是否按要求销毁。

2. 审核要点

主要审核是否建有样品相关的工作制度、样品管理的规范性及样品的销毁等，见表 3 - 28。

表 3－28 样品管理审核要点表

序号	检查项目	检查内容
1	工作制度	有样品接收、标识、入库、领取、检验、保留及处置的程序规定，并有相关实施记录。样品留样应符合程序文件等的要求。
2	样品管理	a. 现场检查是否设有留样室，留样是否按品种、批号分类存放，标识明确。 b. 检查留样室储存样品是否符合标称储存条件。 c. 检查留样记录是否记录相关产品的名称、批号等信息。 d. 查留样数量是否符合留样制度要求，是否能够确保按食品安全国家标准中规定的全部项目（微生物指标除外）完成一次复检要求。 e. 检查留样产品的包装、规格等是否与出厂销售的产品相一致，留样产品的批号是否与实际生产相符。 f. 如有需要还应检查企业是否在企业制度中明确留样产品稳定性实验周期、实验方式、检验项目等内容。检查稳定性实验是否具有相应记录，产品保质期内留样产品稳定性检验是否合格，如有不合格是否立即采取有效的纠正/预防措施
3	样品销毁	检查企业相关记录销毁是否符合产品记录管理制度要求。

（五）环境要求

1. 审核要求

（1）是否与生产区域进行物理分隔。

（2）配备与检测工作相适宜的基本设施。

（3）是否满足消防安全、环境保护以及应急事故处置的要求。

2. 审核要点

主要实验室建设要求等，见表 3－29。

表 3－29 环境管理审核要点表

序号	检查项目	检查内容
1	建设要求	a. 实验室应相对独立，与生产区域进行物理分隔，包括通风和排水系统，以避免发生交叉污染。 b. 实验室的环境设施布局应根据实验规模和检验任务而定，有足够的操作空间，配备与检测工作相适宜的基本设施，以保证检测场所的用水、用电、排风、防尘、控温、控湿、安全防护等设施功能有效。环境设施对检测结果的有效性不应造成不良影响。通常企业内部实验室包括感官检验室（区）、理化实验室和微生物实验室。 c. 实验室设施布局应满足消防安全、环境保护以及应急事故处置的要求，营造舒适安全的实验室工作环境。实验室应配置与检测范围相适应并便于使用的安全防护装备及设施，如个人防护装备、烟雾报警器、毒气报警器、洗眼及紧急喷淋装置、灭火器等，并定期检查其功能的有效性。对检测过程中所产生的三废妥善存放并处置

(六)检测

1. 审核要求

(1)实验室是否按照规定的程序和方法进行检查活动,以确保实验过程的规范性和准确性。

(2)对于关键控制点是否进行有效监控和记录,以确保实验结果的可靠性。

(3)实验室是否根据规定的标准和方法对实验结果进行判定,以确保判定结果的准确性和公正性。

(4)对于不合格的样品或结果,是否有相应的处理措施和记录。

(5)每批食品是否按照企业标准的要求进行出厂检验,每个品种每年是否按照企业标准,对包括产品技术要求在内的所有项目至少进行一次全项目型式检验。

(6)企业自行检验项目的原始记录、检验报告是否真实、规范、完整。

(7)对不能自行检验的项目,企业是否委托具有合法资质的检验机构实施检验,并留存检验报告。

2. 审核要点

主要审核检测标准的管理,检测过程、出厂检、委托检验等方面,必要时增加现场考核试验,见表3-30。

表3-30 检测管理审核要点表

序号	检查项目	检查内容
1	检测标准	a. 建立检测标准查询制度。 b. 配备完整的食品安全标准文本,至少包括原辅料、食品相关产品质量标准、产品企业标准、检验标准等。 c. 核实引用标准是否为现行有效版本,引用版本是否能作为产品质量控制的依据。 d. 检查企业内部检验使用标准是否与企业标准相符
2	检验工作	a. 食品检验由企业检验人员独立进行。检验人员应当依照有关检验及判定依据开展检验活动,不得出具不实或虚假检验数据和报告。 b. 检查中间产品检验报告及原始检验记录是否真实、规范、完整。 c. 检查企业检验数据档案是否符合存档要求。存档目录是否与内容一致、各类检验数据及报告是否分类存放。 d. 随机抽查原始数据记录和检验报告,检查是否与产品批生产记录、出厂检验报告相吻合,原始数据保存期是否符合规定
3	出厂检验	a. 检查企业是否按照企业标准,逐批对成品进行感官、卫生及质量等指标的检验,做到不合格者不得出厂。 b. 检查成品检验记录并现场提问,了解企业是否具有企业标准中规定的产品出厂检验指标检测能力。 c. 根据企业标准,检查所抽产品出厂检验所引用的标准是否齐全、有效。随机抽取2~3个批号的产品,检查是否按企业标准规定的出厂检验项目和检验方法进行检验

（续表）

序号	检查项目	检查内容
3	出厂检验	d. 检查近 3 个月是否有不合格成品。如有，检查产品发货记录，检查企业是否存在将不合格产品违规出厂的情况。 e. 检查已生产产品是否每年按照要求至少进行一次全项目型式检验。检查检验报告项目是否齐全，型式检验是否符合企业标准要求
4	委托检验	a. 检查企业是否委托开展不能自行检测项目的检验，委托的检验机构是否具有合法资质。 b. 在企业所生产的食品品种中，根据实际情况随机抽取一定产品，每个产品随机抽取 1～4 个批次，检查企业出具的出厂检验报告是否包括企业标准规定的全部出厂检验项目，是否明确标注委托检验项目及委托检验机构的名称及报告编号，委托检验报告的相关内容是否与企业标准规定的出厂检验要求一致。 c. 检查委托方和受托方是否签订书面合同，明确规定委托检验的内容及相关技术事项。 d. 对于部分委托检验的，可由企业质检部门出具全项目检验报告，将第三方检验机构检验项目结果引用至企业检验报告，并将外检报告作为附件
5	现场考核	抽查企业自行检验项目的现场操作应规范并符合要求。包含盲样考核，留样复测等（视审核目的而定）。
6	其他	a. 检查企业检测实验室是否按照管理要求、技术要求、过程控制要求、内部质量控制和外部质量评估等要求建设。检查是否设置单独的成品检验室，是否与食品生产区分开。 b. 检查致病菌检测的阳性对照、微生物限度检定是否分室进行

（七）审核常见问题

（1）未按照企业标准要求和标准进行检验、检验项目不齐全。

（2）未签订委托检验合同，委托检验单位不是资质合法的专业检测单位。

（3）引用标准为老标准，未更新。

（4）引用标准不齐全，不能作为产品质量保证的依据。

（5）未妥善保存原始数据和检验报告。

（6）原始检测数据与成品检测对应项目有较大差距。

（7）现场检验试剂污染产品。

（8）实验室致病菌检测不规范，造成交叉污染。

综上，实验室良好审核实践从生产企业检测实验室的制度建设、人员要求、设备及试剂耗材管理、样品管理、环境要求、检测等方面为供应商审核提供了详细的审核要求与要点参考，提高了供应商审核的效率，进而提升食品安全在源头的管控能力。

（八）参考法律法规及标准

《中华人民共和国食品安全法》

《食品生产许可审查通则》（含细则）

《食品质量安全市场准入审查通则》

《食品安全国家标准　食品生产通用卫生规范》(GB 14881—2013)
《食品安全国家标准　食品微生物学检验总则》(GB 4789.1—2016)
《实验室质量控制规范　食品微生物检测》(GB/T 27405—2008)
《实验室质量控制规范　食品分子生物学检测》(GB/T 27403—2008)
《实验室质量控制规范　食品理化检测》(GB/T 27404—2008)
《实验室质量控制规范　食品毒理学检测》(GB/T 27406—2008)

九、环境致病菌监控审核良好实践

(一) 环境致病菌监控简介与标准要求

近些年，国内外频发的食源性疾病给公众身体健康与生命安全、社会、经济带来严重危害，食源性疾病已成为不断扩大的公共卫生问题之一，引起各国政府的高度关注。而食品中致病菌污染是导致食源性疾病的重要原因，预防和控制食品中致病菌污染是食品安全风险管理的重点内容。

环境监控就是通过对食品生产加工区域及其周边相关环境的微生物监测，及时发现污染源，采取相应措施，保障食品的安全性和卫生质量。

我国涉及环境致病菌监控的标准大致有两类，产品标准和生产加工卫生规范。2021 年 9 月 7 日，国家卫生健康委员会和国家市场监督管理总局联合发布了两项食品中致病菌限量的食品安全国家标准，即 GB 29921—2021《食品安全国家标准　预包装食品中致病菌限量》和 GB 31607—2021《食品安全国家标准　散装即食食品中致病菌限量》。这两项标准共同构成了我国对食品中致病菌的限量标准，为确保产品不受致病菌的污染，相关标准又提出了对环境监控的要求，如我国的 GB 14881—2013《食品安全国家标准　食品生产通用卫生规范》、国际上通用的标准 BRCGS 和 FSSC 22000 等也将环境监控列入必要要求中。表 3 - 31 列出了我国的食品通用标准和 14 类产品标准中有关环境监控要求和监控项目，需要时还请查阅相关标准了解全部内容。

表 3 - 31　食品生产环境微生物监控要求

标准	类别	要求\监控项目
GB 14881—2013	通用	根据产品特点确定关键控制环节并进行微生物监控，必要时应建立食品加工过程的微生物监控程序，包括生产环境的微生物监控和过程产品的微生物监控。食品加工过程的微生物监控程序应包括：微生物监控指标、取样点、监控频率、取样和检测方法、评判原则和整改措施等，具体可参照附录 A 的要求，结合生产工艺及产品特点制定。微生物监控应包括致病菌监控和指示菌监控，食品加工过程的微生物监控结果应能反映食品加工过程中对微生物污染的控制水平。
GB 12695—2016	饮料	菌落总数、大肠菌群、沉降菌

（续表）

标准	类别	要求\监控项目
GB 19304—2018	包装饮用水	菌落总数、大肠菌群、沉降菌
GB 8955—2016	食用植物油及其制品	菌落总数、大肠菌群
GB 8953—2018	酱油	菌落总数
GB 17403—2016	糖果巧克力	菌落总数、大肠菌群、酵母霉菌、沙门氏菌
GB 20941—2016	水产制品	菌落总数、大肠菌群、酵母霉菌
GB 8952—2016	啤酒	菌落总数、大肠菌群、酵母菌、啤酒有害菌
GB 17404—2016	膨化食品	菌落总数、大肠菌群
GB 8956—2016	蜜饯	菌落总数、大肠菌群、霉菌
GB 8954—2016	食醋	菌落总数、大肠菌群、酵母菌
GB 8957—2016	糕点、面包	菌落总数、大肠菌群、霉菌
GB 31641—2016	航空食品	大肠埃希氏菌、霉菌、菌落总数
GB 23790—2023	粉状婴幼儿配方食品	沉降菌，浮游菌，表面微生物、沙门氏菌、克罗诺杆菌属（坂崎肠杆菌）、肠杆菌科
GB 29923—2023	粉状特殊医学用途配方食品	沉降菌，浮游菌，表面微生物、沙门氏菌、克罗诺杆菌属（坂崎肠杆菌）、肠杆菌科

（二）环境致病菌监控审核良好实践

1. 审核标准的建立

审核环境致病菌监控需要审核员对环境致病菌监控的知识有一定的了解，并且知晓实施该活动的关键要素，从而依据关键要素建立审核标准。通常环境致病菌监控活动应包括以下内容：

（1）目标致病菌及其指示菌

（2）采样点和采样频率

（3）采样工具和方法

（4）分析方法

（5）异常处理等

GB 23790—2023《食品安全国家标准　婴幼儿配方食品良好生产规范》中的附录A对致病菌监控和需要考虑的关键因素、设计取样方案时应考虑的因素都有详细的说明，建议大家可以参考该标准，以便进一步了解环境致病菌监控的相关要求。

2. 审核的实施

在进行现场审核时采用看文件、走现场、问人员和查记录四个方面完成审核。

（1）首先看文件，环境致病菌监控涉及的文件主要包括环境致病菌监控计划、取样标准操作规程、分析方法等。这里我们重点介绍监控计划要查看什么内容：

监控区域是如何设定的：监控区域的设置常采用的方法是根据风险水平将工厂分成几个等级的卫生区域的方法来确定监控区域。在 GB 17403—2016《食品安全国家标准　糖果巧克力生产卫生规范》也有对这方面内容做一定的说明，我们在设定环境微生物监控区域时，可以进行适当的参考。例如根据生产环境中沙门氏菌和其他微生物对产品的污染风险，取样点可以分为三级：

① 第一级区域包括生产线的产品直接暴露位置及其邻近区域，或其他裸露食品的直接接触面；

② 第二级区域指与第一级区域邻近，但不靠近暴露的产品或不会直接影响产品的区域；

③ 第三级区域是指远离生产线和产品暴露位置的区域。

取样频率是否与分区等级匹配；即通常频率应 1 区＞2 区＞3 区。样品种类是否包括常规取样（固定样）和调查样（随机样）。

（2）走现场，重点即从头至尾对一个过程进行观察，即从样品采集到样品检测和读取结果等。需观察以下内容：

① 环境样品的采集操作：采样工具是否合适，如何避免采样污染等；

② 样品的记录：样品的标识是否清晰；

③ 分析检验操作：检验用仪器设备是否有校准和标识、化学试剂的配制与标签；

④ 分析结果的记录；

⑤ 出现阳性结果时采取了什么措施。

（3）问人员：在审核中无处不在的使用这个方法，这也是我们沟通的基础，问询的对象包括管理人员和一线的操作员工，对一些关键的操作，最好直接询问员工，必要时可以让管理人员和陪同人员离开，减少他们的干扰，尽量保证看到最真实的信息。问询的内容可能涉及以下问题：

① 环境致病菌监控是怎么管理的？

② 谁负责致病菌监控计划？

③ 取样点都包括哪些？如何取样？

④ 检测频率如何规定的？

⑤ 如何根据结果判定环境现状？

⑥ 异常出现时怎么处理？如取样时发现有地面破损，墙体有漏水等。

⑦ 出现阳性结果时要采取什么措施？

（4）查记录：主要检查致病菌监控活动中的相关记录是否符合监控计划的要求，可能包括以下记录：

① 取样记录包括取样点：取样点是否有遗漏的情况；

② 取样频率的核实：取样点的频率是否与计划相符合；

③ 结果的趋势分析：是否有趋势分析图，特别是阳性点地图，并及时更新；

④ 异常结果的处理：阳性结果时所采取的措施是什么，如何记录的。

（三）环境致病菌监控常见问题与风险

食品工厂的环境致病菌监控对预防食品安全危害，确保食品安全是非常重要的。环境致病菌监控中常见的问题如下：

（1）不理解环境致病菌监控的目的和意义：管理层对食品安全质量管理依旧停留在单纯的质量控制阶段，潜意识中认为只要终产品微生物指标满足法规要求就可以了；

（2）人员能力问题：相关人员没有专业知识，不知道所生产的产品有哪些致病菌潜在风险，更不清楚如何实施环境致病菌的监控；

（3）监控区域比例不合理：没有根据产品污染风险的高低，进行区域划分和样品采集。如果将生产区域分为三个区域，通常一区样品占45%～60%，二区样品占30%～45%，三区样品占4%～10%。

（4）指示菌选择不正确：指示菌是指在常规产品检测中，用以指示检验样品卫生状况的指示性微生物。检验指示菌的目的，主要是以指示菌在检品中存在与否以及数量多少为依据，对照国家卫生标准，对检品的加工卫生状况做出评价；通常选择能够评估加工环境卫生状况和过程控制能力的指示微生物，如菌落总数、大肠菌群、酵母、霉菌等。必要时也可采用致病菌作为监控指标。

（5）监测频率未考虑区域分级：所有环境监控均采用一个频次，不能体现风险的高低，不能及时发现潜在风险，容易造成产品的污染；

（6）未对分析结果进行趋势分析，或是曾经发生过阳性的点不能从根本上解决问题，阳性点重复发生；不能在趋势朝不利情况发展时及时采取措施，从而防止和降低食品安全风险。

（四）对行业的建议

环境致病菌监控工作不但需要管理层的认同，更需要很强的专业知识，以下是对行业的几点建议：

（1）致病菌监控的目的是确保食品生产过程中的卫生条件，防止致病菌污染，保障食品安全。通过环境监控致病菌，可以及时发现并采取措施，防止食品安全事件的发生，而不仅是终产品的检测。

（2）对于不具备环境致病菌检测能力的企业，可以借助第三方服务实现这一要求。

（3）采样点风险评估：采样点的风险评估不是一成不变的，要结合工厂实际情况和周围环境的变化而变，每年至少进行一次系统评估。

（4）目标指示菌的选择：建议与专业的微生物专家进行沟通确认，避免选错指示菌。

（5）数据管理：数据必须用于进行趋势分析和出现偏差时立即采取措施。对相关取样点进行趋势分析，如果风险增加，则应采取一定措施，包括对异常点周围扩大取样以追踪污染源、实施清洁消毒程序和必要时加以完善、增加取样频率。

十、员工能力与培训良好审核实践

质量及食品安全管理工作的落地归根结底还是靠人，在供应商审核时，如何对供应商的员工能力与培训工作进行相对系统的评估，乃至引导供应商做到良好实践，本章节将尝试从标准要求、组织架构及岗位职责、高层承诺、职责代理人制度、人员培训、现场实操观察等几个角度来尝试说明。

（一）国际标准对人员能力的要求

从 ISO 9001、ISO 22000、IFS、BRCGS 等国际标准的角度，我们可以了解到质量安全管理对人员的一些要求，在供应商审核时可以作为参考的基本依据，见表 3－32。

表 3－32　ISO9001、ISO22000、IFS、BRCGS 对人员能力的要求

标准名称	章节	具体要求
ISO9001：2015	7.1.2 人员	人员组织应确定并配备所需的人员，以有效实施质量管理体系，并运行和控制其过程。
	7.2 能力	组织应： 确定在其控制下工作的人员所需具备的能力，这些人员从事的工作影响质量管理体系绩效和有效性； 基于适当的教育、培训或经验，确保这些人员是胜任的； 适用时，采取措施以获得所需的能力，并评价措施的有效性； 保留适当的成文信息，作为人员能力的证据
ISO22000：2018	7.1.2 人员	组织应确保运行和保持有效 FSMS 所需的人员是胜任的。 当需要外部专家帮助建立、实施、运行或评估 FSMS 的，则应在签订协议或合同中对外部专家的能力、职责和权限予以规定，并保留文件化信息。
	7.2 能力	组织应： a）确定在其控制下工作的（包括外部提供者）人员所需具备的能力，这些能力影响到食品安全绩效和 FSMS 的有效性； b）在适当的教育、培训和/或经验，确保这些人员（包括食品安全小组和负责实施危害控制计划的人员）是胜任的； c）确保食品安全小组应具备多学科知识和建立与实施 FSMS 的经验（包括但不限于组织的 FSMS 范围内的产品、过程、设备和食品安全危害）； d）适用时，采取措施以获得所需的能力，并评价所采取措施的有效性； e）保留适当的文件化信息，作为人员能力的证据
IFS 食品标准 第 8 版	2.3.1 HACCP 小组	2.3.1.1　组建 HACCP 小组： HACCP 小组应具有适当的专业知识和技能，是一个包括操作人员在内的多学科小组。 2.3.1.2　负责制定和保持 HACCP 计划的人员应有一个内部组长，并接受过 HACCP 原理应用以及具体产品和过程知识的适当培训

（续表）

标准名称	章节	具体要求
IFS 食品标准 第 8 版	3.1 人力资源	3.1.1　人力资源 3.1.1　所有从事影响产品的安全性、质量、合法性和真实性工作的人员应通过教育、工作经验和/或培训获得与其职责要求相称的能力。 3.1.2　对食品安全和产品质量有影响的所有岗位的职责、能力和岗位描述应形成文件并实施和维护。应定义关键角色的任务分配
	3.3 培训和指导	3.3.1　企业应制定文件化的培训和/或指导计划，应考虑到产品和过程的要求和不同岗位员工的培训需求。内容包括： · 培训内容 · 培训频率 · 员工任务 · 语言 · 有资格的培训师/讲师 · 培训效果的评估 3.3.2　文件化的培训和/或指导计划应涵盖所有人员，包括季节工、临时工和外部企业的员工，各个区域的员工。在员工入职时和上岗工作之前，应当按文件化的培训/指导计划对其进行相应的培训。 3.3.3　所有的培训和指导活动应当记录，陈述： · 参训人员名单（包括签字） · 日期 · 课时 · 培训内容 · 培训师/讲师的姓名 应建立验证培训和/或指导计划有效性的文件化程序或计划，并实施及维护

以上质量管理及食品安全管理相关国际标准对企业人员能力及培训均提出了相对一致的要求，主要是以下方向性的框架要求：

（1）能力识别；

（2）开展培训教育；

（3）检验培训教育效果；

（4）保证员工具有相应的能力和意识。

其他还有类似食品安全等标准也有类似的表述，在此不再一一举例。

（二）供应商人员能力及培训审核内容

参照国际质量管理及食品安全标准的要求，以及悦孜在数百次实际供应商审核过程中的丰富经验，总结审核过程应予以关注的几个方面如下。

1. 组织架构及岗位职责

审核人员要求企业提供公司组织架构图，观察质量或食品安全管理部门的位置，以及各部门的职责划分。审核员可以关注以下内容：

(1) 组织架构中应确保有管理者代表或食品安全小组长。该岗位应赋予较高的权责，一般来说应设立在总经理之下、其他职能部门之上，以便推动管理体系的建立及有效执行。食品安全小组长应受过 HACCP 基本理论的培训。质量小组或 HACCP 小组成员应具备多学科的管理团队。

(2) 组织架构中不可或缺的质量部门或食品安全部分应独立于其他职能部门，可以独立行使职权，建议在合规、食品安全等项目上拥有一票否决权。

(3) 质量或食品安全部门负责人应具有相应的学历和专业，建议拥有 5 年以上的专业工作经验，对于规模过亿的大型企业，建议拥有 10 年以上的专业经验。

对于拥有一定规模的企业，比如年度销售额过亿的食品工厂，建议建立较为完整的质量安全部门岗位，如供应商管理、体系管理、现场管控、化验室管理、到货验收、市场投诉处理等岗位，配备适应公司生产规模的团队数量，并覆盖白班及晚班。质量部门需向高级管理者汇报，并与生产研发等部门保持平行，通常质量安全部门组织架构参考如图 3 - 19：

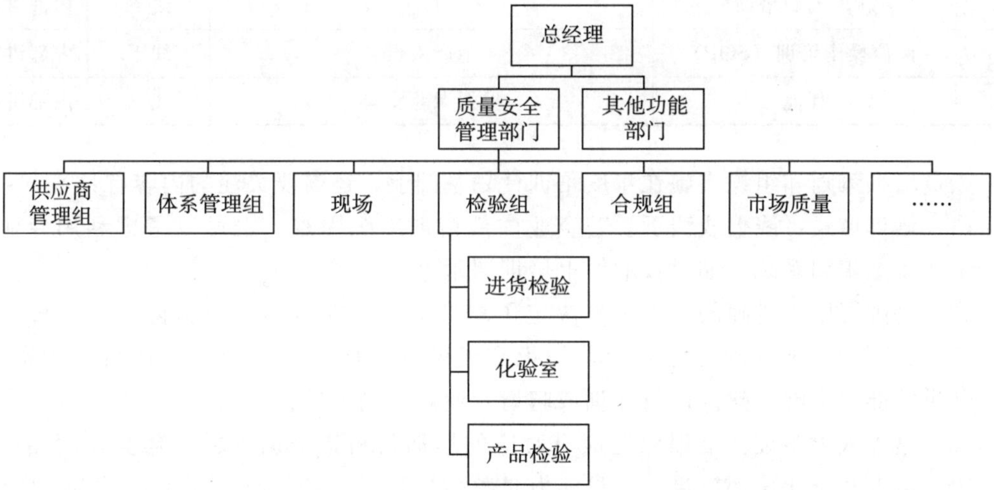

图 3 - 19　质量安全部门架构

2. 高层承诺、意识与沟通

食品工厂应展现其关于质量及食品安全的承诺，同时这也是管理层意识的体现，在审核过程中可以关注以下方面：

(1) 企业质量安全方针、目标。观察工厂是否有展示企业的质量安全方针、目标，以便向所有员工传达。结合当前众多国际标准的要求，企业高层还应有食品安全文化方面建设的承诺。

(2) 沟通。借助审核首次会议或单独与高级管理者进行沟通，观察企业高层是如何指导质量工作开展以及回顾质量目标。审核过程还应了解企业是否有定期的质量安全管理沟通会议及追踪质量安全管理绩效，是否有成熟的持续改善机制，在相关改善过程需要资源支持时管理层的态度。管理评审是否真正执行且由最高层主持。

（3）企业合规管理。合规管理是最能体现管理层意识的项目之一，如果企业管理层知道企业存在较严重的合规问题但仍然漠视，则可能存在较大风险。

3. 人员培训及培训效果验证

审核过程应观察企业是否建立了年度培训计划。培训计划应覆盖的内容举例见表3－33所列。

表3－33 企业年度培训计划示例

序号	培训项目	培训对象	培训形式	讲师
1	管理体系要求	HACCP小组、关键岗位	线下	内部讲师
2	HACCP原理及关键控制点	HACCP小组、关键岗位	线下	内部讲师
3	微生物控制	HACCP小组、生产人员、质量安全人员	线下	内部讲师
4	设备维护保养	生产人员、设备管理人员	线下	内部讲师
5	清洁消毒	生产人员、现场品控	线下	内部讲师
6	虫害控制	生产人员、现场品控	线下	内部讲师
7	新人入职培训	新员工	线下	内部讲师
8	岗位操作培训（SOP）	生产人员	线下	内部讲师
9	其他	根据课题安排	线下	内部讲师

人员培训策划和组织实施在年度培训计划基础上，还需要关注的内容有：

（1）培训形式：线上或线下。若企业内部培训组织困难，也可以考虑利用专业机构的专业线上培训系统，如悦孜的线上培训课堂等。

（2）讲师资质：讲师的能力水平决定了培训效果。在食品安全国际标准、设备管理、安全管理、虫害管理等需要专业知识和经验的课题上，企业应确认讲师的资质。若内部讲师能力不够，建议进行外训或聘请专业机构老师进行内训。

（3）培养效果验证。培训课题应有对应的培训资料，培训资料的翔实程度在一定程度上可以反映企业培训效果。人员能力是整体培训效果应关注的关键，比如CCP监控人员是否能够落地CCP监控，HACCP小组成员是否能在新品开发中进行危害分析，把所学应用到规格书制定、工艺及产品验证等工作中。审核员通过检查培训记录可以寻找人员能力评估的证据，通过与相关人员沟通访谈可以了解其掌握程度。

4. 关键岗位职代人制度

在审核过程中应询问工厂是否设立了职代人制度并识别关键岗位。食品工厂生产车间与产品质量及食品安全相关度较高的岗位，比如食品安全的关键控制点、质量控制点、操作性前提方案等均可以作为关键岗位，这些岗位的操作人员需要制定职代人制度，并在生产作业时配备岗位代理人，当操作人员有突发状况不能履职时可以由代理人替代。

5. 现场实操观察

以上供应商人员能力审核过程中要查看的文件资料，对企业来说往往非常容易制作和保持完善，但培训效果真正落实到生产一线仅关注这些还远远不够。我们在生产现场审核时还应基于人的行为进行观察和测试验证，比如在金属探测、热加工等岗位一般都是CCP点，可以观察、询问在岗员工如何操作、如何纠偏，之后还可以查看录像资料，观察是否按照规定的时间和频率进行。

6. 特定岗位人员能力要求

（1）HACCP小组成员应经过培训，相关管理体系更新时应及时更新培训。

（2）化验员应有培训上岗的相关证明，或者定期通过内外部比对的形式确保其能力符合。

（3）若虫害控制由企业内部人员执行，则主导虫害控制的人员也应经过专业培训。

（4）对于国家规定的相关特定岗位，需要持证上岗，如叉车、锅炉等特种设备操作人员，电工、安全员等电气、安全岗位操作人员等，这些岗位需要持证上岗。

以上是供应商审核过程中对人员能力审核应关注的项目，能罗列出来的往往也是比较通用的内容。具体到部分行业有特殊要求的内容，则可以参考该行业特定的要求予以增加和调整，如食品接触材料、乳制品、特殊膳食等不同行业，还有相对应的更多管理要求。

十一、不合格品管理良好审核实践

（一）不合格品管理基本介绍和相关标准要求

不合格品按照GB/T 13262—2008《不合格品百分数的计数标准型一次抽样检验程序及抽样表》的定义，是指具有一个或多个不合格的产品。不合格品管理一直是食品企业质量管理的重要环节，但现实中往往存在流程不清晰、管理混乱等问题，不仅降低了供应链管理效率，不合格品流出还会引发顾客投诉，影响企业声誉。若在供应商审核中未有效关注企业对不合格品的管理，可能导致供应商误用不合格品，最终流入终端消费者手中，引发不必要的投诉。那么在供应商审核过程中，如何对不合格品管理进行有效审核？应重点关注哪些方面的问题？以下内容为大家尽可能结构化地梳理了相关要点。

全球食品安全倡议（GFSI）通过发布GFSI Benchmarking Requirements（简称BMR）对标要求，对现有全球食品安全相关标准进行认可和基准比较，其中对不合格品管理提出了不合格品管理要求和落地实施两部分要求：

1. 不合格品管理要求

应制定、执行并维护一个全面的文件化程序，以管理不合格的原材料、半成品、成品和加工设备。该程序应遵循国际食品安全标准，并至少包括以下要素：

（1）确定的责任：明确指定负责不合格品管理的个人或团队，确保责任清晰。

（2）隔离/检验程序：建立明确的隔离和检验措施，以防止不合格品的进一步流通。

(3) 风险评估：实施风险评估流程，以确定不合格品可能对食品安全和产品质量造成的影响。

(4) 标识，包括标签：制定标识系统，包括标签，以区分不合格品，确保易于识别和追踪。

(5) 进一步处理的决定：确定不合格品的后续处理措施，包括但不限于放行、返工/再加工、隔离、检验、拒收/废弃。

2. 不合格品管理要求的落地实施

(1) 人员培训与意识：确保所有相关人员都了解不合格品管理程序，并能够正确执行。

(2) 立即行动：在发现不合格品时，应立即采取行动，以保障食品安全和产品质量。

(3) 成品放行：对于不满足规范要求的成品（包括包装材料），除非得到品牌方的书面批准，否则不得加贴品牌方相应标签，并流向市场。

(二) 不合格品管理良好审核实践

作为审核员，在进入食品企业的各个区域时，我们需要对不合格原料、半成品、成品、设备管理进行全面的检查和评估。通常，我们会采用"走现场，看文件，查记录，问人员"的方法来进行系统的评估。现在，让我们探讨不合格品管理的审核要点。

1. 走现场

在进行现场审核时，针对企业不合格品管理的评估，我们可以按照原料不合格、过程不合格、成品不合格等不同阶段，梳理审核思路。以下是具体的审核重点：

(1) 原料不合格管理：

检查原料仓库是否设有专门的待检区和不合格原料存放区。

① 确认不合格原料存放区是否有明确的标识且现场在 CCTV 的监控区域，现场是否有不合格品台账，且账实相符。

② 审核不合格原料是否张贴了不合格品标识，并与合格原料有效隔离，不合格品标签至少包括原料供应商、生产日期和保质期、不合格原因、不合格品处理意见等。

③ 评估是否可以通过 ERP 等 IT 系统对不合格原料进行有效隔离。

④ 检查不合格原料是否按照规定的储存条件进行储存。

⑤ 确认是否有其他措施防止不合格原料被误用或与合格原料混淆。

(2) 过程不合格管理：

确认车间是否有明确的不合格品区域，并检查该区域的标识是否清晰。

① 对于人工挑选出的不合格品是否现场有明确的作业指导书要求。

② 检查不合格品是否按照规定的条件储存及返工，以避免对生产环境和产品造成影响。

③ 金检和 X 光机剔除产品是否受控管理，如放置在加锁的箱子内等。

(3) 成品不合格管理：

检查成品仓库中是否设有不合格成品存放区，并确认标识是否明确。

① 临期和过期产品是否明确分区标识管理。

② 评估 ERP 等 IT 系统是否能够对不合格成品进行有效隔离和管理。

③ 对于有客户 LOGO 的产品处理，是否征得客户同意，并按照要求处理。

通过以上结构化的审核流程，我们可以更系统地评估企业在不同阶段对不合格品的管理是否到位，从而确保产品质量和生产安全。

2. 看文件

目前，大部分企业无论是通过食品生产许可审核或者相关体系认证都会制定相应的不合格品管理程序或制度文件，在现场进行文件审核时主要关注如下问题：

（1）是否制定了明确的不合格品管理程序。

（2）不合格品管理程序中是否明确了不合格品的定义和标准。

（3）是否规定了员工识别和报告潜在不合格产品的具体要求。

（4）是否规定了各个部门在不合格品管理中的职责与分工。

（5）是否规定了原料、过程、成品和销售后发现不合格的处置流程。

通过以上了解以上问题，可以了解企业目前现场管理和文件规定的一致性，并给后续记录审核提供参考。

3. 查记录

查记录时，应关注企业不合格品的处置记录是否完整，包括不合格品的名称、数量、发现日期、不合格原因、处理方式、不合格品评审和处理决定等。不合格评审处理单见表 3-34：

表 3-34　不合格品评审处理单

产品名称		规　格	
不合格品数量/ 该批次生产总量		生产日期	
不合格情况描述			
不合格原因分析			
预防性改进建议			
品控部意见	签名：　　　　日期：　年　月　日		
生产部意见	签名：　　　　日期：　年　月　日		

（续表）

仓库意见	签名： 日期： 年 月 日
不合格产品最后裁决意见	签名： 日期： 年 月 日
总经理评审处置意见	签名： 日期： 年 月 日

同时应验证不合格品的处置记录是否按照既定的不合格品管理程序执行，并且是否有相应授权人员作出处理决定（如拒收、降级、放行、返工等）。

同时可以查看企业是否对原料、过程和成品不合格进行了月度或季度的趋势分析，是否作为管理评审的输入，并满足企业目前的食品安全目标。

4. 问人员

人员访谈是审核时了解现场不合格品管理的有效手段，我们应根据不合格品管理程序确定企业不合格品管理直接参与的部门和人员，一般包括企业质量管理人员、生产人员、仓库管理人员、检验人员等，建议使用开放式问题的方法，鼓励访谈对象详细描述不合格品管理的实际操作。同时，注意倾听、追问和回应技巧，确保信息准确传达。

对于不合格品管理，我们现场审核的提问可以设计如下：

（1）如果在生产过程中发现了不合格品，你首先会怎么做？你能描述一下你是如何识别不合格品的吗？

（2）你如何确保不合格品不会继续在生产线上被误用？当你发现不合格品时，你会如何记录相关信息？你能描述一下不合格品评审的流程吗？

（3）你如何将不合格品从生产线上隔离？你如何报告不合格品的情况给质量管理部门？根据质量管理部门的评审结果，你会如何处置不合格品？

（4）你如何确保不合格品的处理措施得到有效执行？你能分享一次你成功处理不合格品的经历吗？

(5) 在处理完不合格品后，你如何参与分析不合格品产生的原因？你如何根据不合格品的分析结果，制定和实施预防措施？

(三) 不合格品管理常见问题与风险

不合格品管理是审核的重要关注点之一，管理良好的企业，其审核一般问题不多，但对于中小企业，其不合格品管理经常会有各类不符合，表 3-35 罗列了不合格品评审常见的问题。

表 3-35　不合格品管理审核常见问题

类型	常见问题/风险
现场评估	不合格品未分区：不合格品没有在指定区域存放，与合格品混放 不合格品没有标识：现场或仓库不合格品没有明确的标识或颜色管理。 返工产品没有重新进行检验确认：返工产品如人工挑选返工产品未检验直接使用。 不合格品的报废/返工并非由质量负责人给出处理意见或裁定：不合格品的返工报废全部由发起部门（如生产部门或采购部门内部审批）
文件评估	文件评估：无不合格品管理程序或文件与实际执行不一致；实际审核中经常发现企业未制定不合格品管理程序，没有明确的不合格品管理标准；不合格品评审程序与实际执行不一致，无不合格品。
记录评估	不合格品无盘点记录：企业对于不合格品没有盘点记录，账和物不能相对应。 不合格品没有处理记录：企业反馈虽然有不合格，但无记录；审核员现场发现不合格品，但企业无法提供处置记录。 不合格品返工没有记录：不合格品虽然有返工，但是未记录返工情况，后续追溯物料平衡无法满足要求。 严重的不合格没有采取原因分析和纠正措施：对于严重的不合格（如客户退货），企业并未采取原因分析和纠正预防措施，客诉屡次发生
人员评估	人员培训不足：不合格品管理人员未实施培训并保留记录，或者不合格品处置参与人员完全不知道不合格品处置流程要求。

(四) 本章小结

食品企业二方审核不合格品管理的关键点包括：确保有明确的不合格品管理程序，标识和隔离措施到位，不合格评审流程实施，以及不合格品的后续处理措施明确。审核时应重点关注现场管理是否规范、不合格品管理程序文件规定是否被遵守、记录是否完整，以及人员是否经过适当培训。

十二、产品标准与规格书管理良好审核实践

产品标准和规格书是食品工厂中非常重要的文件。在目前零售商对自有品牌的重视程度越来越高的当下，它们扮演了帮助零售商规范被委托方的重要作用。同时，在食品工厂内部，它们也对产品生产的稳定性和标准的一致性发挥了关键作用。产品标

准和规格书详细描述了产品的技术要求、生产工艺、质量标准等关键信息。有效的产品标准和规格书管理对于确保产品质量、满足法规要求、指导生产活动以及维护品牌信誉至关重要。

产品标准和规格书通常包括产品的物理化学性质、感官属性、微生物指标、包装材料要求、储存和运输条件等。其目的是为产品的设计、生产、检验和销售提供明确的技术依据，确保所有相关人员对产品的期望和要求有统一的理解。

（一）产品标准和规格书的相关标准要求

（1）在 GB/T 20001.10—2014《标准编写规则　第 10 部分：产品标准》中，产品标准的定义为：规定产品需要满足的要求，以保证其适用性的标准。

注 1：产品标准除了包括适用性的要求外，还可直接包括或以引用的方式包括诸如术语、取样、检测、包装和标签等方面的要求，有时还可包括工艺要求。

注 2：产品标准根据其规定的是全部还是部分的必要要求，可区分为完整的标准和非完整的标准，由此，产品标准又可分为不同类别的标准，如尺寸类、材料类和交货技术通则类技术标准。

注 3：若标准仅包括分类、试验方法、标志和标签等内容中的一项，则该标准分别属于分类标准、试验方法标准、标志标准，而不属于产品标准。

（2）在《GFSI BENCHMARKING REQUIREMENTS VERSIONS 2020（全球食品安全倡议基准要求 2020 版）》的基准比较文件中，对产品标准和规格书有如下要求：

（3）FSM 10.1 指定要求/规格：对过程的所有输入，包括购买或提供的对食品安全有影响的服务，应建立、实施和保持规定的要求或规范。

（4）FSM 10.2 指定要求/规格：对规定的要求或规范应有评审过程。

（二）产品标准和规格书如何审核

1. 审核前准备

在供应商生产前，需要事先收集委托方委托该食品供应商的产品名录及会签确认的产品标准和规格书，提前确认其版本号和近期修改的内容。如下是审核前需要准备的相关内容：

（1）国家标准收集：根据供应商生产的产品，提前收集产品相关的国家标准，包括通用标准、产品标准、生产经营规范、检验方法与规程等相关的国标、地标、行标、企标，作为验证被审核方的产品标准和规格书的基础依据。

（2）产品标准和规格书收集：若代表品牌方进行的二方审核，则可以提前与品牌委托方沟通，获取被审核方所生产产品的产品标准和规格书，以验证被审核方使用的版本与甲方所使用的现行有效版本是否一致。

（3）历史顾客投诉收集：提前收集被审核方所生产产品的客诉并进行客诉分析，判断哪些可能是由于加工未完全按照规格书的要求进行所导致的，比如：顾客集中投诉薯片比以前更咸、蛋糕的尺寸比以前更小、榴梿千层蛋糕里的榴梿肉比以前更少。

做好审核前的准备工作，能够帮助审核员在现场直击重点问题，提高供应商审核的效率，达到事半功倍的效果。

2. 产品标准书内容审核

不同客户和生产商的产品标准与规格书的内容会有所不同，但有其共同的信息和内容，产品标准和规格书的主要内容与审核要点如下：

（1）品名：品名一般与产品名称保持一致，或增加编号以确保其唯一性，以便在加工过程中易于区分。

（2）原料和配料：原料和配料通常用来对于投料的配比、原料的品牌、等级及其他属性进行约束，如使用巧克力作为原料会需要规定使用的是可可脂或代可可脂，以及其可可脂含量。如使用榴莲作为原料需要规定其品种为猫山王或金枕。不同的原料投入会对成品的品质有较大差异。另外，对于投料比例也需要进行规定，特别是重点原料的添加量，如：大肉粽中每个粽子里五花肉的重量，草莓蛋糕中草莓的颗数，均会影响食品的口味。

审核要点：根据产品标准和规格书中对配料的要求，审核配料环节的投料记录，并确认投入原料的比例是否与规格书一致。审核有特殊需要的原料的采购要求是否满足，如原料品种（黑毛猪或普通白猪，花牛奶或水牛奶，猫山王榴槤或金枕榴槤）、原料规格（20～25 头的南美白虾，JJ 双勾或 JJJ 三勾的智利车厘子）、原料中某些重要元素的含量（巧克力中可可脂含量，五花肉中收入比例等）。

（3）执行标准和等级：产品按照不同的国家标准、地方标准、行业标准、企业标准进行生产。标准中如涉及产品等级，也需要在产品标准和规格书中列明相应等级。

审核要点：产品的食品安全要求必须严格遵守其对应的食品安全国家标准或高于相关标准，可审核规格书中的微生物、污染物指标与其对应的食品安全国家标准中的数值。对于主要原料等级有要求的商品，在规格书中需要明确原料等级，如茶饮中的茶叶等级（特级、一级、二级等）、有食品等级认证要求的食品，需要审核规格书中原料的认证类型与该商品对应的认证证书是否一致（有机面包中使用的有机面粉、有机白糖等，绿色猪肉或普通猪肉）

（4）检测方法和频率：根据产品的执行标准以及与委托方的约定，制定以执行标准为基础的检测方法和检测频率，确保其安全、质量的稳定性。检测不仅局限于对出厂成品的检测，也包括对于加工环节的环节以及关键半成品的定期验证。

审核要点：根据规格书上的成品或半成品的检测频率，要求供应商提供对应的检测或验证记录，如供应商的成品出厂检测报告和型式检测报告，生食水产品工厂定期对于食品接触面的检测，猪肉原料验收时的瘦肉精检测，蔬菜和鲜活水产品原料验收时的农药、兽药残留检测等。

（5）工艺流程图：需要详细描述产品加工的工艺流程图，并识别出关键控制点作为加工过程的指引。

审核要点：现场关键控制点所对应的标准操作流程中的参数与产品规格书一致，同时现场执行的标准也需要与规格书中的参数保持一致，如乳制品的巴氏杀菌温度和时间，熟肉制品的金属异物的测试块的直径和测试频率等要求，审核现场操作和产品规格书的一致性。

（6）保质期和存储条件：对未开封和开封后的产品进行保质期测试或保质期加速测试，并明确产品在指定存储条件下的保质期和开封后的存储条件及保质期信息。

审核要点：需要供应商提供证明该保质期和储存条件下产品仍能够符合其相关食品安全标准的验证记录，如保质期测试结果为7天，商品保质期应根据产品的属性，返回保质期时长的10%～20%，在相同存储条件下将产品的保质期定于5天，检测项目中需要有被时间影响的微生物、新鲜度等指标，并测试至其中某一个指标出现不合格作为保质期测试终点。比如糕点类食品，需要通过保质期测试检测感官指标，理化指标的酸价、过氧化值，微生物指标的菌落总数、大肠菌群以及霉菌。

（7）标签和包装：应由公司内部品控人员或专业的第三方机构进行设计和确认，除符合GB7718的必备要素外，还需要对营养成分表中各营养素按照检测法和计算法进行测算，同时商品包装上的宣传用语需要符合《中华人民共和国广告法》和相关国家标准的要求。

审核要点：需要供应商提供第三方机构针对标签中所有内容的审核合格报告，或者经过内部审核批准的标签样章以及营养成分表的计算依据。

3. 产品标准书管理流程审核

产品标准和规格书的管理流程及关键步骤，以及相应的审核验证措施如下：

（1）需求的识别：食品工程需要识别委托方需求、企业自身、供应商特点和能力，从而制定符合企业自身实际情况的产品标准和规格书。

（2）收集和起草：收集产品相关的法律法规、技术文献等信息，并由产品开发团队或技术部门根据委托方产品设计要求进行编写。

（3）审核要点：需被审核方提供与产品标准和规格书相关的必要的法律法规和执行标准。

（4）验证和确认：根据样本实施验证，根据验证结果持续改进。将改进后的规格书反馈给委托方和供应商，相关方确认无误后签订稿。

（5）审核要点：需被审核方提供关键参数的内部或外部验证结果，如热加工商品加热后的中心温度和微生物检测结果符合要求，食品添加剂添加量的验算过程等相关验证材料，以确保参数的有效性。

（6）分发和培训：定稿后的产品标准和规格书应分发给生产线、质量控制、采购、销售等相关部门，并对相关人员进行培训，确保他们理解和掌握规格书的内容。

（7）审核要点：需被审核方提供产品标准和规格书下发的通知，并能够提供相关人员的所有培训记录。

（8）更新和修订：随着产品迭代或市场变化，产品标准和规格书可能需要更新。应建立标准操作程序（SOP）来管理规格书的修订，确保所有旧版本被正确标记和替换。审核要点：需被审核方提供产品标准和规格书更新和修订的记录，并在最新文件上标注更新的内容概要。

（9）存储和档案管理：产品标准和规格书应按照文件管理制度进行存储，以便于追溯和查阅。应使用电子文档管理系统来提高效率和安全性。

（10）审核要点：需被审核方提供包括产品标准和规格书的文件清单，并确认规格书的标准是否为最新版本，并能在文件上识别规格书的版本号。

（11）执行和监控：生产部门应严格按照产品标准和规格书的要求进行生产，质量控制部门负责监控生产过程，确保产品符合规格书规定的标准。

（12）审核要点：根据产品标准和规格书的要求，对验收、投料、加工、检验等各环节进行审核，确认现场加工的执行标准与规格书内容一致。

4. 产品标准和规格书审核四步法

（1）看文件：如果产品标准和规格书由委托方提供，则可以提前收集委托方的文件与供应商的文件进行比对。如果规格书由供应商自行制定，则可以审核该规格书与其他文件（如验收标准、加工工艺、检验标准等）内容是否一致。

（2）走现场：在现场主要关注产品标准和规格书中的要求在生产加工过程中是否被有效执行，可以通过现场加工与规格书的要求是否一致进行审核，重点关注规格书中涉及的技术参数、验证频次等与实际操作的一致性。

（3）查记录：主要检查两类记录，一类是制定产品标准和规格书过程中涉及的验证记录，如保质期验证试验报告、标签审核报告等；另一类是产品标准和规格书要求的生产过程记录，如验收记录、加工环节卫生检测记录、蒸煮记录、杀菌记录、成品检测记录等，均可作为产品标准和技术规格书在生产加工环节被有效执行的依据。

（4）问人员：对供应商的人员可以询问两方面的内容，一方面是产品标准和规格书的管理，包括发放、回收、更新、废弃、保密性的规则；另一方面是产品标准和规格书的应用，如在某个重要岗位上该段工序在规格书中的要求是什么，可以验证规格书的发放和培训效果。

（三）产品标准和规格书审核中常见的问题

（1）版本问题：审核前收集到的委托方提供的产品标准和规格书与供应商实际留档的版本不同；供应商更新规格书后，体系文件中的版本与现场使用的版本不同，均可判定为版本问题。

（2）一致性问题：加工现场发现现场加工操作与规格书中的技术要求不一致，如配料选择，配料配比，配料等级等；现场标准操作流程中的工艺参数与技术规格书上不一致，如规格书要求杀菌标准为85℃持续15s以上，杀菌工艺的SOP上杀菌要求为75℃持续15s以上，均可判断为一致性问题。

（3）完整性问题：完整性问题：在审核过程中，会发现产品标准和规格书中明显缺少某个模块，如产品检测标准，且在其他体系文件中没有单独将该部分作为一个单独的文件对产品检测的要求进行规范；或者缺少体系文件必需的编号、版本号以及品控、生产等部门的签字确认，均可判定为完整性问题。

（4）保密性问题：工厂内部的产品标准和规格书或委托方提供的文件均需要注意其保密性。电子文件可以通过登录个人信息水印的形式进行保密，纸质文件可以通过水印大码的形式进行保密。现场可以提问员工是否了解文件保密性要求，如从技术和管理上均无法保障，则可判定为保密性问题。

(四) 对行业的建议

根据工艺定期更新：当工厂因设备、原料、配方发生更换时，应及时对相应的参数进行调整，如需涉及工艺调整的，也应及时调整规格书中的生产工艺。

(1) 根据客诉定期回顾：通过对客诉的定期回顾，判断高频发生的客诉中哪些是可以通过产品标准和规格书进一步优化改善的，如口味、规格、外观等，则应定期更新相关文件，以满足顾客对产品的需求。

(2) 新版本拆解、培训：当产品标准和规格书更新时，应及时回收各部门的旧版文件，同时以邮件或其他正式形式发布同步，对涉及标准变化的部门，应及时组织培训，确保新标准在生产过程中被良好执行。

(3) 定期沟通确认有效性：各方应定期对产品标准和规格书的使用情况进行沟通，包括生产商的相关部门的横向沟通，以及委托方与被委托方的上下游沟通，确保规格书在实际生产过程中标准明确且可被执行，如无法满足实际加工生产的，则应尽快调整、优化。

第三节 HACCP体系模块审核

一、HACCP体系良好审核实践

(一) HACCP体系概述

1. HACCP体系是控制食品安全的预防性方法

HACCP起源于1959年，其背景是NASA（美国国家航空航天管理局）、美国陆军Natick实验室和美国空军实验室要求食品公司Pillsbury研制为航天员生产食品时保障食品安全的管理方法和原则。其主要目标是保证航空食品的“绝对”安全，其次是从原先依赖终产品结果检测转向对生产过程的控制。

现在，GFSI组织认可和技术互认的各个食品安全/质量体系中，HACCP体系都是重要的标准模块，如FSSC 22000、BRCGS、SQF、IFS、China HACCP等都包括了HACCP体系要求。HACCP的主要特点是：

(1) 相比于成品抽检验证，HACCP摆脱终产品测试，用更具前瞻性的过程方法控制潜在的危害。

(2) HACCP是提供排除、降低或减小食品安全风险的机制，关注很可能导致无法接受的健康风险的重要危害。

(3) HACCP关注食品安全而不是质量。

(4) 关于HACCP，食品企业有一句经典语句是：“NO HACCP NO Production 没

有 HACCP，就不能生产”。

HACCP 常见术语及定义见表 3－36。

表 3－36　HACCP 常见术语及定义

术语	定义
HACCP	Hazard Analysis Critical Control Points 危害分析与关键控制点
CCP	Critical Control Points 关键控制点
PRP	Prerequisite Programs 前提方案（一般必要程序） 在组织内和整个食品链中，为保持食品安全所必需的基本条件和活动
OPRP	Operational Prerequisite Program 操作性前提方案（特殊必要程序） 用于预防或者降低显著性食品安全危害到可接受水平的一种控制措施或一系列控制措施组合
物理危害	物理危害包括任何潜在有害的异物。根据 FDA 指南，认为 7～25mm 的异物对公众有害，小于 7mm 的异物或对特殊人群（老人和小孩）有害
化学危害	是指存在食品中能导致健康不利影响的化学物质。过敏原是化学危害
生物危害	具有可能导致人体健康不利影响的微生物危害。只关注食源性致病菌

2. HACCP 体系与前提方案

HACCP 体系不是孤立体系，而是基于必要的前提方案（PRP，Pre－Requisite Program）的基石上建立的，如图 3－20 所示。

PRP 的有效建立和执行对 HACCP 控制不可或缺，否则 HACCP 就是空中楼阁。

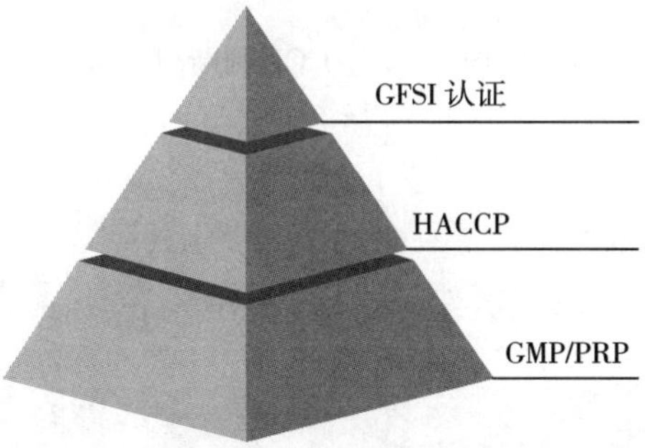

图 3－20　HACCP 需要建立在良好的 GMP/PRP 的基础之上

3. HACCP 判断树

《CODEX 食品卫生通则》附件描述了 CCP 的判断树，如图 3－21 所示。

4. 危害风险评估矩阵图

在建立 HACCP 计划时，要说明危害风险评估矩阵与 OPRP、CCP 的关系。应定义，经评估的高风险是显著危害。显著危害用 OPRP 或 CCP 控制，见图 3－22。

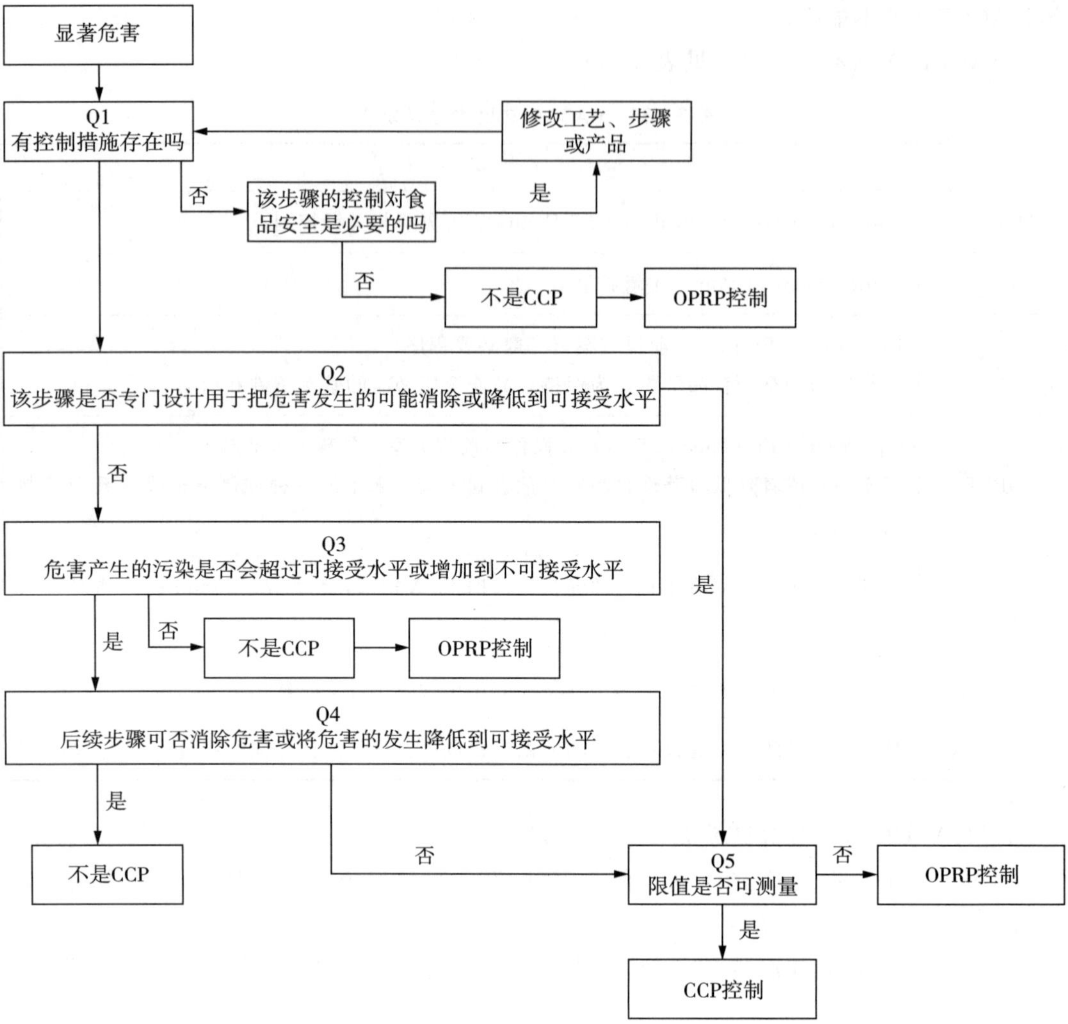

图 3－21 CCP 判断树

危害评估矩阵

可能性 \ 严重性	1	2	3
1	1	2	3
2	2	4	6
3	3	6	9

显著性危害

非显著性危害

图 3－22 风险评估矩阵

5. HACCP 体系的 12 个步骤及 7 大原理

HACCP 体系共有 7 个原理和 12 个步骤，详细信息见表 3 - 37：

表 3 - 37 HACCP 体系的七大原理 12 个步骤

12 个步骤	7 大原理	12 个步骤及 7 大原理
1	/	Assemble HACCP Team 组建食品安全团队
2	/	Describe Product 产品描述
3	/	Identify Intended use 产品预期用途识别
4	/	Construct Flow Diagram 绘制产品工艺流程
5	/	On－site confirmation of Flow Diagram 现场核对工艺
6	1	Conduct Hazard Analysis 执行危害分析
7	2	Determine CCP/sPP 确定关键控制点
8	3	Establish Limits 设定限值
9	4	Establish Monitoring 建立监控措施
10	5	Establish Corrective Actions 建立纠偏措施
11	6	Establish documentation and record 记录
12	7	Establish Verification procedure 建立验证程序

(二) HACCP 体系良好审核实践

在食品企业及其供应商审核过程中，审核人员审核企业的 HACCP 体系运行的有效性十分重要，接下来，从“看文件、走现场、查记录、问人员”四个方面来阐述如何审核企业的 HACCP 体系有效性。

1. 看文件

下面从 HACCP 的 12 个步骤＋七大原理来看 HACCP 体系文件。

(1) HACCP 小组

检查企业 HACCP 小组人员的能力是否满足本企业食品生产经营的专业技术要求，并由不同部门的人员组成。小组应包括质量管理、产品研发、生产工艺技术、卫生清洁、设备设施管理、原辅料采购、销售、仓储及运输部门的人员，必要时可请外部专家参与。审核人员应检查小组成员是否齐全，包括不同职能部门的人员。

(2) 产品描述

审核人员检查产品描述是否满足要求。产品应全面描述，包括相关的安全信息，如成分、物理/化学特性［包括水分活度 (A_w)、pH 值等］、加工方式（热处理、冷冻、盐渍、烟熏等）、包装、保质期、储存条件和销售方法。详细的产品描述可以参考 ISO 22000 中的相关要求。举例如下：

（3）产品预期用途见表3－38：

表3－38　产品预期用途

条款（HACCP）	要求
4.2.3	4.2.3　预期用途的确定 HACCP小组应在产品描述的基础上，识别、确定并记录进行危害分析所需的下列适用信息： a）顾客对终产品的消费或使用期望，法规及相关标准要求； b）终产品的预期用途和储藏条件，以及保质期； c）终产品预期的食用或使用方式； d）终产品预期的顾客对象； e）直接消费终产品对易受伤害群体的适用性； f）终产品非预期（但极可能出现）的食用或使用方式； g）其他必要的信息

（4）产品工艺流程图

采用流程图的形式将产品从原料接收到成品存储这一系列处于控制之下的工艺流程步骤构建出来。工艺流程图应该包括：

① 原料接收与储藏；

② 添加的原料（包括配料水等）、添加的方式（是否手工操作）、预混、中间产品的添加；

③ 加工过程中所使用的加工介质：包括压缩空气或其他气体（空气过滤器、滤芯孔径）；

④ 过滤器、筛网（孔径）、金探和磁铁（测试片强度、磁力强度）；

⑤ 加工设备、储罐和连续系统（如：混合、平衡、缓冲、蒸煮、灌装、冷却）和包装等；

⑥ 带夹套设备；

⑦ 再循环、溢流（如：立即循环到加工中被用掉）；

⑧ 返工品、剩余料、回用料、废料；

⑨ 暂存、存储；

⑩ CCP/OPRP控制点。

审核员对于工艺流程图进行确认，通常流程图检查时，重点检查是否有如下遗漏：

① 查看所有的设备和工艺步骤都在工艺流程图上有所体现，并且没有遗漏和错误；

② 加工子流程和过程，如水处理、压缩空气、蒸汽等；

③ 是否有返工点标注；

④ 相关的预处理工序是否详细进行拆解描述等。

每年HACCP计划验证时，应该由HACCP小组再次进行回顾和核对。

（5）流程图现场验证

审核员检查流程图是否由HACCP小组成员中与生产工艺相关的主要人员进行签

字，如研发、工艺、生产、设备和质量等人员。通过与相关签字确认人员询问其如何进行现场验证。

（6）执行危害分析

危害分析是HACCP体系中的重点，也是难点之一，审核员进行审核，需要重点关注HACCP的危害分析是否恰当和合理。危害分析分为对原物料的危害分析及加工过程的危害分析。

① 原物料及包装材料危害分析及判定

审核员需要审核企业是否对原物料及包装材料进行了危害分析，不少企业会忽略原物料危害分析，因此审核时这将是一个重要的不符合项。

需要进行危害分析的原物料及包装材料包括：原料、辅料、包装材料、返工料、半成品、加工助剂、加工介质（配料水、清洁用水、接触物料的气体等）。在对原物料进行危害分析时，需要对物理、化学和生物危害进行分析。其中对于生物危害，根据行业历史数据、物料本身特性，以及消费者食用等方面来判断原物料风险。对于原料中的异物危害，不同物料包含的异物危害及其可能性和严重性会不同，企业需要结合原料验收的情况进行异物危害分析。而对于化学危害，则可能需要结合国家标准、国家抽检数据及行业信息来进行分析。表3-39是关于原物料危害分析的举例。

表3-39 原辅料危害分析举例

原料名称	储存条件	潜在食品安全危害	危害评估			重要危害	理由或依据：判断理由	控制措施	CCP orOPRP
			严重性	可能性	危害评估结果				
小麦粉	常温	(B)沙门氏菌	3	3	9	(B) Yes	(B) 根据**，识别为致病菌高风险物料。	(B) 致死步骤—烘焙	OPRP
		(C) 小麦（过敏原）	3	3	9	(C) Yes	(C) 该物料成分携带过敏原—小麦蛋白	(C) 过敏原标识	OPRP
		(C)农药残留	1	1	1	(C) No	(C) 根据国家标准和原料标准，该物料成分携带化学的风险	PP：1. 供应商年度测试报告 2. 原料标准 3. 供应商审核	PP
		(P) 金属	3	1	1	3	(P) 原料异物风险评估显示铁屑等细小金属可能在生产中引入	PP：在线过筛、磁选	PP

② 生产过程危害分析及判定

生产过程所分析的对象是工艺步骤＆动作，是工艺步骤本身所能带来的潜在食品安全危害，而不是它所控制的危害。审核人员需要检查工艺步骤分析是否与工艺流程图一一对应，危害分析是否合理？表 3-40 是工艺步骤危害分析举例。

表 3-40 工艺步骤危害分析举例

加工步骤	潜在食品安全危害	危害评估			是重要危害吗？	理由或依据：判断理由	控制措施	CCP or OPRP?
		严重性	可能性	结果	是否是显著危害			
混合：从混合到烤炉进口的设备	(B) 金黄色葡萄球菌生长及产生毒素 高水活度并含有致病菌高风险原料面团/浆料等（A_w＞0.85，4.5＜pH＜9.6）	3	3	9	是	高水活度并含有致病菌高风险原料在面团/浆料中，需要控制/防止金葡菌繁殖到产生毒素水平	高水分原料温度时间控制或过程控制金黄色葡萄球菌生长繁殖	OPRP
加工过程中人手接触	(B) 金黄色葡萄球菌；致病性埃希氏大肠杆菌；病毒	3	1	3	否	人员带入	PP：GMP	无

（7）确定关键控制点

CCPs 是生产过程中的控制点，其可消除或降低危害到可接受水平，是加工过程控制危害步骤的最后一步。审核人员查看 CCP 点是否是通过判断树或者其他合乎逻辑的方法进行判定。

根据 ISO 22000—2016 标准的要求，如果通过危害分析出的是显著危害，必须用 CCP（或 OPRP）控制。CCP 点应是被连续监控，且出现问题时应及时进行纠偏。

（8）设定关键限值

关键限值是指确保食品安全的生产过程中必须达到的参数。例如产品烘焙的温度和时间：热致死步骤：所有产品加热中心温度应达到 82.2℃/0.4s－沙门氏菌热致死温度。

检查企业的关键限值设定的依据是否充分，关键限值设定的依据的来源见表 3-41：

表 3-41 关键限值设定依据

一般来源	举例
科学刊物	杂志文章、食品科学教科书、微生物参考书
法规指南	国家或地方指南，USDA 指南、FDA 指南
专家	技术权威、咨询公司、食品科学家、微生物专家、设备制造商、大学科研机构
实验研究	实验、对比实验室
国际头部企业	客户要求、企业内部的实验和科学研究结果

审核员需要检查企业是否能够提供关键限值的相关判定依据，并查看其是否能充分证明关键限值设定的合理性。

(9) 建立监控措施

监控是对与关键限值相关的 CCP 点有计划地测量或观察。监控方法必须能够检测 CCP 是否失控，并且为将来验证时使用做出准确的记录。针对 CCP 点，审核员需要检查企业制定的监控措施是否恰当和合理，主要是查看：

① 监控什么：温度、时间、流速、金属异物、可见残留、pH 等。

② 如何监控：校准曲线记录、在线分析仪、实验室分析、视觉检查等。

③ 何时监控：可以是连续的记录；非连续的：定时检查。

④ 谁来监控：受过培训可以进行具体监控工作的人员。

对于监控，需要重点查看其监控记录是否进行了保留，并有相关人员签字和复核检查。

(10) 建立纠偏行动

审核时查看企业的纠偏行动是否包括了纠正和纠正措施，纠正是对于偏离 CCP 点的产品，需被判定为不符合产品并得到恰当处理；调整设备参数使 CCP 点恢复到关键限值内的受控状态；同时找到根本原因并制定纠正措施预防 CCP 的再次偏离。

所有的 CCP 偏离和纠偏需要保持相关的记录。

(11) HACCP 的验证和确认

① HACCP 的验证

验证是评估工厂是不是按照 HACCP 计划的文件和程序去做的一个重要环节。审核员应该着重检查：

单个 CCP 验证活动：日常生产中的 CCP 点包括纠偏措施是否都由接受过培训的授权人员进行验证

HACCP 计划的年度验证：通常由 HACCP 小组或内部审核组织完成

HACCP 计划的确认：HACCP 计划应该定期进行确认，以确保危害分析、CCP 点的设置、关键限值、纠偏措施等是适宜有效的。

表 3-42 是 HACCP 年度验证清单举例。

表 3-42 HACCP 年度验证 check list 举例

HACCP 计划名称：		
企业名称：		
验证类型：□定期验证 □其他：		
验证人员： 验证日期：		
验证项目	单项验证结论	备注
1 评价产品和加工过程		
1.1 终产品和原辅料的产品描述是否与实际相符		
1.2 产品预期用途的描述是否与实际相符		
1.3 流程图是否与实际相符		
1.4 实际操作是否与工艺描述相符		
1.5 加工设备有否改变？对食品安全有无影响		
1.6 工作人员有否变化？对食品安全有无影响		
1.7 产量是否改变？对食品安全有无影响		
2 评价产品安全历史		
2.1 是否存在过多的 CCP 偏离		
2.2 同类产品是否不止一次采取产品召回行动		
2.3 是否存在涉及产品安全的消费投诉		
3 评价 HACCP 计划的实施情况		
3.1 检查关键控制点是否按 HACCP 计划		
3.2 检查加工过程中是否按确定的关键限值操作？CCP 的关键限值是否恰当		
3.3 检查记录是否准确按要求的时间来完成		
3.4 监控是否按 HACCP 计划规定的地点予以完成		
3.5 监控活动的频率是否符合 HACCP 计划的规定？监控方法和监控频率是否能够识别偏离		
3.6 当监控表明发生了关键限值的偏离时，是否采取了纠偏行动？纠偏措施应纠正偏离的原因，确保无不安全食品出售		
3.7 监控设备是否按 HACCP 计划规定的频率已予校准		
3.8 是否对 CCP 进行了验证（CCP 监视设备的校准、校准记录的审查、针对性的取样验证、CCP 记录的审查）		

（续表）

验证项目	单项验证结论	备注
3.9　是否对最终产品进行了微生物检测		
3.10　HACCP计划记录表单（CCP的监控记录、纠偏记录、验证记录、设备校准记录、HACCP体系确认记录、支持文件相关记录）是否得到很好保存		
总结论： □HACCP计划的实施达到了预期效果。 □没有严格执行HACCP计划。 □其他：		

（12）记录

对于HACCP的记录，重点是检查是否有如下相关记录：

① HACCP小组人员的培训记录；

② 流程图的现场验证记录和签字；

③ CL值确定的证据和依据；

④ CCP点的监控和纠偏记录；

⑤ HACCP体系的验证记录。

2. 走现场

现场审核时，对于HACCP体系的运行有效性，在生产区域，辅助设施及仓库区域审核时，需要关注其落地实施情况。

（1）生产区域

产品工艺流程图现场验证。现场核对HACCP流程图与现场的相符性。尤其注意查看是否有遗漏的工艺环节：

① 工艺是否足够细化，如预处理、水处理、制冰等；

② 返工及回料如何利用；

③ 加工助剂的添加；

④ 人工添加；

⑤ 包装充气；

⑥ CCP、OPRP的关键限值。

现场验证CCP、OPRP：如现场验证CCP点如金属机等，查看员工操作是否与文件完全一致并通过询问了解纠正与预防措施是否被执行。

（2）生产辅助区域

现场审核查看水处理、空气净化系统、压缩空气系统、蒸汽系统、使用的其他气体如氮气、二氧化碳等与食品直接接触的辅助设施流程及设施，是否与流程图、文件等一致。

（3）仓库

关注过敏原物料在仓库的管理，详见《过敏原审核管理实践》。

关注仓库的原辅料，是否有致病菌高风险物料但没有在原物料的风险评估中体现的。

3. 查记录

对于 HACCP 体系的记录，重点是查看 CCP/OPRP 点监控记录、验证记录。对于监控记录，需要与 CCTV 进行交叉验证，确定 CCP 点是严格按照要求进行执行。

4. 问人员

HACCP 体系的有效性，通过问不同的人员，验证其有效性。

（1）问 HACCP 小组成员：询问 HACCP 小组成员是否知道自己是 HACCP 成员之一，是否了解其在小组中的职责。

① 抽样询问小组成员，其对于三大类危害及 CCP 的理解；

② 抽样询问小组人员关于其接受的培训；

③ 询问工厂有哪些过敏原。

（2）问 CCP/OPRP 操作员工：审核时，结合现场的实际操作，详细询问 CCP 点监控人员的监控程序内容和纠偏措施内容，比如对于金探 CCP 点操作人员，询问：

① 金探关键限值；

② 测试块验证的频次；

③ 测试块不报警如何处理；

④ 运行中产品被金属机剔除如何处理。

（三）HACCP 体系常见问题与风险

对 HACCP 体系的原理和应用一知半解，为了体系审核而做 HACCP，HACCP 起不到应有的预防作用，企业食品安全风险极高。

工厂 HACCP 体系常见问题：国内企业的 HACCP 体系文件水平有待提高。常见的问题举例：

（1）没有对原辅料、包装材料、加工助剂等进行危害分析。

（2）对危害分析的逻辑没有自圆其说。比如，危害分析中，识别为高风险的没有用 CCP/OPRP 管理，中、低风险的反倒用 CCP/OPRP 管理。

（3）工艺流程图太简单，没有包括应有的全部步骤和信息。

（4）CCP 点监控，员工作假记录。

（5）CCP 点记录，在线主管没有签字验证。

（6）很多企业将原辅料验收作为 CCP 管控。这样做不妥之处在于：一是识别的危害不是显著危害；二是 CCP 必须是连续的、整批产品全覆盖的，而抽样检测只对样本负责。

（7）CCP/OPRP 点监控计划不详细。比如，金属机作为 CCP 点，没有很清楚地说明被金属机剔除的产品如何处理，如何查找金属。

（8）HACCP 小组名存实亡。质量部体系负责人把活都干了，HACCP 小组组长没有带领小组成员完成应尽的职责。

（9）HACCP 培训效果差，关键岗位、关键人员不懂 HACCP。

二、金检和X光机审核良好实践

(一) 金检和X光机基本介绍

金检和X光机在食品行业常作为关键控制点（CCP），以便精准检测产品中的金属异物，如铁、不锈钢等，防止其混入对消费者造成伤害。金检的原理是通过产品中的金属破坏平衡线圈，产生感应电流，进而引起金检机报警，被金检机捕捉。一旦发现金属异物，便触发剔除装置将问题产品剔除。

X光机不仅能检测金属，还可发现玻璃、石头等多种异物。它利用X射线穿透产品，不同物质对X射线的吸收和衰减程度不同，探测器接收信号并转化为图像，经分析确定异物位置和形状后，启动剔除机构将含有异物的产品分离出来。

这两类设备应用广泛且十分重要，通常企业将其作为CCP点进行管控，如何在审核中评估其是否满足相关要求，本节内容将进行相关阐述。

(二) 金检和X光机审核良好实践

金检和X光机的检测原理虽然不同，但审核的思路非常相似。我们还是基于“看文件、走现场、问人员、查记录”这四个维度，系统评估设备维护和日常操作是否得到有效管理。

1. 看文件

因为金检和X光机属于精密度较高的设备，且日常生产使用不需要进行复杂维护，因此更关注工厂如何使用好该设备以实现其功能，如何保证设备运行的可靠性。对于金检和X光机的相关文件审核，可以参考表3-43中审核相关文件。

表3-43　金检和X光机审核常见文件与关注点

序号	文件名称	关注点
1	CCP监控计划（最重要的）	描述是否清晰，具有可操作性 异常情况处置是否全面，具有指导性
2	工厂金检或X光机的操作说明书（用于现场张贴）	操作说明书是否易懂 工厂是否对供应商提供的资料结合实际进行转化 工厂操作说明书中是否将异常情况和处理措施进行了描述
3	金检或者X光机的年度验证计划	是否制定了设备年度计划，验证的记录 验证方法是否科学，逻辑是否合理
4	设备说明书	看工厂有没有收集设备厂家提供的设备说明书 是否清楚设备维护和日常使用的关注事项

金检和X光机的相关文件重点关注CCP监控计划的内容，并将该内容规定的具体要求在现场进行相关验证。监控计划表案例见表3-44。

表 3-44 CCP 点监控计划表

关键控制点	显著的危害	预防措施的关键限值	监控				纠偏和纠偏措施	记录	验证
			对象	方法	频率	负责人员			

针对监控计划需要注意以下内容的评估：

（1）预防措施的关键限值

对于金检，需要评估工厂使用了哪些测试块，如不锈钢（316）、铁和非铁三种材质的模块进行验证，对应测试块的关键限值是多少？设置是否合理？具体技术参数的选择可参考《食品异物管理指南》中“4.1 金属探测仪”的相关内容。审核员可根据金检开孔尺寸、产品类型进行综合判断。

而对于 X 光机，通常情况下也使用三种模块，常选择的是不锈钢、玻璃和陶瓷这三种不同密度物质。审核员评估时还需基于产品异物风险判断使用哪种模块更加合理。需要注意的是，金检的模块通常是每个模块只有一个尺寸，而 X 光机厂家提供的测试模块有时会出现同材质多个尺寸连排的测试模块，需要验证企业是否每个模块在设备显示上都能被识别。

（2）CCP 监控

在监控方法上，金检和 X 光机的监控方法不同。基于设备原理，金检是尽可能让模块通过金检开口的中心点（这是最薄弱的位置），而 X 光机的监控则是尽可能将模块放在产品的下方或底部。因此需要评估其放置位置的合理性。

监控频次方面需关注工厂除了按照固定时长进行监控外，是否在生产前，结束后，及换产品时进行监控。

负责人方面需要评估该人员是否为授权的 CCP 操作人员，并且具备操作能力。

（3）纠偏和纠偏措施

CCP 的监控在出现问题时，需要启动纠偏和纠偏措施，需要评估企业对应当采取何种纠偏措施的描述是否清楚，是否能指导员工进行操作。

剔除的产品如何处理？对于剔除的产品，部分企业直接进行报废，这当然是最低风险的操作。但目前多数企业的做法是对剔除产品重新过 3 次金检/X 光机，若都不报警，则视为设备误剔除（毕竟设备都有一定的误剔除率）。这样操作是否得到有效执行。

设备出现故障时如何处理？如主要故障是不报警或者连续误剔除报警时，应当怎么办。文件中是否清楚描述。

(4) 记录保持与验证

对于 CCP 点的记录，不仅要看 CCP 的监控记录更要看异常记录，而对于验证，通常是对于记录的复核及金检/X 光机的年度验证。

针对 CCP 点监控计划的撰写可以参考质安选公众号的文章《金检和 X 光机的 CCP 监控计划如何写才算完善》，评估过程关注策划内容如何准确指导操作。

2. 走现场

金检和 X 光机的现场审核可以概括为“看设备”“看实操”和“看规范”，观察设备的状态是否得到良好维护，查看设备的相关参数设置是否正确（如核心产品的设备参数菜单是如何设计的）。让员工实际进行金检验证，看设备是否能够剔除。查看模块是否尽可能通过中心点等，查看剔除的产品是否上锁？

走现场环节主要是，“看设备”“看实操”“看规范”

(1) “看设备”

观察设备的状态及相关参数设置是否正确，看设备是否能够准确检测及剔除。这时需要特别关注金检/X 光机报警后联动的剔除装置的有效性，如探卡通过后是否可以被有效剔除，剔除翻板是否及时等。

(2) “看实操”

让员工实际操作设备及验证设备性能，评估操作人员对设备的熟练程度，如让员工切换产品参数等。同时可以看现场是否建立了标准的操作要求，员工是否可以按照所建立的标准进行操作。测试样品须放置在最不易检测到的位置，如金检的开口几何中心，也就是对角线即最不灵敏的位置，可能是包装的前面、中间或后部，看工厂是否有明确固定的位置。

X 光机性能测试同样需要考虑测试模块的材质及放置位置，通常 X 光机测试是将其放置在产品底部进行测试。

(3) “看规范”

剔除产品管理是否进行有效管控以避免误用，剔除箱是否得到了管理等。金检/X 光机的管理规范除了现场操作，还可以评估其移动后是否经过验证等。同时，对于测试模块，推荐检查其是否带有对应的材质尺寸证书。

3. 问人员

无论是企业管理者、质量人员、生产管理员还是生产操作工，都非常清楚地知道 CCP 点是审核重点。审核过程中与人员的沟通可以很好地洞察实际的管理水平，可以参考表 3-45 的相关内容进行提问，交叉地进行验证。

表 3-45 金检/X 光机审核提问

序号	提问	评估要点
1	CCP 点金检/X 光机一般都是谁可以进行操作?	评估 CCP 点岗位操作员工是否有授权管理？如岗位员工工作年限，是否定岗。 评估操作员是否有经过系统的 CCP 点操作要求培训？

（续表）

序号	提问	评估要点
2	能演示一下金检/X光机探卡测试操作吗？有哪些操作要求吗？	评估操作员是否清楚和熟悉标准要求与注意事项？ 评估过程涉及开机，结束，产品切换等环节的异常纠正措施员工是否清楚？ 评估员工操作的符合性和对于设备管理要求的理解是否准确全面
3	由金检/X光机剔除出来的产品如何处理？	评估剔除产品是否有及时处理？特别是冷藏冷冻的微生物敏感产品。 评估剔除产品如何做标识和隔离，现场是否有弄混的风险？
4	在剔除的产品中如果发现金属，你们是如何处理？	评估金检/X光机剔除异物的处理流程？ 评估想知道如何汇报，如何调查，如何产品验证，如何分析风险？
5	你了解CCP点吗？接受过什么样的培训？	评估其CCP对于员工培训的内容及有效性

4．查记录

金检/X光机记录方面的内容可以结合走现场和问人员一起评估，主要是查看日常监控记录和年度验证报告。

（1）日常监控记录

① 记录真实性：评估CCP监控记录上信息的真实性，如是否存在提前写记录和滞后补记录的行为。可借助CCTV进行交叉验证，通过查看监控视频中操作人员记录数据的实际时间点，与书面记录进行比对。

② 记录准确性：包括时间的精确记录以及异常情况的详细登记。为后续的问题排查和解决提供可靠依据。

③ 异常情况完整性：着重查看异常情况是否进行了全面且详细记录。异常所采取的应急措施，如产品的隔离、设备的停机检修以及对受影响产品的追溯和处理结果等。

（2）设备年度验证报告

要确认是否具备相应的报告，且报告内容应涵盖设备的关键性能指标测试结果，如金检的灵敏度校准、X光机的图像清晰度和异物识别准确率等。报告应由专业的技术人员或第三方检测机构出具，并附有详细的测试方法、测试数据和结论，以证明设备在过去一年中的运行性能符合食品安全标准要求。金检的年度验证如何做可以参考质安选推文《金检年度验证如何做》

（三）金检和X光机审核常见问题

金检/X光机在审核会存在一些高频问题，将常见问题汇总如下表3－46。

表 3-46　金检/X 光机常见问题项

序号	模块	常见错误
1	人员操作	a. 员工操作不熟练，对操作和纠偏措施的要求不清楚； b. 员工不清楚不合格事件的纠正措施； c. 金检记录时间与实际操作时间不一致，观看 CCTV，员工没有按频率操作； d. CCP 点金检/X 光机岗位员工没有进行培训的记录； e. 没有对剔除箱或剔除品进行有效管控，如指定授权人的上锁管理等，剔除出来的产品有混淆风险； f. 设备验证方法不对（没有带产品测试，没有尽可能过中心点）； g. 设备参数选择不对
2	设备运维	a. 现场测试时产品不能有效剔除； b. 金属探测器误报频繁，现场产品摆放凌乱
3	报表记录	a. 提前做记录，没有及时记录 CCP 点操作时间，记录作假； b. 记录的时间超出规定的频率； c. 报警剔除产品发现异物的事件没有记录在报表上； d. 不合格事件调查表不完整，缺少原因分析，纠偏行动未完成，管理层未签名，没有产品销毁记录等； e. 测试探卡没有证明资料； f. 没有年检报告； g. 纠偏措施没有写完整； h. 没有定期检查 CCTV 来验证记录是否真实在记录

(四) 对行业的建议

(1) 选择性能稳定的设备。尤其是金检，性能稳定性、抗干扰能力等对于后续产品金属异物管控会有良好的效果。

(2) 操作设备人员定岗定人，并进行周期性培训，尽可能选择稳定的员工，培训结合现场操作考核。

(3) 设计系统的数字化记录，通过数据分析提取品类异物分布风险，进而更好地利用数据支持过程管理，在操作有效性上结合 CCTV 进行交叉定期检查。

三、杀菌工艺良好审核实践

(一) 杀菌工艺的基本介绍

食品杀菌工艺是以食品原料、加工食品、烹饪食品等所有食品为对象，通过杀灭或排除能导致主要食品败坏的病原微生物和破坏食品中的酶，尽可能地保持食品内容物原有的风味、色泽、组织状态和营养成分等，同时又能最大限度保留食品原有的营养成分和色香味。因此杀菌是食品加工中保障食品安全的重要环节。

根据HACCP危害分析和风险评估，食品加工步骤杀菌一般被识别为CCP点来进行管控。是审核员需要重点关注的一个步骤。然而，杀菌工艺种类繁多，可分为热力杀菌和非热力杀菌两个类别，其中热力杀菌较常见的有低温杀菌法（巴氏杀菌）、高温短时杀菌法（HTST）、超高温瞬时杀菌法（UHT）、杀菌锅杀菌、焙烤和油炸等；非热力杀菌常见的有紫外线杀菌、臭氧杀菌、过氧乙酸杀菌、过氧化氢杀菌、超高压杀菌等。部分食品工厂可能会由于杀菌设备或监控系统选型不当，不良设计，危害分析不全，设备维护不当等，导致食品杀菌不彻底或存在被污染的风险。

（二）杀菌工艺审核良好实践

作为审核员在杀菌工艺审核过程中，我们如何通过“看文件，走现场，问人员，查记录”的维度真正识别到风险点或机会点？如何帮助企业发现问题点并推动其持续改善，这些问题从技术层面对审核员都是挑战和考验。接下来我们选取其中常见的液体类产品杀菌类型探讨该工艺作为CCP时涉及的确认和验证的审核要点。

1. 看文件

当审核杀菌工艺时审核员首先要深度理解HACCP中“确认与验证”的相关概念，具体内容可以参考质安选推文《IFS工具，帮你轻松分清“确认”与“验证”》，杀菌工艺的文件部分需要围绕着“确认”的内容，系统地评估工厂如何保证杀菌有效性。

（1）杀菌参数制定的依据

我们以乳品或饮料类管道式UHT杀菌为例，关注工艺参数设定与控制文件，如温度、时间、压力等参数。查看产品适用性，考虑不同产品特性对灭菌的影响，此时需要确认企业制定这些杀菌参数的相关科学文献是否有收集和参考，表3-47是乳制品和饮料杀菌参数设定时常参考的相关文献资料。

表3-47 乳制品和饮料杀菌参考文献

序号	发布单位	参考对象
1	中国国家市场监督管理总局、国家卫生健康委员会发布	GB 12693—2023《乳制品良好生产规范》
2	主要起草单位有中国标准化协会、中国包装技术协会无菌包装委员会等	GB/T 22023—2008《液体食品超高温瞬时灭菌（UHT）设备验收规范》
3	美国公共卫生署和食品药品监督管理局颁布	美国PMO优质乳条例（Grade “A” Pasteurized Milk Ordinance）
4	国际食品热处理专业人员协会制定	国际食品热处理专业人员协会（IFTPS）制定的《保持管设计指南（Holding Tube Design Guideline）》
5	由欧洲卫生设备设计组织制定	欧洲卫生设备设计组织（EHEDG）制定的《液体食品连续巴氏杀菌的微生物安全（Microbiologically safe continuous pasteurization of liquid food）》

（2）工厂文件

在食品安全审核中，对于工厂杀菌工艺管理的相关文件进行评价，评估杀菌工艺文件完整性。主要包括工艺流程图和操作手册，设备相关文件，核实人员培训文件，变更管理等。从而确保工艺的合理和安全，具体文件审核的主要清单见表 3－48。

表 3－48 杀菌工艺文件审核清单

序号	评估文件	评估要点
1	HACCP 相关文件	杀菌工艺危害评估是否合理，是否识别了相关的微生物致病菌。 是否设定了关键参数偏离操作限值、关键限值的处理方式。 杀菌工序的确认内容是否完善，并提供相应报告（如杀菌参数确认的依据、杀菌设备热分布与产品热穿透测试报告、测量设备的校准报告、转向阀或排地阀功能验证等）。 监控和验证计划，周期性验证记录
2	杀菌设备操作 SOP/WI	关键参数的设定 允许的偏差 监控的频次 人员如何检查 纠偏行动方案 相应的记录要求
3	维修保养计划	评估工厂维护保养计划是否涵盖杀菌关键设备。 维护计划内容是否有缺失。 审核设备的维护保养记录，查看近期是否有定期的维护、清洁、部件更换等操作
4	人员培训要求	是否对杀菌操作人员、管理人员等进行了培训。 高压杀菌锅的操作工需经过特种设备作业的培训并获得特种设备作业人员证书，如产品出口美国，杀菌操作人员需参加良好操作规范培训（BPCS）并获得相应的证书
5	变更管理	评估杀菌设备是否发生变更，如管道焊接，密封圈更换等。 变更是否进行了充分的验证，如无菌验证。 杀菌参数的相关变更（如温度、流速等）

（3）历史异常产品调查情况

回顾该工厂提供的产品自上次审核至今顾客投诉是否有因微生物造成的不合格品，如有，查看工厂提供的 CAPA，了解一下微生物检查的大概趋势，确定现场审核跟进项和审核重点。

2. 走现场

现场查看杀菌设备的运行状态是否良好，不同杀菌设备的关注点会有所不同，接下来以乳制品杀菌设备（巴氏杀菌、HTST、UHT 等）为例进行现场评估，杀菌设备主要由平衡缸、物料泵、电磁流量计、加热器、保持管、温度传感器、转向阀等构成。

（1）根据工艺流程图，进行现场审核，确认工艺流程图是否完整，是否包含了杀菌过程中的产品回流至平衡缸、以及产品排放的情况等；询问现场负责人员，最近生产线是否有变化，如果有，了解具体的变化内容，确认相应的工艺流程图是否有更新，同时让工厂提供变更的确认报告。

（2）检查设备外观是否清洁、完好，有无破损或泄漏迹象。

（3）查看设备运行参数显示面板，确认温度、时间、压力等关键参数是否符合工艺标准且稳定正常。

（4）观察设备的管道连接、阀门密封情况，确保物料输送顺畅无堵塞。

（5）检查设备周边环境，应保持整洁卫生，无杂物堆积，防止交叉污染。

（6）根据工厂提供的杀菌工序监控计划，让杀菌工序操作人员在控制面板上查看一下各个杀菌关键参数（如杀菌温度、UHT 杀菌时计量泵的频率或流量、冷却时产品与介质的压差）的设定值以及允许的偏差是否与监控计划一致，实际的显示值是否符合要求。修改以上关键参数是否需要权限（例如，修改参数需输入账号和密码，防止被非授权人员修改）。查看工艺管道和仪表流程图（PID 图）找到以上监控设施安装的具体位置、精度等是否符合法律法规、标准等相关的要求，以上监控设施是否进行了校准或检定，且相应的报告在有效期内。结合每个功能模块的审核要点各不相同，以 UHT 杀菌为例具体评估技术要点见表 3－49。

表 3－49　以 UHT 杀菌设备为例评估其控制单元

序号	控制单元	评估要点
1	温度控制	a. 对影响液体食品安全的关键温度检测点的设备应具有双仪表检测功能，即具备一次温度指示计和温度记录仪。 b. 保持管末端需要安装至少一支温度计或温度指示装置。 c. 杀菌过程中数值与温度指示装置尽可能一致，但不能高于温度指示装置。 d. 同时仅有指定人员才能允许调整
2	压差控制	a. 由于换热板片、列管存在裂纹的可能，导致渗漏的风险，产品间回热装置中杀菌产品的压力高于任何未杀菌产品和冷却介质的压力，压差至少为 6.89kPa，以确保在回热装置中的任何渗漏都只能是杀菌处理后的产品进入到换热介质中。 b. 一支压力传感器应安装在产品间回热装置的已杀菌产品管道的出口处，另一支压力传感器安装在回热装置冷却介质管道的入口处。 c. 为确保压差，可在产品杀菌热保持管出口处安装增压泵，可增加产品侧的压力，确保压差达到要求

（续表）

序号	控制单元	评估要点
3	转向阀	a. 为了确保产品热保持的温度符合杀菌的要求，产品转向阀应安装在保持管的出口，并被安装在保持管的出口的温度传感器之后。 b. 美国 PMO 要求转向阀须具备产品转向（回流）、渗漏检测，以及产品流向的功能，并确保经过杀菌的牛奶和未经杀菌的牛奶之间有两道密封件，防止由于密封件的破损导致交叉污染，起防混的作用，同时在断电和压缩空气压力不足时，该阀自动处于转向的位置
4	背压阀	杀菌温度高于 100℃时，为防止保持管内液体汽化而缩短产品停留时间，当保温管处于最高温时，设定的设备压力必须高于产品沸点压力 69kPa（10 磅/平方英寸）
5	保持管	a. 应朝着产品流动方向向上倾斜，GB/T 22023 7.1.3 中要求呈 1/100 倾斜，21CFR 第 113 低酸性罐头食品中要求保持管至少 2.1cm 每米向上倾斜，以避免空气滞留在保持管内，确保在保持管内的产品在保持管的停留时间不会受到气穴影响而缩短。 b. 对产品在保温管内停留的时间应为“最快颗粒”的保温时间。决定于液体的流动形式（层流或湍流）

3. 问人员

现场审核除了观察操作，还需要和操作人员进行深度交流，因为他们是工艺的直接执行者，他们的每一个操作步骤、每一次参数调整、每一项应急处理，都紧密关联着产品最终的质量与安全。如何通过现场人员沟通进行评估，可以参考表 3－50。

表 3－50　杀菌工艺现场人员沟通问题清单

序号	评估模块	问题描述
1	操作流程	a. 您能详细说一下 UHT 杀菌设备的开机、运行和关机的完整操作流程吗？ b. 在操作过程中，如果设备出现温度、压力异常等突发情况，您会怎么处理？
2	工艺参数	a. UHT 杀菌的关键参数（温度、时间、流速等）是如何设定的？依据是什么？ b. 在生产过程中，如何确保这些参数一直处于正确的范围？多久检查一次？
3	设备维护	a. 您能告诉我 UHT 设备的日常维护工作包括哪些内容吗？多久进行一次维护？ b. 如果设备的某个关键部件（如加热管、传感器）出现故障，你们会采取什么措施？会对产品有什么影响？

（续表）

序号	评估模块	问题描述
4	人员培训	a. 如何判断经过 UHT 杀菌后的产品质量是否合格？有哪些检验指标和方法？ b. 如果发现产品质量不合格，会采取什么样的追溯和处理措施？ c. 您能填写一下操作记录吗？ d. 当有异常情况发生时采取什么措施并向谁进行汇报，如温度报警。 e. 您能说一下杀菌关键限值和操作限值分别是什么吗？ f. 如果发生偏离关键限值和操作限值时，应该采取什么措施来进行纠偏；现场让操作人员进行操作，检查是否按规定进行操作。 g. 现场记录杀菌操作人员和负责人员的姓名，查看他们相应的培训证据

4. 查记录

审核杀菌记录时，先看工艺文件，检查是否符合制定的参数标准，再审查过程记录，关注时间顺序是否合理，杀菌参数是否稳定。接着审核人员操作记录，确认操作人员资质及操作是否规范。最后检查设备维护与校准记录，保证设备正常运行。通过全面审查，确保杀菌记录真实、准确、完整。检查记录环节，主要有如下信息：

（1）生产记录：近 3 个月杀菌工序的生产记录，查看操作人员的记录是否准确、完整。包括操作人员签名、记录时间等细节。检查杀菌过程中关键参数（如温度、压力）的稳定性。对于热杀菌工艺，温度波动范围应在可接受的限度内。例如，在超高温瞬时杀菌（UHT）过程中，波动范围是否在允许范围内，审核记录时要查看是否有温度异常波动的情况以及相应的处理措施记录。

（2）杀菌曲线：评估杀菌曲线保存流程，记录结果。

（3）校准记录：检查杀菌设备关键参数的测量设备（如温度计、流量计、压力表等）的校准或/和检定报告，以及日常的比对记录，确认是否与相关文件要求一致。

（4）维护保养：审核杀菌设备的日常维护记录。查看是否有定期对杀菌设备（如热交换器、灭菌锅的密封部件等）进行清洁、检查和维修的记录。对于关键部件的更换记录也需要重点关注。如紫外线杀菌灯的更换时间记录，因为紫外线灯的辐射强度会随着使用时间的增加而降低，影响杀菌效果。

（5）培训记录：检查杀菌操作人员是否有培训经历和证书；是否了解和掌握杀菌设备的构造以及相应的功能；是否掌握杀菌操作规程、监控程序以及纠偏措施。

（6）热分布和热穿透：如适用，查看杀菌设备热分布和产品热穿透的报告。按照美国 FDA 相关要求，进行热分布和热穿透测试的人员和机构必须是热力杀菌权威。也就是说：具有开发，执行并评估热力杀菌工艺和/或无菌工艺的专业能力的个人或机构。如何评估相关的从事热力杀菌的人员和机构是否是热力杀菌权威，包括但不限于以下，如：通过实验室认可的机构、海关总署发布的《通过验证的输美低酸罐头和酸化食品企业名单》中所列出的为企业提供热分布或热穿透测试公司信息、国际食品热处理专业人员协会（IFTPS）专家等。

(7) 异常处置：杀菌工序异常时的记录和相应的措施。当杀菌设备出现故障报警或者温度、压力异常时，操作人员是否及时记录了问题的发生时间、现象，以及采取的紧急处理措施，如是否暂停杀菌过程、对已杀菌和未杀菌的产品如何区分等。

(8) CCTV 回顾：必要时回看 CCTV，查看员工的操作是否符合要求。

(三) 杀菌工艺审核常见问题

食品安全审核过程中杀菌工艺常见问题点包括：设备方面，设备选型不当、老化损坏、清洁不彻底、校准不准确；工艺参数方面，温度、时间、压力控制不合理；操作人员方面，操作不规范、缺乏培训。这些问题会导致杀菌效果不佳，影响食品质量安全，可能使食品出现微生物残留、变质等情况，具体内容见表 3-51。

表 3-51 杀菌环节常见问题

序号	评估模块	问题描述
1	设备问题	a. 设备老化与损坏，杀菌设备的部件磨损或损坏。例如，杀菌釜的密封垫圈老化，导致在杀菌过程中出现蒸汽泄漏，使釜内压力和温度达不到设定的杀菌要求。 b. 温度传感器或压力传感器失灵，这些传感器是控制杀菌过程参数的关键部件。如果温度传感器故障，显示的温度比实际温度低，就会造成杀菌温度不足。 c. 设备清洁不彻底，杀菌设备内部残留有上一批次的食品残渣或污垢。 d. 设备校准不准确，杀菌设备的温度和压力等参数没有定期校准。 e. 对于 UHT 杀菌，产品冷却过程中未安装压差控制装置，如冷却过程中换热设备存在渗漏的情况，产品存在被微生物污染的风险
2	杀菌工艺参数	a. 杀菌温度不足。例如，在罐头食品杀菌过程中，如果没有达到规定的杀菌温度（如对于某些低酸性蔬菜罐头，杀菌温度要求达到 121℃左右），可能无法杀死耐热的芽孢杆菌，这些芽孢杆菌在适宜的条件下会萌发繁殖，导致罐头食品腐败变质。 b. 温度不均匀。在大型杀菌设备或形状不规则的食品杀菌过程中，可能会出现温度不均匀的情况。例如，在静止式杀菌釜中，靠近加热源的区域温度上升快，而远离加热源的区域温度上升慢。如果没有采取有效的搅拌或循环措施，就会导致部分食品杀菌不彻底，工厂缺少热分布验证。 c. 时间控制不准确。由于设备故障或操作失误，导致杀菌时间与设定值不符。 d. 压力控制问题（对于高压杀菌工艺），压力不足。在高压杀菌过程中，如果压力达不到规定值
3	操作人员问题	操作人员没有没有充分的培训

(四) 对行业的建议

杀菌工艺的审核十分考验技术积累，杀菌类型丰富，不同产品杀菌条件差异较大，审核员需要积累专业知识和技能。在评估过程中围绕着“看文件，走现场，问人员，查记录”的维度进行设备评估，工艺参数评估，人员操作规范综合评估。

四、PRP点/OPRP点磁选设备良好审核实践

磁选设备是一种在工业生产中广泛使用的设备，用于去除物料中铁磁性的异物，如铁屑、铁丝、铁钉等铁质杂质。磁选设备通常作为前提方案PRP，安装在生产过程中的破碎机、研磨机、剪切机、混料机和泵等设备前和/或设备后，安装在这类设备前通常用于确保设备安全正常工作；安装在这类设备后，用于监控是否有金属异物产生。当磁选设备的高斯数达到一定程度时（例如>12000Gs），不仅仅可以吸附比较大的铁磁性异物，还可以吸附细铁粉，甚至是磨损的≤3mm的不锈钢碎片（因为该尺寸的不锈钢碎片通常磨损后有一定程度的磁性）。若是基于HACCP危害分析和风险评估，磁选设备被识别为金属异物控制的ORPR点，则磁选设备应按照OPRP的监控要求进行管理。

不论磁选设备是作为PRP点还是OPRP点，其对于确保生产稳定性和产品质量可靠性都非常重要。然而，相关食品企业可能会因为选型不当，设计不当，维护不当和使用不当造成磁选设备无法真正发挥它的作用。因此，作为审核员，在审核过程中，从哪里着手，检查哪些方面，访问哪些人员，查看哪些文件或记录，从而真正识别供应商的机会点推动持续改善尤为重要。接下来我们主要从审核前准备和审核过程中两个阶段阐述对供应商磁选设备审核的相关实践。

（一）审核前准备

作为审核员，在审核之前需要对被审核方有一个基本了解，这样才能更好地设计审核计划。通常建议在审核前，至少需要关注以下几点：

（1）供应商所提供的产品自上次审核至今金属异物不符合的频次及根本原因，确定审核重点。

（2）若适用，回顾上一次供应商审核的审核报告，查看是否有与磁选设备相关的发现项，以确定现场审核的跟进项和审核重点。

（3）向供应商索取最新的HACCP计划，以便事先了解供应商的工艺流程，快速判断金属异物可能产生的位置，初步评估磁选设备布局的合理性，并为后续现场快速确定审核重点。

（二）现场审核

磁选设备的现场审核，跟其他现场审核一样，也需要“查文件”，“走现场”，“问人员”和“查记录”来进行符合性评估和改善机会点识别。

1. 查文件

现场审核磁选设备时需要审核的文件包括：

（1）HACCP计划：了解磁选设备在供应商食品安全管理体系中的作用。

（2）磁选设备的监控，验证和确认计划：了解日常生产过程中，对不同位置的磁选设备的监控要求，验证要求和确认要求，包括何时，由谁，用什么，怎么操作，在哪里记录，发现异常如何汇报处理等。

(3) 磁选设备的清洁检查要求：了解日常生产过程中对不同位置磁选设备的清洁检查要求，包括：多久清洁检查一次、由谁负责、在哪里进行、使用什么工具、如何检查、在哪里记录，以及是否统计吸附磁性物质的重量或数量、大小规格和材质，是否设定了需启动加严清洁检查的预警限值和需立即停线的升级限值等。

(4) 磁选设备的维护维修计划：了解日常生产过程中对不同位置磁选设备的要求（例如材质、类型和磁力要求等）以及定期维护维修计划。

(5) 人员培训要求：了解日常生产中，对磁选设备操作人员（一线操作员工以及维修人员等）的培训要求，例如多久培训一次、培训师能力和培训什么内容。

(6) 管理评审和内部审核：索取最近的管理评审和内审报告，识别重大变化，了解当前质量和食品安全管理体系运行的有效性，以及公司质量改善的重点。通过管理评审和内审的内容，识别与金属异物管理相关的审核线索。

(7) 索取一份工艺流程图、磁选设备监控验证和确认计划、清洁检查计划、磁选设备要求清单（包括位置、名称、类型和预期磁力要求）以及手持高斯计（若有），然后进入生产线现场进行符合性检查和机会点识别。

(8) 历史投诉记录。现场审核前快速查看过去一年的历史投诉记录，查看是否有金属投诉的记录及其发生的频率。

2. 走现场

通常，高效的审核需要灵活、有效地结合“走现场”“问人员”和“查记录”三种审核方法，并且三者需要进行良好的交叉验证。下面列举了与磁选设备在现场审核时要关注的点，及可能用到的审核方法以及需要收集的相关符合性证据。

(1) 根据工艺流程图进行现场审核，确认工艺流程图是否遗漏了目前在生产线使用的任何磁选设备，或者是否有变化未及时更新工艺流程图（包括增加或删除磁选设备的情况）；同时询问现场人员最近生产线是否有变化，若有变化，需了解变化的具体位置，进而确认工艺流程图是否已更新，并让供应商提供变更管理的风险评估和记录，查看是否进行了有效的风险识别和管理。

(2) 根据磁选设备要求清单，确认磁选设备类型，并高斯计现场确认磁选设备的磁力是否满足要求。通常，PRP 点的磁选设备，其磁力建议不低于 8000Gs；OPRP 点的磁选设备，其磁力建议不低于 12000Gs。

现场评估磁选设备的设计是否合理，例如包括但不限于：

① 磁棒间距：若磁选设备是磁棒结构，让供应商提供磁棒设计的要求，查看磁棒中各个磁极之间的最大间隙是否超过 22mm（如图 3-24）；通常磁棒的直径为 25mm，现场需确认磁棒与磁棒之间的距离是否超过了 25mm。

② 物料流速：现场观察磁选设备的物料速度和流量，查看物料流量是否过大，是否会容易造成磁选设备堵塞。同时询问岗位负责的生产员工，平常是否遇到过磁选设备堵料的情况。若遇到过，通常是在哪个部位，是什么原因造成的，是否跟进了相关的改进机会点，是否有相关记录；并让岗位负责的生产员工分享一下，若出现堵料异常，他们通常会如何处理，是否会将进入后端的产品进行回收并进行风险评估以及采取相应措施进行处理等。通过现场观察、询问员工和检查记录的方式，评估日常执行

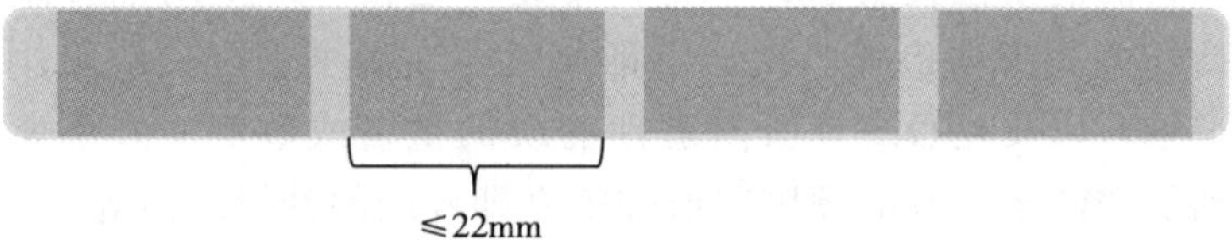

图 3－23 磁棒间距

与程序文件要求的符合性。

③ 旁通侧漏：现场观察磁选设备的设计，查看是否可能会出现因某些原因（例如磁选设备堵塞、磁选设备安装不到位等），导致物料不经过磁选设备直接进入下道工序的情况。现场询问岗位负责的生产员工是否遇到过类似问题，以及他们遇到类似问题时是如何处理的，评估日常执行与程序文件要求的符合性。

④ 在现场观察磁选设备吸附异物的情况，询问岗位负责的员工：通常多久清洁检查一次磁选设备，是否会收集磁选设备上的异物，是否会记录磁选设备识别的异物，如何记录（包括重量、大小、数量等），如何判断是否满足要求，若不满足要求，应如何处理，以及在哪里记录。之后让岗位负责的员工进行现场演示日常清洁检查磁选设备，观察其动作的熟练程度，查看是否有较大异物，员工是如何判断是否异常，是否及时记录，员工是如何判定是否有异常，若发现异常又是如何汇报的。同时随机抽取 3～5 份不同日期、不同位置的清洁检查记录，评估员工的日常执行与程序文件要求的符合性。此外，还需观察岗位员工在操作时是否会剧烈磕碰磁选设备，以避免出现磁选设备能力降低的情况；以及岗位员工在对磁选设备进行清洁检查时，是否在固定的、远离生产线的区域，以避免在清洁检查时对生产线和产品造成二次污染。

⑤ 在现场随机抽取 3～5 台相对比较重要的磁选设备，并记录这几台磁选设备的位置以及负责设备岗位员工的姓名，用于后续在记录检查时进行交叉检查。

3. 查记录

检查记录是确认符合性的重要手段，审核时查验记录，通常需要涵盖以下内容：

(1) 生产员工培训记录：对现场抽取的 3～5 个磁选位置的人员，让供应商提供其相关的培训及培训考核记录。

(2) 对现场抽样的 3～5 台磁选设备，用手持高斯计测量其高斯值，查看是否满足相关要求。同时，让供应商提供过去一年的维护校准记录，确认磁选设备验证频率是否符合相关文件要求。

(3) 若磁选设备是 OPRP 点，需检查磁选设备能力确认报告和磁选设备日常监控记录等。

(4) 磁选设备清洁检查记录。

(5) 开收班检查记录。

(6) 磁选设备吸附物记录。

(7) 磁选设备吸附物趋势分析记录。

(8) 磁选设备异常时（如吸附的异常大小的金属）的处理记录。

（9）必要时调取特定时间段内的 CCTV 记录等。

4. 问人员

现场审核时，通过对不同人员的询问，能够交叉检查文件制度与现场及记录的一致性和有效性。对于询问人员，需要根据现场审核时的相关审核线索和疑点进行有针对性的询问，没有千篇一律的询问问题和方法，但通常会询问以下人员：

（1）询问磁棒监控和清洁人员：询问其在岗位上的工作年限，其主要岗位职责是什么，是否了解磁棒的监控要求和清洁要求，具体的清洁流程和要求又是什么？

（2）询问磁棒的采购人员：询问其磁棒采购的相关参数要求是什么，以及其如何保证所寻找的供应商是可靠的？

（3）询问磁棒安装人员：询问其磁棒安装的标准是什么，安装时需要注意哪些事项？

（4）询问磁棒的强度测试人员：询问其测试的频率和方法要求是什么，必要时让其进行实际的演示测试。

（三）磁棒审核检查表

一个高质量的审核，离不开充分的审核准备，一个全面的审核，离不开审核检查表。表 3 - 52 罗列了磁选设备常见的质量管理要求，以及审核内容和方法，帮助大家在充分了解供应商的内容之上，可以对比这个审核内容，优化自己的审核检查表。

表 3 - 52　磁选设备常见的质量管理要求、审核内容和方法

	磁选设备质量管理常见要求	审核方法和审核内容
1	磁选设备的选择与设计应考虑适宜的磁铁材质，如烧结钕铁硼永磁材料，外套管应密封良好。应根据生产线情况，选择适宜的磁铁类型，如磁隔栅、磁板、滚筒等	检查磁选设备的出厂说明，评判材质是否满足要求
2	磁选设备磁力强度应确保在最大生产流速时可以将目标异物吸附且不被冲回产品中。一般 OPRP 磁铁采购时磁场强度应大于 12000Gs，PRP 应大于 8000Gs	检查磁选设备的出厂说明，以及磁选设备的磁力强度的检测报告
3	通常磁棒的直径是 2.5cm，而磁棒的间距在不影响物料下料的情况下（磁棒表面周围 10mm 范围至少覆盖产品流 80%以上面积），建议是与磁棒的直径保持一致，间距不超过 2.5cm，同时磁极间距最高不超过 22mm	检查磁选设备的出厂说明； 现场检查，特别是 OPRP 点相关的磁棒
4	磁栅格设计应采用多层交叉层叠的方法，以确保其有效地覆盖通过隔栅的物料量，并且不会降低物料的流动或导致堵塞。磁棒宽度需与物料下料宽度匹配，避免短路情况（即不通过磁棒直接到下一工序）。至少 2 层磁栅格结构，推荐使用 3 层以上结构	现场检查； 现场询问同事日常使用情况
5	一般建议在产生摩擦、运动的设备后设置磁选来剔除潜在产生的磁性物质。目的在于监控易磨损设备的正常磨损量或异常情况，前序工艺和原料中所引入的磁性异物	HACCP 工艺流程图； 现场检查； 现场询问生产同事

（续表）

	磁选设备质量管理常见要求	审核方法和审核内容
6	磁选的确认： 第一次使用磁选前需要通过确认测试证明它有足够的强度和覆盖范围在所有产线运行条件下有效去除产品流中的目标异物（考虑类型，尺寸和数量）。此外，当磁选发生变化时也需要进行确认。 在对磁选的确认测试中应明确对于目标异物的剔除比例要求，并且需要考虑以下因素： a. 该工序需要控制的所有目标异物类型及关键限值尺寸 b. 每一个产品族 c. 低污染比例及高污染比例	针对 OPRP 的磁选设备，检查磁选设备能力确认报告
7	开班前应确认磁选器通过的物料流量，物料温度符合要求，是否有磕碰和振动、物料堆积，或高速冲刷	开班检查记录； 现场询问岗位同事
8	开班、收班、定期（根据工艺特性和风险评估而确定频率）确认磁选的完整性，并清理磁选吸附物（禁止使用压缩空气清理磁选设备，磁栅清理区域需要远离生产线暴露位置），避免磁选设备上金属屑堆积，同时需记录磁铁捕获的异物，包括数量，大小和特征；对于最后一道磁铁，应基于生产线运行和产品的历史数据，建立在规定周期内被剔除的已确认含异物的包数/件数/重量和包含异物形状、种类和尺寸描述的限值	开收班检查记录； 现场询问岗位同事； 现场演示如何进行清洁检查，异常处理等； 磁选设备定期清洁检查记录； 磁选设备吸附物记录和趋势分析； 异常报告； 必要时可调取 CCTV
9	磁选的验证 至少每半年对磁选磁力强度进行检测，在以下情景，需要加密验证频率： a. 温度变化大或磁选暴露在设计温度范围以外 b. 在靠近磁铁的地方使用焊接设备 c. 磁铁外壳损坏 d. 粗暴搬运，如掉落	磁选设备定期校准记录
10	检测磁力强度时每根磁棒至少选择 3 个点测试强度，需每个点强度都满足最低磁场强度要求，并且确认是否存在磁环缺失情况，并保持记录。	磁选设备定期校准及记录

（四）相关建议

对于磁棒管理，很多企业还存在诸多不足之处和改善机会，审核员对磁棒的审核深度也需要进一步加强。对于生产企业和审核员来说，最重要的是需要关注以下三点：

(1) 供应商选择：市场上除铁器的质量差异很大，选择供应商尤为关键，选择好的供应商则无需担心退磁率的问题。

(2) 除铁器的选型：针对不同的产品类型，所需的除铁器会有所不同，包括磁棒、磁板、磁筒等多种形式，与专业供应商进行沟通选型，避免选型错误。

(3) 吸附异物的过程数据统计：对于吸附的异物，需要进行收集和统计，并将除铁器吸附的异物数量作为一个预见性指标，避免仅将除铁器视为控制措施。

五、OPRP 点筛网和滤网良好审核实践

(一) OPRP 点筛网和滤网基本介绍和相关标准要求

在食品行业，液体类产品或原料处理通常都会使用滤网，而颗粒状固体或粉状产品或原料处理则可能会使用到滤网和筛网。滤网和筛网虽然形状和安装方式有很大不同，但对二者的管理方式有很多相似之处。在企业的 HACCP 分析中，滤网和筛网的管理通常被视为显著物理危害的重要控制措施，多数企业会将筛网或滤网作为 OPRP（操作性前提方案）进行管理。品牌客户甚至在供应商审核标准中，将滤网和筛网管理的失效视为重大不符合项，甚至是 KO 项（一票否决项）。历史上，很多供应商因滤网或筛网破损和管理不当，导致重大投诉和产品召回，从而产生严重损失。

在供应商审核过程中，如何有效地审核作为 OPRP 点的筛网和滤网，并关注哪些关键问题呢？接下来，我们将梳理一些结构化的要点，旨在帮助大家更好地理解和实施筛网和滤网管理。

(二) OPRP 点筛网和滤网管理良好审核实践

作为食品供应商审核人员，对筛网和滤网管理进行系统评估是确保产品质量和安全的重要环节。为了全面、系统地评估企业的筛网和滤网管理是否有效，您可以从“走现场、看文件、查记录、问人员”四个方面进行评估。接下来，让我们探讨筛网和滤网管理的审核要点。

1. 走现场

在滤网和筛网的现场审核环节，我们通常采用“产品（Product）、过程（Process）、场所（Place）”的 3P 原则来全面评估现场的运作状况。通过聚焦于这三个核心要素，我们可以更有效地识别潜在风险点，评估控制措施的实施效果，并促使企业采取有效的纠正预防措施。

(1) 产品维度

① 筛网和滤网表面完整性检查：筛网和滤网的完整性是确保食品加工安全的关键。审核时应使用强光手电筒，对正在使用或已清洁待使用的筛网和滤网进行全面检查。在充分照明的情况下，检查筛网和滤网表面是否有破损、线头、超过可接受的扩张以及粘补现象，如图 3-24。

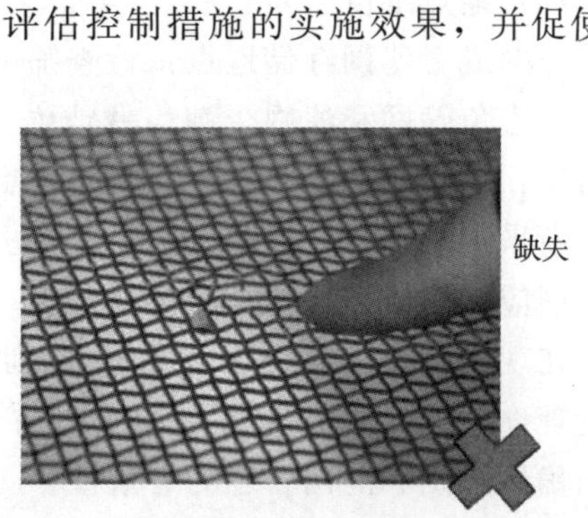

图 3-24 筛网检查常见问题——破损

② 筛网或滤网包边检查。筛网和滤网包边不良是终产品中引入异物的常见原因之一。审核时，审核员可以要求企业拆除筛网和滤网进行检查，对于筛网，重点查看边缘是否有断丝、脱丝等问题；对于滤网，需关注过滤器本身的完整性和过滤器垫圈的完好性，并确认筛网和滤网的包边是否正确安装，有无缝隙，以避免形成旁通，如图 3-25。

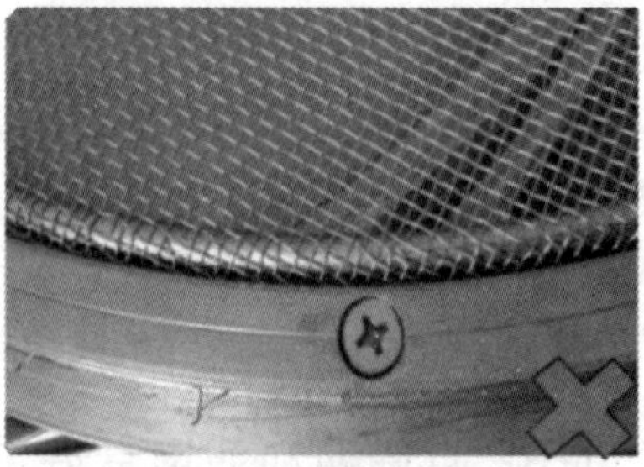

图 3-25　筛网包边常见问题——旁通

③ 剔除物检查：检查剔除物的状态。对于筛网，检查筛上物是否有异常异物，以及企业对筛上物的收集和处理方式。对于过滤器，检查过滤器中的异物是否有异常，以及企业如何有效处理这些异物。

④ 规格匹配性检查：检查筛网和滤网的规格是否与产品文件要求和规格书相匹配。例如，在筛选不同粒径的固体原料时，需核实筛网的目数和孔径是否正确，以确保能有效地筛选出符合产品要求的原料颗粒大小。

（2）过程维度

① 筛网或者过滤器使用中检查：查看在产品生产过程中，是否对筛网和滤网的运行参数进行监测。例如，对于高速运转的筛选设备，检查筛网的振动频率、液体过滤时的压力等参数是否符合文件要求，以确保筛网和滤网在正常的参数范围内工作。

② 筛网和滤网使用后清洁状态检查：现场抽查企业清洗间已清洁的筛网或滤网，检查其表面是否有明显的污渍、残留物或变色现象。例如，对于用于过滤食用油的滤网，若有残留油脂，其表面会呈现油渍光泽或颜色变深。重点查看滤网的边缘和框架部分，因为这些地方容易积聚污垢。检查是否有灰尘、食品颗粒或其他杂质附着，特别是在角落和缝隙处。将滤网靠近鼻子，轻轻嗅闻其气味，如果闻到酸臭味、腐臭味或其他异常气味，可能是因为滤网清洗后有食物残留变质，或者是清洗过程中受到了污染。

（3）地点维度

筛网或者滤网存储地点：检查筛网和滤网的存储环境是否合适。存储地点应干燥、清洁，避免筛网和滤网受潮生锈或滋生细菌。检查是否存在筛网叠放，导致筛面变形的情况，见图 3-26。筛网和滤网是否按照类型、规格、使用状态等进行分类存放。例如，新采购的筛网和滤网应与已使用过等待清洁或维修的分开存放，不同规格的筛网和滤网应标识清楚，便于取用。

在现场审核中，我们通过 3P 原则（产品、过程、场所）来评估筛网和滤网的使用和管理，重点检查其完整性、包边质量、规格匹配性、运行参数监控以及清洁状态，从而确保筛网和滤网管理的有效性。

2. 看文件

既然过筛和过滤通常作为 OPRP（操作性前提方案）管理，很多企业都会建立针

图 3-26　筛网存放常见问题—筛面上存放工器具

对过筛和过滤的行动准则，在现场进行文件审核时，主要关注如下问题：

(1) 工艺流程图中是否识别了过滤或过筛工艺。

(2) 是否规定了过筛和过滤环节 OPRP 行动准则。

(3) 是否规定了筛网和滤网的验收标准要求如材质（要求食品级不锈钢或符合食品接触材料标准的塑料等）、尺寸精度、过滤效率、最大允许压力差等

(4) 是否规定了滤网和筛网安装和拆卸、检查要求。

(5) 是否规定了滤网和筛网清洗消毒 SOP 要求。

(6) 设备维护保养计划是否包含筛网和滤网更换要求。

筛网和滤网管理文件审核时应当重点关注行动准则要求，表 3-53 为企业过滤 OPRP 行动准则要求举例，同时也应当关注企业有没有规定定期拆卸检查、更换要求。

表 3-53　过滤 OPRP 行动准则

OPRP 编号		OPRP1
原料/加工步骤		过滤
危害类别		物理性：金属、石粒、玻璃等杂质
监控措施	对象	①过滤孔径：50 目 ②过滤袋无破损
	方法	①使用前目视检查是否干净完好 ②使用过程中监控压力表压力＜3bar ③每 12 锅检查滤网是否破损
	频率	①使用前 ②压力表压力≥3bar ③每 12 锅清洗检查
	人员	生产工评价，生产主管确认

（续表）

OPRP 编号	OPRP1
纠偏行动	①问题产品隔离标识，生产工上报通知生产主管和品控现场评估是否需要返工、报废还是放行 ②重新更换滤网
记录	过滤袋检查记录表
验证	生产主管定期审核过滤袋检查记录

3. 查记录

查记录时，应重点关注企业过滤/过筛 OPRP 行动准则监控记录和日常过滤网或筛网检查记录等。过滤网检查记录见表 3-54：

表 3-54　筛网/滤网使用检查记录表

检查日期	时间	滤网/筛面是否完整	滤网/筛网边是否有毛刺/毛边	滤出物/筛上物种类	滤出物/筛上物数量	滤出物/筛上物是否异常	纠正措施	检查人
注：1. 对应验证项目合格可填写“√”，不合格可填写“×”，并填写纠正措施。 2. 滤网/筛面检查需要每批次做一次，滤网/筛面检查每班一次，异常异物需要进行收集；								
使用区域：			验证人：				审核人：	

同时还应关注企业维护保养计划是否包括筛网和过滤器的定期维护、更换要求，筛网/滤网日常清洁记录以及食品级证明文件。

4. 问人员

在二方审核时，人员访谈是了解企业文件管理要求是否落地实施的重要手段。成功的人员访谈能让员工了解审核发现的重要性，从而更容易推动企业的根因改善。在进行供应商滤网/筛网管理审核时，可以利用 STAR 访谈模型进行人员访谈，重点访谈人员应为过滤或过筛步骤的 OPRP 监控人员。人员访谈的主要问题可以参考如下：

（1）咱们公司主要生产哪些种类的食品呢？哪些产品生产过程会用到滤网/筛网？

（2）这些过滤网的规格和目数是什么？如何选择才会避免选错？

（3）您对滤网/筛网进行检查的频率是什么？

（4）您是如何检查滤网/筛网的状态？如何确认它们状态良好？麻烦您演示操作一下检查过程。

（5）滤网/筛网可能出现哪些异常？出现这些异常，你的处理措施是什么？

(6) 滤网/筛网的剔除物，您需要如何检查和处理？遇到过哪些异常的剔除物？您是如何处理的？

(7) 您接受过关于滤网/筛网管理的哪些培训？培训频率是多久？主要讲什么内容？

(三) 筛网/滤网管理常见问题与风险

筛网/滤网管理作为企业异物控制的重要手段，管理失控可能会导致企业出现严重异物投诉，但是供应商审核中筛网和滤网管理经常会有各类不符合，表 3-55 罗列了评审常见的问题。

表 3-55　筛网/滤网管理审核常见问题

类型	常见问题/风险
现场评估	a. 筛网/滤网选型错误：未安装正确规格和目数的筛网/滤网。 b. 筛网/滤网破损或包边不良：筛网/滤网破损，包边有线头或者金属丝，日常检查多为目视，未借助强光手电筒。 c. 使用中和使用后的检查和清洁：使用中未监控过滤压力和过筛频率，使用后清洁消毒状态不佳，清洁消毒方式不当。 d. 存储地点和条件不当：存储条件和区域不当，导致交叉污染。 e. 剔除物的管理：对于异常的剔除物，没有进行相关的登记和汇报处理。 f. 安装方式不正确导致有物料未通过过筛/过滤进入下一道工序
文件评估	行动准则未现场张贴或操作性差，未识别过滤或过筛过程：过滤、过筛建立了行动准则但可执行性差；现场未张贴；未识别过滤或过筛过程
记录评估	a. 无筛网/过滤器检查记录或虚假记录：企业未对筛网和过滤器建立检查记录，员工检查记录未按照要求填写。 b. 筛网/滤网破损或筛上物/滤出物异常没有采取原因分析和纠正措施：历史发生过筛网/滤网破损但是未启动纠偏，也未保留纠偏记录
人员评估	人员培训不足：OPRP 过筛/过滤人员未接受培训并保留记录，或者过筛/过滤人员完全不了解 OPRP 行动准则和筛网检查要求

(四) 本章小结

在食品行业，筛网和滤网是 OPRP 中控制异物的核心。审核时，依据 3P 原则，现场核查产品完整性、包边、规格，检查过程参数、清洁状况及存储环境。文件审核侧重于工艺和操作规范，记录审核关注监控和维护记录。通过 STAR 模型访谈员工，掌握实际操作和改进措施，针对现场、文件、记录、人员能力等方面的问题制定整改方案，以保障异物控制的有效性。

六、配料间审核良好实践

食品工厂通常会设置配料间，配料是生产操作的重要工序，配料工作对产品的食品安全和质量至关重要。只有管理好配料间，才能确保配料合规、产品配方稳定。在质量管理体系中，配料间通常是一个关键质量控制点。如果涉及限量添加剂的使用，很多企业通常会将配料环节作为 CCP 点或 OPRP 点进行管控。因此，配料间是审核员需要特别关注的一个区域。

然而，管好配料间并不容易。很多工厂由于配料品种多、配料间空间有限、配料人员不稳定、配料工作繁重等原因，特别容易出现各种问题。因此，作为审核员，如何有效识别并评估这些风险尤为重要。审核员在配料间应从哪些方面开展审核工作？应重点关注哪些方面的问题呢？以下内容为大家尽可能结构化地梳理配料间的相关审核要点。

（一）配料间审核良好实践

审核员进入配料间，同样采取"走现场、看文件、查记录、问人员"的方式，全面系统地评估从产品本身风险和产品实现过程开展的检查与评估。通常，接下来我们来看看配料间环节的相关审核关注点要求。

1. 走现场

在"走现场"环节中，通常是用"产品（Product）、过程（Process）、场所（Place）"的 3P 角度来评估现场的运行状况。

（1）产品维度

配料间在产品维度，重点关注如下四个方面：产品标识、产品存放条件、产品保质期和开封保质期、过敏原物料管理。

① 产品标识：当审核员进行现场评估时，应时刻思考"如何做好这个产品，影响产品质量和食品安全稳定性的要素有哪些呢?"。在配料间，物料信息的准确标识管理尤为重要，因为此时物料大部分已经脱包或分称到配料袋中。需查看物料是否张贴标签，标签信息是否全面，是否考虑到产品脱包或更换存放容器时的误用或错用风险。图 3 - 27 是常用的物料标签照片，其中包括产品名称、规格、数量、保质期、操作员等信息。

物料标签	
产品名称	
规格	
数量	
操作员	
检验员	
日期	

图 3 - 27　常见标签列举

② 产品存放条件：主要是产品的温度和湿度要求，产品的存放条件是否满足产品标签要求呢？特别是对于有温度和湿度要求的产品，配料间的冷藏或冷冻温度是否满足要求呢？特别是部分冷藏冷冻物料开封后保质期会受到影响，工厂是否充分评估这类微生物敏感物料零头储存和使用风险呢？湿度是如何进行控制的呢？

③ 产品保质期及开封保质期：产品是否在保质期内呢？是否有过期的产品呢？尤其是对于用量少的产品，如香精和色素等使用量小的产品，是否有过期的产品呢？同时，生产结束后部分物料可能会存在物料零头，需关注零头物料是否得到了有效的封闭和记录，并建立了管控规则用于指导操作。对于敏感物料是否建立了相应的敏感物料清单进行管控呢？现场是否张贴了标识呢？表 3 - 56 是敏感物料清单案例。

表 3-56　敏感物料清单案例

原料名称	包装规格	生产商	未开封储存条件	开封后储存条件	开封后保存时间（供应商）（day）	开封保质期（RD）
冷冻洋葱泥	kg/箱	/	−18℃以下	解冻后不能复冻，若物料解冻后，在室温条件下放置两个小时以内。	1	开封后的剩余保质期*15%
热稳定型冷冻蛋黄液	kg/桶	/	−18℃以下	建议解冻后冷藏保存不超过一个月，不建议复冻	30	即开即用
奶油干酪	kg/箱	/	−18℃以下，12个月	解冻条件：常温放置3天，冷藏恒温48小时。 解冻后放置时间：常温12小时 开封后放置时间：常温8小时；冷藏3天，可以复冻	未提供，内部验证	开封后的剩余保质期*15%

④ 过敏原物料管理：配料间场地布局时，需要特别考虑过敏原分区管理问题，以便减少称量过程中不同原料过敏原交叉污染风险。特别是同时称量含有过敏原原料和不含过敏原原料时，需要进行工具的分开使用或清洁。图3-28所示的过敏原工具管理案例。

图3-28　称量勺区分过敏原使用并标识

（2）过程维度

配料间过程维度评估可以从如下方面进行考虑：称量操作管理、电子秤管理、限量添加剂管理、异物管理。

① 称量操作管理：称量有效性评估尤为重要。在评估时，可以让员工进行操作演示，如日常称量操作、电子秤校准、称量工具清洁等。此时，特别需要关注工厂在配料过程中是如何防止配料错误的，如在配料前是否会确认物料标签信息，配好的物料摆放是否规范且不混放，信息标签张贴是否正确，分锅次搭配是否清晰且无偏差等。配好的物料可分门别类地暂存在配料架上，如图 3－29 所示。

图 3－29 用于配料后的物料暂存货架

② 电子秤管理：有关电子秤如何进行内部校准的管理相关问题，可以参考质安选公众号文章《电子秤内部校准是否符合的判断依据来自哪里？如何计算?》。电子秤评估的经典问题，可参考质安选公众号文章《电子秤审核环节的 5 个经典问题（附审核参考答案)》。相关问题归纳后见表 3－57。

表 3－57 电子秤常见问题

序号	问题/风险描述	备注
1	车间电子秤内部校准是如何管理的？	
2	车间电子秤外部校准如何管理的？	
3	请按照日常操作演示一下（配料间）电子秤日常如何校准的？	
4	配料间称量用电子秤日常使用我们会关注哪些注意事项？	
5	工厂净含量控制是哪台称？净含量管理都有什么注意事项？（液体罐装产品）	

③ 限量添加剂管理：部分工厂配料会涉及限量添加剂的使用，此时需要满足限量添加剂的存放要求。评估时，需要关注是否进行了上锁管理，限量添加剂在称量使用

时是否有双人复核等。图 3-30 是常见的存放方式。

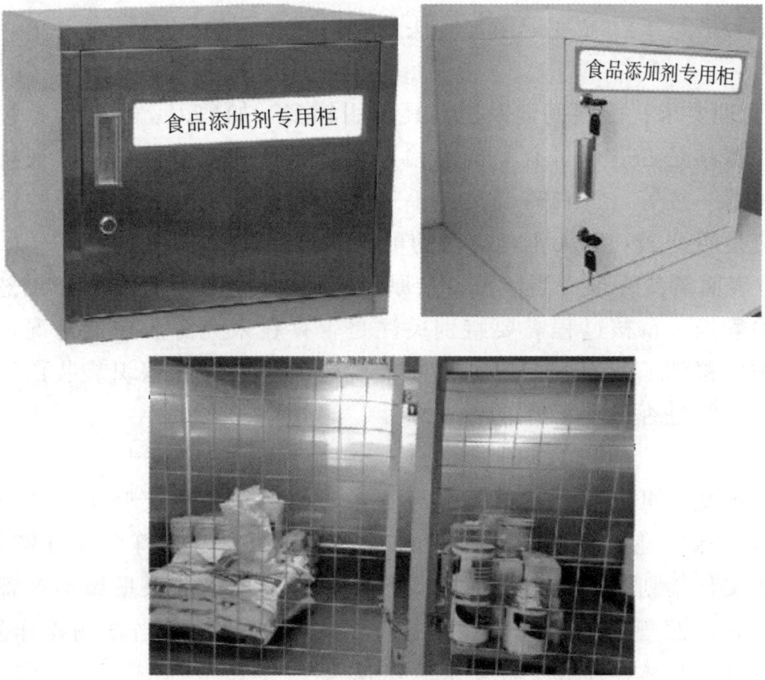

图 3-30　食品添加剂存放柜或区域上锁管理

④ 异物管理：称量操作过程中，需要特别关注开包异物风险。观察开包物料袋口是否平整，有无拉丝和缺失，是否为一刀割包，是否有拆包线头，内袋破损的塑料碎片等。同时，需管控标签异物风险，如标签破损、标签脱落等。还需关注周转容器异物，如周转桶、周转筐内的异物等。禁止使用刀片易折断的美工刀进行开包，可以使用刀片一体的安全刀，如图 3-31 所示。

	· 可金属探测：刀身带金属可探测塑料； · 双刀刃刀片：刀片旋转后可以再用，使用寿命增加一倍； · 最大伸张长度为 25mm，可切割 3 层纸板；
	· 可金属探测：刀身带金属可探测塑料； · 安全性高：隐藏式刀片和圆形刀鼻是比较安全的；
	· 可金属探测：刀身带金属可探测塑料； · 全面保护：刀片安全地嵌入在刀头和手柄之间，不会带来危险；

图 3-31　常见开包刀具

（3）场所维度

配料间场所维度评估可以从如下方面进行考虑：环境要求、工具管理、脱包、表面清洁管理。

① 环境要求：场所维度这里指硬件设施环境。配料间物料开口称量，此时对环境的温湿度提出了要求。特别是部分物料有储存温度要求时，如使用香精或者酶制剂等，需观察现场是否进行了温湿度记录，零头物料存放如果有温度储存要求，要看是否得到了满足。

② 工具管理要求：配料间涉及工器具使用较多，如剪刀、拆包刀、称量勺、筛网等。需关注工器具是否进行了有效的点检，包括数量和完整性。可以现场演示点检操作，看账实是否一致等。特别需要关注手持滤网的完整性检查，现场验证其完整性和滤网边缘包裹是否严密，有无钢丝掉落的可能性。

③ 脱包/表面清洁管理：当涉及复杂原料使用时，部分工厂往往容易忽略外包装交叉污染的风险管控。审核过程需要特别关注是否存在未充分脱包的情况，如用于快递的外包纸箱被转移到了配料间。当遇到不能脱包的物料，如编织袋装白糖等，需要评估外袋进入配料间是否得到了有效清洁。

2. 看文件

配料间相关文件可以在现场进行部分查看，如工厂针对配料间管理制订了哪些操作标准呢？这些标准是如何在现场体现的呢？现场管控是否符合文件策划的要求呢？特别需要注意文件策划上执行落地的有效性，如工厂规定的限量添加剂管理要求有哪些呢？现场是否按照规定执行呢？需进行一一对应的验证。当现场操作发生变更时，应及时更新文件。具体程序和文件要求见表 3 - 58。

3. 查记录

从记录的表单设计、填写、执行，看记录是否有被有效填写。可以查看记录中的批次信息记录，验证是否有批号缺失，报表设计记录是否合理，在批号转换时，是否仅记录了一个批号等。

记录的及时性同样需要关注，如是否有出现记录不及时、临下班补填记录的情况，双人复核记录是否有效实施双人复核，还是二次复核仅仅签了字等。

表 3 - 58　配料间部分常见文件与记录

程序文件	操作程序/指引	部分记录
配料岗位管理程序	配料岗位操作指导书 配料工器具清洁操作规范 配料间清洁操作标准规范 配料间玻璃易碎品点检清单	配料记录 配料间工器具点检记录 配料间温湿度监控记录 配料间清洁记录 配料间玻璃易碎品点检记录
物料管理程序	开封物料有效期清单 冷冻原料解冻操作规范 食品添加剂使用操作规范 零头物料管理操作指导书 过敏原清单 限量添加剂清单	解冻管理记录 限量添加剂双人复核记录（如适用） 零头物料记录
电子秤管理程序	电子秤校准操作规范	电子秤内部校准记录 电子秤外部校准台账/清单

4. 问人员

有效的人员访谈和沟通有助于深度评估配料间现场管理的有效性，特别是在审核过程中，通过人员访谈和沟通更容易推动现场改善和达成一致，可以参考 STAR 沟通方法来设计人员访谈的通用问题，如图 3-33。

针对以上沟通模型，转化为审核员现场审核的提问可以设计如下：

(1) 现状：请您介绍一下配料间日常工作有哪些，您可以演示一下配料的操作吗？(如电子秤校准，配料称量均可)？

(2) 目标：配料间管控要求和目标是什么？

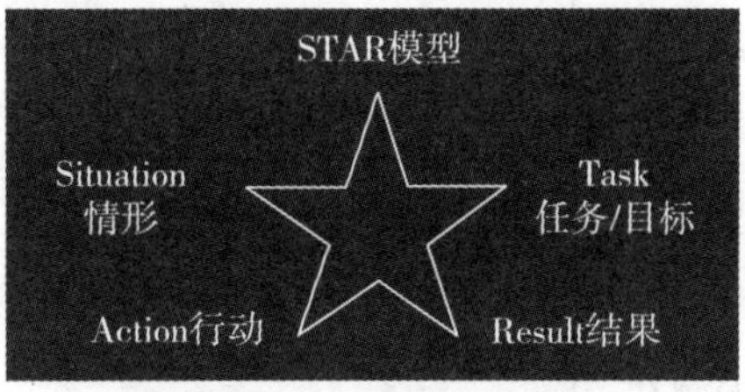

图 3-33　STAR 沟通模型

(3) 行动：为了达成这些目标/工作，你会采取什么措施或遵循什么流程？

(4) 结果：最近内审、GMP 检查或客户审核配料间有哪些不符合项被识别吗？

(5) 感谢你的配合（结合审核目标与需求，如需要可就做得不足之处给予反馈）。

(二) 配料间常见问题与风险

配料间常见问题较多，通过下表结合现场审核的“走现场，看文件，查记录，问人员”维度进行如表 3-59 提炼：

表 3-59　配料间审核常见问题

类型	常见问题/风险	备注
现场评估	a. 物料无标识或标识不全：如存放在特定的容器中没有任何信息，糖、盐等拆包后物料放到周转容器中是否有批次标识，标识是否及时更新。 b. 电子秤外部校准遗漏：关键电子秤如限量添加剂称量用称，缺少电子秤一年一次的外部校准是否遗漏或者过期内部校准，未按照程序要求频率进行内部校准，如每天角差校准（5 点校准）。 c. 电子秤量程选择失误：是否有大秤称小料的情况，电子秤上是否标识使用量程。 d. 限量添加剂未上锁管理：限量添加剂存放容器双人双锁管理是否有效，仓库和配料间是否执行到位，限量添加剂库授权管理和门户是否关闭。 e. 物料存放环境不满足预期要求：光敏、热敏的原料，临时存放在配料间，有温度存放环境要求的未满足要求。 f. 缺少异物管控措施：开放产品区在称量环节，环境有异物带入风险，如环境中带入或者开袋方式不当带入。未管控拆包后线头、内袋破损的塑料碎片等，标签破损、标签脱落等，周转容器内的异物，如周转桶、周转筐内的异物等。 g. 过敏原工具缺少标识和分区：过敏原称量工具未做区分或者及时清洁管理	
文件评估	a. 缺少限量添加剂清单：员工不清楚哪些添加剂是限量添加剂，如何管控。 b. 缺少敏感物料清单：缺少如何管理开封物料特别是敏感物料的管控要求	

（续表）

类型	常见问题/风险	备注
记录评估	a. 批次记录有批号缺失：报表设计记录不合理，在批号转换时，仅记录了一个批号。相关称量操作，物料点检确认时无员工复核签字。 b. 记录不及时：有临下班补填记录的情况。 c. 双重审核执行的有效性缺失：双人复核或者配料记录未有效实施双人复核，二次复核仅仅签了字，并未实施有效审核	
人员评估	a. 人员培训不足：配料员未实施培训并保留记录。包括电子秤的操作、限量添加剂的要求等等；配料人员变更时未实施相应的培训。 b. 限量添加剂要求宣贯缺失：配料员工对限量添加剂的重要性和要求不理解，没有建立相应概念	

（三）对行业的建议

做好配料间管理不是一蹴而就的事情，可以采取如下措施分步骤进行改善：

（1）按照上文提到的现场评估方法，对配料间进行一次深度的审核评估，识别主要问题有哪些。

（2）针对问题设定优先级，就其中2～3个主要问题进行改善。

（3）每周跟进改善进展和完成情况，并按照本文推荐的沟通方法对员工开展问答培训。

（4）基于配料称量工具的发展，部分工厂可以选择带有防呆功能的电子秤。通过配方设定，称量过程中的称量数值由系统验证与配方的符合性，从而减少出错概率并节约人工。类似的称量系统被越来越多的工厂所采纳。

第四章

供应链其他环节良好审核实践分享

食品企业的供应商，除上一章介绍的食品加工企业外，通常还有其他类型的供应商，比较有代表性的有包材、农产品、物流、贸易商等。这些供应商的审核，与食品加工企业的审核有共同之处，也有很多的不同点，相比于食品加工企业，这些类型的供应商风险点有明显的不同，不能将食品加工企业的审核标准和尺度直接照搬照抄，否则，容易出现审核尺度过严或者标准条款多数不适用的情况。

本章节将介绍供应链除加工环节外的其他几个代表性的供应商审核良好实践，主要有如下几种类型：

（1）种植类基地审核。

（2）养殖类基地审核，以生猪养殖为例。

（3）包材类供应商审核。

（4）仓储物流供应商审核。

（5）贸易型供应商审核。

第一节　种植环节/农场良好审核实践

随着食品行业的不断发展以及消费市场对食品安全的关注逐年提高，国内食品生产或零售企业的生意之争也渐渐转变为供应链之争。而源头供应链能力就成了食品企业绕不开的话题。为了确保产品从生产到最终销售的各个环节都能稳定、安全、高质量的供应，企业也就越来越多地走向供应链上游，开始了从农场到餐桌的端到端全供应链管理。因此，对源头农场、基地等种植及初加工环节的审核对企业源头质量管理显得至关重要。

当然，我们必须正视，我国虽然是农业大国，但还不是农业强国。中国农业主体依然是小农户和小农场。与美国、荷兰等农业发达国家的规模化或设施化农业还存在着一定差距。从业人员组成上也存在着明显差异，例如美国农民已经职业化，而中国农民更多是以小农经济为收入来源的个体户。在此背景下，食品企业在上游供应商管理中走向源头管理，开展农场基地审核时，其审核设计既要切合中国国情，又要真正从源头把控风险。本章节将描述对于种植农场如何开展审核。

一、种植农场标准

国内种植环节管理一般可参考国际及国内已有管理体系。例如 GLOBAL GAP 全球良好农业操作规范以及 GB/T 20014.2—2013《良好农业规范　第 2 部分：农场基础控制点》等。全球良好农业操作规范和中国良好农业规范在标准要求方面有很多共同之处，其主要的管理要求内容有如下四个方面：

（1）食品安全要求：包括合理使用农药和化肥、土壤风险、灌溉水风险、采收卫生等要求，确保农产品的质量和安全性。

（2）员工安全和福利：要求农场主确保农业劳动的工作条件安全和公平。农业劳动者应接受相关培训，并享有合理的工作时间、工资和福利。同时，农场主需要提供适当的个人防护设备，确保农业劳工在工作过程中的安全。

（3）环境保护：提出了环境保护的要求，通过要求农业生产者遵守环境保护的法律和法规，关注土壤和水资源的保护和可持续利用，保持良好生态环境土壤状态，防止土壤污染和水资源浪费。

（4）农产品追溯要求：标准要求农户建立完善的追溯制度，确保农产品的可追溯性。农户需要记录农产品的繁殖材料、种植、施肥、浇水、采收等过程，并妥善保存相关记录，以便在需要时提供证明。

二、种植农场审核的最佳实践

在对种植环节进行审核时，首先需要认知到其与工厂审核存在较大的差异。因此在设计审核时，企业或审核员应从企业自身管理侧重点出发，明确审核重点，设计制定合理的审核方案。以下对于种植农场有代表性的几个管理模块来讲述种植农场的审核实践。

（一）基地认定

企业对上游种植环节或农场进行审核前，应像对工厂进行审核时一样，首先需要明确被审核的基地或农场的地址和地块范围，即完成对基地面积及范围的认定。初听起来，有些冗言，但为什么在基地审核的第一步就一定要强调基地面积及范围的认证呢？因为基地和工厂不同，工厂是注册制管理，企业依据食品生产许可证就能清晰准确地了解上游供应链的工厂具体地址以及经营项目等关键信息。而大多数基地的土地性质还是以土地流转，或合作社的形式存在，特别当涉及农民个人的小规模流转时往往会在基地面积及范围的认定上存在实操难点。但基地范围又是上游种植环节最关键的基础信息。只有准确地圈定供应的基地信息，才能开展后续所有对于源头的评估。

基地认证是所有现场审核的基础凭据，也是企业对上游供应商评估的基础依据，必须保证基地认证的信息是完全准确无误的，审核员对基地源头需要确认如下信息：

（1）供应商与基地的合作关系。明确基地是属于供应商自有基地还是合作基地，对于合作基地，需明确其与实际种植地、基地或农场的合作关系，例如：自有、分包合作等，需查看相关证明材料（如合作协议）。

（2）基地所有权。审核人员应就地块地址、农业用地的相关证明文件进行书面审核，查看土地流转或承包等信息及证明材料，对基地范围、真实性及合法性完成确认，可以佐以基地平面图和手机卫星地图进行确认。

原则上，企业及审核员应通过此举，并结合后续现场审核，尽可能避免审核停留在“面子工程”上。确保每次审核是针对所披露及所供应的基地进行无差别审核，此步骤建议开展实地审核前完成。

（二）管理体系及文件审查

一个种植基地或农场是否能可持续且稳定的输出合格的产品，其内部的体系及管理制度在其中起到不可忽视的作用。所以当审核员前往种植基地或农场进行审核时，在首次会议时，一般会针对基地或农场的体系及管理制度进行审核和了解。

而在此环节中，审核员应关注除体系文件的内容完整性外，更应该对审查重点项目进行问询，并依据所提供的体系和管理文件综合评估其体系及管理规定的合理程度以及落实的执行程度，见表 4-1。

表 4-1 文件审查清单案例

项目		内容
1	组织结构图	管理者代表，质量管理人员及技术人员的职责应当在结构图中被明确。
2	分包、定植合同 可在实地审核前完成审核	如非自有基地，则应与每个实际生产者之间需要签署书面合同，内容至少包括合作关系以及需严格按照标准生产并明确违约情况下的责任归属。
3	基地地图	应提供基地地图且应当能在现场通过具体的标识来进行识别。
4	质量手册	应建立一个针对农产品的质量和安全管理体系，需要包括清楚的书面的质量和安全的目标和企业监控指标。
5	卫生规范	应制订书面的卫生操作规范要求。
6	种子管理规范及记录台账	应制订种子采购和储存的规章制度。
7	植保品管理规范及记录台账	应制订书面的植保产品的采购、储存和使用的规章制度。推荐企业建立植保产品清单，不同植保产品的使用目标作物及采收间隔期要求。
8	肥料农资品管理规范及记录台账	应制订书面的肥料采购、储存和使用的规章制度。
9	收获管理制度及记录台账	应制订书面的收获管理制度，包含农事记录、采收间隔期实施、采摘收获及采后处理的相关内容。
10	投诉管理制度及记录台账	应制订书面的销售投诉规章制度。
11	追溯及召回制度及记录台账	应制订书面的追溯及召回管理程序。

此外，管理体系及文件的审核应关注日常记录台账与体系文件规定的一致性。审核员在实地审核时，可将体系文件的重要控制点相关内容记录下来，并在后续现场审核环节进行抽样交叉验证台账的一致性。例如后文会提到的：《灌溉水质监测报告》《土壤环境评估报告》《农事记录》《投入品记录》《收获记录》《入库记录》等，将这些记录中的关键信息记录下来，在现场检查时，与员工进行询问，交互检查其真实性。

(三) 环境条件

在体系及管理制度审核的同时，应提出对基地或农场的环境管控的情况及相关报告进行核验评估。众所周知，农业生产离不开“水源”和“土地”，它们是保障农业安全生产和农业可持续发展的关键环节。不良的灌溉水质或者是不良的土壤条件都会给农作物的生长和品质产生严重的影响。但这个环节在实际审核中非常容易被忽视。清晰认知到被污染的灌溉水质或土壤可能会带来药物残留以及重金属污染的风险，能帮助审核员有效提升在该环节的重视程度。

1. 灌溉水质评估

在审核现场，可以通过询问的方式明确基地灌溉用水来源，例如：地面水、地下水、处理后的城市污水等，以及企业自行监测的监测频率。审核员可以根据基地或农场所处位置来判断其灌溉水源的合理性。必要时，可在现场实地勘验其水源实际情况。

除实地勘验外还需收取年度的农田灌溉水质检测报告，用以评估种植环节灌溉用水的水质是否符合标准。具体可根据种植种类是“水田作物”“旱地作物”“蔬菜”结合国家标准 GB 5084—2021《农田灌溉水质标准》进行判断。一般基地会定期进行灌溉用水检测，因此在审核当日应提供不超过其自我管理要求有效期的报告。当然，通常地表水的风险高于地下水。如果企业或审核员对种植方的水质监控频率存在疑问或认为不足时，可在审核中沟通提升未来对灌溉水源的监测频率。一般建议使用地表水的检测频率为每年一次，使用地下水的每 2～3 年检测一次。

2. 土壤环境评估

与灌溉水质评估同步开展的另一个评估就是土壤环境质量的评估。土壤环境质量标准是土壤中污染物的最高容许含量。污染物在土壤中的残留累计，以不导致造成作物的生育障碍、在籽粒或可食部分中的过量积累（不超过食品卫生标准）或影响土壤、水体等环境质量为界限。土壤也根据其应用功能和保护目标，划分为三类：

（1）Ⅰ类为主要适用于国家规定的自然保护区（原有背景重金属含量高的除外）、集中式生活饮用水源地、茶园、牧场和其他保护地区的土壤，土壤质量基本上保持自然背景水平。

（2）Ⅱ类主要适用于一般农田、蔬菜地、茶园果园、牧场等的土壤，土壤质量基本上对植物和环境不造成危害和污染。

（3）Ⅲ类主要适用于林地土壤及污染物容量较大的高背景值土壤和矿产附近等地的农田土壤（蔬菜地除外）。土壤质量基本上对植物和环境不造成危害和污染。

审核员可根据实际种植作物评估上游种植方提供的土壤环境质量报告的符合性。具体可参考 GB 15618—2018《土壤环境质量　农用地土壤污染风险管控标准（试行）》。

3. 周边环境及安全卫生评估

基地或农场应有良好的生态条件，基地周边应远离化工厂、造纸厂、垃圾场等污染源，应选取具有可持续的农业生产能力的地区。特别强调基地附近不能有引发食品安全风险的病虫害滋生地，例如：水潭、水洼。同时也需要判断农田内是否有可能造成产品污染的废弃物，例如：废弃的农药瓶或袋。审核员在周边环境审核时，建议对于农场的周边地界和环境进行查看，包括对于水源地的查看。

（四）种植现场与种植水平

完成了相关体系及管理规定的审核，一般审核的首次会议也告一段落。在明确了当日的审核内容及重点后就可以前往种植现场进行审核和评估了。种植现场的审核评估主要围绕以下几方面来进行：

1. 基础设施评估

基地或农场应具有农业生产所必需的基础设施设备，包括大棚、灌水、施肥、病虫害绿色防控所需的设施设备等。也包括其专用投入品贮存库、产品储存库、排水等设施。这些设施设备的配备情况可以根据其完整性和功能性进行评分。

这里着重讲解以下 4 个核心要点：

(1) 生产设施：生产设施的水平高低是一个种植基地或农场的基本硬件评估，类似工厂审核中的厂房、厂区以及生产线的评估。这里包括对温室大棚、灌溉系统、排涝系统、温控系统等的评估。科学的生产设施可以有效节能增效，也可以提升其种植水平，保证农作物的高质量生长。

(2) 病虫害绿色防控设施设备：包括病虫害监测设备、杀虫灯、诱捕器、药物喷洒设备等。这些设施设备有助于减少化学农药的使用，提高农作物的自然防控能力。种植方还可以通过对于诱捕器上虫害的分析对种植过程中的虫害进行精确的防御管理。当然，如果一个种植基地其病虫害绿色防控设施设备还属于原始起步状态，那么审核员就需要在其虫害防治投入品以及成品检测环节上进行更加严格、谨慎的审核和追溯。

(3) 快检室及检测设备：这个基础模块涉及检测室及配套检测设备、产品质量追溯的合格证出具设备等。种植基地或农场应配备基础的快检室及设备，这对于确保农产品质量和安全至关重要。对于快检室及检测设备的审核，审核员应关注快检室及检测设备的有无，是否正常投入使用以及检测必须用的试剂是否齐全、妥善保管并在保质期内。当然除了以上讲述的硬件设施外，快检和检测的关键点还在于监控范围及频率、检测台账及专业人员投入等软件部分，我们在此处不做展开。

(4) 功能区布局及管理：评估基地或农场是否合理划分了生产功能区，如投入品存储库、农机库、产品采收区、检测区、产品储存库等。以及这些区域的布局是否合理？肥料、投入品等是否隔离存放？是否有专门的农药库？缺乏相应的功能区或者不合理的布局，可能会让种植人员或农户不按照体系或管理规定上的要求作业、遗漏环节或造成管理混乱。

综上所述，基地的基础设施越健全、机械化水平越高、分区及管理设置越合理，其品质控制水平就越可控。这些评估标准有助于对农业基地的生产效率、产品质量安全、环境保护等多方面进行综合评估。

2. 种植管理水平评估

对种植基地及农场种植管理水平的评估，是一个多维度的评估过程，是一个综合性的评估结果。一般会从以下几点开展：

(1) 种子管理评估：种子是决定农作物品质最大的“内因”，所以种子的评估应作为种植生产环节重要的一环。种植方对于种子的选定，确保均有合格的种子采买渠道，确保所有种子均通过质量保证或质量生产认证。如为转基因作物种子也应在记录中有明确记载。审核员在现场除了可抽查种子的类别，以及购买记录外，还可通过查看种子库的管理水平进行评估。良好的种子管理应具备适合种子存储的空间，并保证种子库的通风干燥，不同种类的种子之间确保隔离没有混放的情况。

（2）育苗管理评估：由于苗床管理较为精细，环境比大田好，种子成苗率高于大田；通过设施提早育苗，能使作物能够提早进入大田生产；通过移苗环节还可剔除弱苗，增加大田种植的存活率。从而可以有效地提升作物的产量和质量。同时育苗棚的消毒清洁以及育苗基质的选择，都可能影响最终的农作物水平。因此，是否有良好的育苗管理也就成为种植水平评估的一个重要项。

（3）农事管理评估：种植基地的农事管理评估也同样是一个系统性的过程。其不仅仅是记录的完整性、准确性、合规性、可追溯性。更重要的其实是从种子到收获的整个生产周期中的农事活动是否都能有意识的纳入到农事管理中来。例如：种植计划、育苗管理、田间栽培管理、施肥记录、灌溉记录、植保记录、采收记录、检测记录、采后处理记录、储运记录等。评估其农事记录的完整性，也推荐审核员在审核过程中根据地块内作物信息抽取1～2个样品倒查相关农事记录是否完整属实。并与其《农事记录规范》此类规章制度进行校验。

（4）作物质量评估：审核员可根据作物的外观品质（如完美度、新鲜度、病虫害情况等）、内部品质（如口感、内部感官等）以及安全性指标（如农药残留等），综合评估农产品质量是否符合计划采购的商品标准。特别是对于定植基地的审核工作来说，对于田间作物的质量评估是对未来商品供应品质的提前判断。如田间计划采购作物存在大批量虫害或病害，基本可以预判未来一段时间内的产量及供应量将会受到较大的影响。

3. 投入品—植保产品评估

植保产品是基地审核时的重点关注环节，也是农产品中农药残留风险的重要管控点，审核员在基地审核时，需要特别关注对于植保产品的系统全面评估，对于投入品管理，从如下方面进行审核：

（1）选择；

（2）采购：合格供方；

（3）储存；

（4）使用：记录，采购前间隔期 PHI（Pre-harvest Interval）；

（5）废弃物。

4. 投入品——肥料评估

肥料是基地管理中重要风险点之一，农产品的重金属的来源，很多情况下是由于肥料管理带入的风险，肥料主要分为有机肥和化肥。审核员在基地审核时，对于肥料的审核，需要关注如下方面：

（1）选择与采购：同上述植保产品一样，基地农场首先需要从合法的渠道采购正规、合法、安全的肥料，并根据农作物的需求和土壤情况选择合适的肥料类型和配方。优先选择环保、高效的肥料，例如缓释肥、水溶性肥等。优秀的企业还会提前对土壤条件进行测试，以便更合理地制订施肥计划。审核重点也可参考植保产品，主要评估其来源是否合法，以及有无从合格供应商处采购的相关记录。稍有不同的是，肥料需要关注其检测报告，确保符合国家或行业标准。对于有机肥，特别是自制有机肥，则更应该关注应选择无害、无污染的有机废弃物作为原料，并且对其重金属残留或化学残留物进行有效的监控。确保肥料不会有带入性风险。

（2）储存与使用：肥料也应单独合理存放避免潮湿、高温等不利条件，以保证肥料的质量。科学的施肥可以最大效能的保障农作物的生长水平，过多或过少都会被认定为不合理的施肥。长期不合理的施肥可能会导致土壤结构的破坏，影响土壤的可持续性。企业应当建立肥料的相关制度，要求记录并监测施肥与农产品生长关系，利用农事记录完整监控实施情况。特别值得关注的是：直接喷洒的，例如叶面肥以及部分高浓度肥料，还应当遵守安全间隔期，确保农作物收获时肥料残留量在安全的范围。其审核的方式也可参考上面植保产品，通过对于农事记录进行核查评估。

5. 种植规模与产量评估

（1）种植面积核定：前面提到了审核前应对基地进行认定，也提到了应索要基地地图。待审核员在进入种植环节审核时，便可以依据准备好的基地或农场地图，前往现场对基地边界进行走访。一方面确认地图有效性，根据陇数、棚数完成种植面积的折算核验；另一方面对基地的设施进行评估；也可以同时完成对基地外部环境风险的评估。

（2）产量评估：根据目标农作物的种植面积及其亩栽量、年度种植茬口数、单株产量、出成率相乘可粗略预估其产量。如果审核员对其产量有较大疑惑，可在采摘期通过田间抽样实测计算所测田块的产量。一次性采摘的，可全田实割实收；分批采收的，可在采收盛期进行田间抽样测产，并以此产量为基数进行计算。审核员对产品的评估是判断基地是否有外部采购的重要环节，审核前应了解委托方的大致采购量，再评估基地产量是否能满足采购量要求。

（五）采后处理及产地加工

农产品的采后处理是农业生产中对品质影响极大的一个环节，它涉及一系列的技术和设施，以确保农产品在从田间到消费者手中的整个过程中保持新鲜、安全和营养。一般所审核的基地都应在采摘后完成采后处理或简单的产地加工后再送往各地。因此，采后处理及产地加工环节，审核员应避免遗漏。

1. 采后处理

（1）预冷技术：预冷是采后处理中非常重要的一步，它有助于迅速降低农产品的温度，减缓呼吸作用和微生物活动，延长保质期。预冷可以通过空气冷却、水冷或冰冷等方式实现。种植基地或农场应可以选择适合的预冷方式。例如，在蔬菜行业中真空预冷技术的保鲜效果好于冷库预冷，好于水冷。

（2）防腐处理：部分涉及采收后要长期存储的农作物，可能会在产地通过使用化学或天然防腐物质进行防腐处理。可以抑制或杀死农产品表面的微生物，减少腐烂和病害。但这里必须强调，涉及防腐处理的农作物在审核时应更加严格的核查其防腐物质的投入记录、快检制度及记录，以及结果是否符合。

2. 产地加工

产地的加工一般为简单加工。例如清洗、分拣、分级等。规模化生产的企业可能会利用设备完成清洗、拣选工艺。例如：柑橘果园通常会增设光谱及图像分析设备，进行快速无损的检测，评估农产品的成熟度、糖度、内部品质和可能的病害。自动化水平越高，对于产地分级后品质把控度也就越高。

（六）储藏、出货及追溯管理

1. 储存环境

虽然种植基地及农场生产的均为初级农产品，但仍需要保证仓库的清洁，不应有威胁安全性、污染或影响卫生的物品在同一空间内存储，避免交叉污染。存储区域特别是冷藏区域，要关注其温度和湿度，尤其是冷凝水对农产品的品质影响，同时注意虫鼠害影响。

2. 出货放行要求

货物出货前必须完成批次的快检，具体操作和记录可依据种植基地或农场所提供的快检管理规定来进行核验。重点核查其内控放行流程。确保每批次产品在发货前都得到了监控。此环节也建议审核员对检测记录特别是检测不通过应拦截的商品做下一步追溯验证的工作。

3. 追溯实施

对于追溯的实施，建议审核员以抽样的方式，对于所抽样品做穿透式检查。确保从种子、育苗、种植、采收、采后处理均可被追溯。

三、对行业的建议

因为行业的限制，当审核员在对种植环节及农场进行审核时，应避免照本宣科。可以根据食品生产或零食企业的实际痛点和重点管理目标，结合体系管理设计合理的审核方案。上述的最佳实践方案中也可供选择组合。

对于非机械化、规模化生产的基地，容易发现体系不全或实施不彻底的环节。因此，审核员在审核过程中应重点关注产品的实际风险，而不仅是文件和记录的不符合项。审核员应关注不符合项所触发的整改行动，有价值的不符合项应能真正帮助基地或农场提升风险管控和管理水平。

第二节　养殖环节良好审核实践

在消费者食品安全意识及对食品安全关注度不断提高的背景下，供应链源头的养殖企业越来越受关注，下游品牌客户期望加强供应链源头端的质量管理，而对于肉制品企业而言，对于源头养殖场进行管理和审核是品牌客户的一个趋势要求。

对于养殖场的评估，其与食品加工环节有方法共通之处，但是也有很多差异，审核员的专业背景很多是食品科学相关背景，而非畜牧和农场背景，审核员如何对于养殖农场开展有效的审核，来评估农场的生产管理和食品安全风险水平，是很多品牌方对于上游养殖审核的期望。本文为牧原集团结合迎接不同品牌客户的审核及牧原集团内部审核的经验，阐述针对生猪养殖场源头审核的最佳实践。对其他类型动物养殖源头审核也可参考本章节的生猪养殖环节良好审核实践。

一、养殖环节审核介绍和基本要求

（一）养殖环节审核特点介绍

越来越多下游客户如屠宰企业、食品加工企业或食品零售企业等对食品供应链源头养殖企业开展评估和审查。这种审核旨在确保养殖企业能够满足客户的质量、安全、环境和社会责任等方面的要求。

养殖场拥有其特有的生产环境、生物特性以及管理要求，养殖环节的审核与食品供应链其他环节审核相比来说，会有其一定的特殊性，养殖场的审核，主要特点如下：

（1）生物安全要求：大型养殖场都有非常严格的生物安全要求，如需进入养殖场现场审核，审核人员进入养殖场前需在上午前往公司统一的隔离点按照生物安全标准进行洗澡和更换衣服及进行生物安全采样检测，下午检测合格后由公司专用车辆送至养殖场。在养殖场门口，需再次进行洗澡和更换养殖场访客专用衣服，并在养殖场隔离区隔离（约 1 天），待取样进行生物安全检测合格及满足隔离时间后方可进入养殖场生活区和生产区开展审核业务。在疫病风险特别高发的季节，养殖场是禁止外部人员进入，这样只能通过远程审核开展审核。

（2）远程审核方式：受限于养猪场生物安全要求，审核前需要约 2～3 天的隔离时间方可进入养殖场开展现场审核业务，因此现场审核的约束条件较大，为了更高效进行养殖场审核，有时候客户会考虑选择远程审核的方式进行。

（3）审核场所偏远：考虑到生物安全因素，养殖场选址通常是建设在比较偏远的场所，交通不便利，审核路途时间长。因此，养殖场审核需要更长的时间在路程上。

（二）养殖环节标准要求

养殖环节的审核标准，不同客户有不同的标准要求和侧重点，目前国际上关于养殖环节比较通用的标准有 GLOBAL GAP 和 SQF 等标准要求，虽然不同的标准侧重点和框架会不同，但是对于养殖环节的重点风险和模块却有很多相通之处，养殖场的审核的标准，主要包括如下方面要求：

1. 动物福利要求

（1）动物的生活条件，如饲养密度、通风、光照等。

（2）动物的行为需求，如活动空间、社交互动。

2. 疾病防控

（1）生物安全措施，如进出人员和车辆的消毒、隔离区的设置。

（2）疫苗免疫和药物使用。

（3）疫病监测和防控措施。

（4）病死动物管理：病死动物无害化。

3. 饲料管理

（1）饲料来源和质量，确保无有害物质。

（2）饲料存储条件，防止变质和污染。

（3）饲料配方和营养需求的科学管理。

4. 投入品管理

（1）投入品管理：兽药、农药、消毒剂等投入品的种类、来源和质量。

（2）养殖过程管理：投入品的储存、正确使用和管理，避免残留超标。

（3）追溯系统：建立完善的追溯系统，确保产品的来源和流向可追溯；记录和保存所有相关数据，确保信息的完整性和准确性。

5. 环境保护

（1）水资源管理：合理利用水资源，减少浪费；水质保护措施，防止污染。

（2）废弃物管理：废物的分类和处理，如医疗废弃物的分类管理、有害废物的处置。

6. 员工健康与安全

（1）工作环境：提供安全的工作环境，减少职业危害；个人防护装备的使用和维护。

（2）员工培训：定期进行员工培训，提高他们的专业知识和操作技能；培训内容包括安全生产、环境保护、动物福利等。

（3）劳动保护：遵守劳动法，确保员工的合法权益；提供合理的工资和福利待遇。

二、审核策划良好实践

基于上一节对于养殖场的主要审核条款要求，审核员对于养殖场的审核，需要进行充分的准备，并在现场开展有效的审核。

（一）审核前准备

审核员在进行养殖场审核前，需进行充分准备，这不仅能确保审核过程顺利进行，增强受审核养殖场的信任，还能帮助养殖场发现存在的问题，持续改进。

审核员在开展现场审核前，需要准备如下内容：

（1）审核日程安排。本次审核时间、时长、审核形式（线上、线下）、审核路线等，尤其是对于生物安全的要求。

（2）养殖场基本信息：养殖场成立时间、发展历程、养殖规模、养殖场区平面图、养殖场管理架构及员工情况等基本信息。

（3）确定审核范围，明确涉及场所（如繁殖场、饲料厂等），并收集养殖场及相关企业的资质证照：

① 养殖场：营业执照、动物防疫条件合格证、畜禽养殖代码证、排污许可证、环评报告及批复；

② 饲料厂：营业执照、饲料生产许可证；

a. 质量管理文件和记录：如质量手册、养殖场制度文件及记录文件等。

b. 内部审核和检查记录：包括养殖场日常自查自纠记录及年度内部审核记录。

c. 查看上一次审核报告及企业的整改反馈资料。

（二）审核现场的实施

1. 现场审核

现场审核需遵循养殖场生物安全要求，按照“先净区后污区”的原则进行，审核的主要现场场所及流程为：养殖场入口→养殖场生活区→养殖场生产区→养殖场治污区→养殖场无害化暂存区。

（1）养殖场入口：在养殖场入口，重点审核人员及物资进入的生物安全防控硬件及现场管理，这是生物安全防控的关键环节。

（2）养殖场生活区：在养殖场的生活区，主要审核仓库现场，特别是药品及疫苗的存储情况。

（3）兽药储存室：查看兽药的储存环境是否符合要求，兽药离地离墙存放，兽药室配置空调保持室温在20℃左右；查看兽药种类，是否存在禁用或限用的兽药；核查兽药追溯二维码，确保兽药信息的真实性；查看兽医处方笺，与管理员沟通确认兽药出库流程是否符合标准要求。

（4）疫苗储存室：查看疫苗的储存环境是否符合要求，灭活疫苗需要在2～8℃的冰箱中冷藏保存，冻干疫苗需要在－15℃以下的温度保存；查看疫苗的种类，是否存在非商品疫苗的产品；查看疫苗出库记录，与防疫人员确认疫苗出库及免疫流程是否符合标准要求。

（5）养殖场生产区：

① 饲料：进入养殖舍前，检查猪舍外料罐是否密封紧实，是否存在影响饲料质量的风险。饲喂系统，需要关注目前是否有使用到加药饲料，若使用到加药饲料，如何保证饲料系统的清洁是充分的？同时对于自动化系统中的设备的维护保养进行检查和询问，避免设备故障中导致饲料的窜料（一种料混到另一种料中去的现象）。进入养殖单元后，查看料筒内饲料，是否存在发霉变质等质量问题；

② 人员生物安全要求。在进入养殖舍时查看人员洗澡及物资消毒的硬件配置及管理是否满足生物安全要求。

③ 生猪状态：进入圈舍内主要查看猪群饲养密度、通风、喷淋、光照等是否满足动物福利要求；查看在群猪的状态，是否被很好地饲养和护理。

④ 饮水：查看饮水分布，是否满足猪群喝水的需求；若通过饮水方式使用药物，需关注清水线与加药水线的交叉污染及管理问题，避免管道交叉污染，并关注现场可视化标识及防错措施，防止员工误操作。

⑤ 用药：需要关注查看单元兽药类物资的储存情况，是否存在不合规产品或储存不当情况等，用药是否及时保持记录。

⑥ 养殖场治污区：养殖场治污区是否配置齐全粪污处理设置装备，无粪污废水私排乱放情况；

⑦ 养殖场无害化暂存区：有独立的病死畜禽无害化暂存房间，储存环境满足病死猪暂存要求，无腐烂等情况。

整个现场审核从洁净区到污区，审核时间需根据抽样量大小和养殖场规模确定。养殖场管理方面，最重要的是体现在现场管理方面。

2. 文件审核

不同养殖场的文件记录体系可能差异较大，部分养殖场可能参考 GLOBAL GAP 标准框架，也有部分养殖场参考 ISO 9001 体系框架。不论采取什么样的文件架构，审核员需重点关注文件和记录的真实性与有效性。文件的审核，主要包括如下方面内容：

（1）质量手册。虽然质量手册不是养殖场审核标准中的一个通用文件要求，但是目前很多大型养殖场依然使用经典的四阶文件结构，因此，很多大型养殖场依然建立了质量手册这样的文件。通过审核质量手册，审核员需重点关注组织的方针、目标、架构、职责及高级管理者的承诺。表 4－2 是牧原养殖场质量手册的目录框架案例。

表 4－2 质量手册框架案例

《质量手册》颁布令
质量方针及目标发布令
管理者代表任命书
企业简介
第一章　质量手册说明
第二章　公司愿景、使命、价值观
第三章　质量方针及目标
第四章　公司组织架构及职能分配表
第五章　质量管理体系愿景及实施策略
第六章　文件控制
第七章　体系审核、检查与评审
第八章　不符合项纠正措施与制裁
附件　外来法律法规清单

（2）各类程序和制度文件。对于程序制度文件，审核员需要关注是否包括了主要制度文件清单，并抽样相关重点制度的有效性，与现场审核及人员访谈进行交叉验证。程序制度的文件通常包括如下方面（见表 4－3）。

（3）养殖场的制度审核，需要关注其制度的可视化与有效性，制度是否进行了必要的上墙与可视化，同时了解企业的制度培训方式，企业是如何进行制度的落地培训。

表 4-3 主要文件制度清单

分类	制度文件	分类	制度文件
动物福利	动物福利制度	食品安全	兽药入库质量验收制度
疾病防控	生物安全管理制度		兽药储存管理制度
	生猪免疫管理制度		休药期管理制度
	兽医健康计划		兽药质量异常反馈制度
	兽医处方笺管理制度		针头规范管理制度
	有害生物控制制度		检疫合格证明管理制度
饲料管理	饲料质量管理制度		客户投诉管理制度
	饲料质量异常反馈制度		生猪的可追溯程序
环境保护	病死畜禽无害化处理制度	员工健康与安全	员工健康安全与福利控制程序
	废弃物和污染物处理程序		事故与紧急情况应急预案
	医疗废弃物管理制度		生产部场区培训管理制度

3. 记录审核

记录审核是养殖场审核的重要环节。由于审核时间有限，无法全面检查所有记录，通常采用批次抽样进行追溯，并对相关记录进行全面检查和物料平衡计算（见表 4-4）。

通过追溯进行记录审核的思路通常是：抽样某个出栏批次/正在养殖批次→追溯养殖生产记录→追溯投入品使用记录→追溯种畜转群记录。

表 4-4 养殖场主要记录及内容

序号	记录类型	记录名称	记录中主要关注信息
1	养殖档案	生产变动记录	各工段转入、转出头数变动情况
2	养殖档案	病死畜禽无害化处理记录	死亡猪只处理数量、处理原因、处理方法、处理单位
3	养殖档案	产品销售记录	产品销售的日期、头数、检疫票编号、耳标号段、销售去向
4	养殖档案	饲料和饲料添加剂购进记录	饲料的购进日期、厂家、批号、数量
5	养殖档案	配合饲料使用记录	饲料的种类、加工日期、使用日期、使用量
6	养殖档案	兽药购进记录	兽药厂家、批号、规格、数量
7	养殖档案	兽药使用记录	使用兽药的种类、剂量、兽药批次

（续表）

序号	记录类型	记录名称	记录中主要关注信息
8	养殖档案	畜禽疾病诊疗记录	诊疗畜禽的日龄、数量、病因、用药种类、用药方法
9	养殖档案	畜禽免疫记录	免疫的疫苗种类、头数、剂量
10	养殖档案	畜禽养殖场消毒记录	消毒剂种类和配比
11	养殖档案	防疫监测记录	防疫效果的监测
12	养殖档案	粪便污物处理记录	粪便污物再利用的作物种类、利用形态、施用亩数、施用量、作业人
13	养殖档案	处方笺	开处方人员，处方剂量和使用剂量匹配

对于需要哪些记录，每个养殖场的记录名称可能会有所不同，而且有些养殖场可能使用政府畜牧局发放的记录模板，不论是什么样的记录形式，其主要的记录就是与生产相关的养殖档案记录，比如养殖生产记录、饲料使用记录、兽药处方笺、兽药使用记录、疾病诊疗记录、消毒记录、病死畜禽无害化记录等生产过程记录。

生产记录中，对于兽药的使用记录，需要重点查看，主要是查看兽药使用过程中的风险，包括如下方面：

（1）休药期的满足程度。查看用药计划和用药记录，是否能够满足药品休药期的要求。

（2）药品使用剂量要求。药品的使用剂量是否符合标签和处方笺的要求。

（3）药品的使用范围。是否满足标签上动物使用范围要求。

审核员对于养殖场的记录审核，需要避免查看记录清单，然后逐个记录去检查，而是需要通过批次抽样进行追溯，这样能够将所有的记录进行相互关联和验证，同时计算养殖场的物料平衡。

4. 人员访谈

除现场审核和文件记录审核外，人员访谈也是评估养殖场管理和操作合规性的重要环节。通过访谈，可了解现场实际操作及关键点，全面评估风险并提出针对性改进建议。

养殖场审核进行人员访谈主要对象及内容：

（1）养殖场场长：场长负责整体场区人员及养猪业务的管理，访谈可了解养殖场的整体管理策略、质量控制体系及员工培训情况。重点访谈的内容有：

① 本场养殖生产计划；

② 生物安全管理方案；

③ 生猪健康及疫病防控措施；

④ 本场的食品安全与质量管理体系和方案；

⑤ 本场动物福利方案及实施情况；

⑥ 粪污处理等环境保护措施方案；

⑦ 员工培训计划及其执行情况等。

（2）兽医：负责本场生猪健康管理及疾病诊疗，审核员通过访谈兽医，了解兽医的工作职能和职业背景，评估养殖场动物健康管理的有效性；重点访谈的内容有：

① 生物安全管理方案；

② 动物疾病预防与控制措施；

③ 药物使用方案，尤其是抗生素和其他药物的使用规范；

④ 定期疾病监测的流程和频率等；

⑤ 休药期的管理。

（3）养殖技工：作为生猪饲养的直接责任人，需要严格落实饲养管理、健康管理、食品安全与质量管理等标准要求，审核员在生产区审核时，可能通过访谈，了解日常操作是否符合标准操作要求；重点访谈的内容有：

① 日常饲养管理的具体操作流程；

② 生猪饲养过程的护理与异常猪的治疗；

③ 兽药使用及停用的标准；

④ 圈舍内生物安全防控及消毒措施执行；

⑤ 场区对员工的培训情况等。

（三）养殖场审核常见问题

养殖场在接受审核时，也会存在一些问题，常见问题如下：

（1）兽药供应商资质更新不及时，存在资质证件过期未及时更新的情况；

（2）兽药、饲料等检测报告未及时更新；

（3）兽药在养殖场的单元内的存放，没有进行正常的药品良好管理；

（4）现场文件记录不完整或者更新不及时；

（5）个别程序文件未结合实际业务调整进行完善更新；

（6）员工培训记录不完整等。

（四）相关行业建议

综合畜牧养殖的生物特性，对于养殖场供应链审核有以下建议：

（1）远程审核：综合养殖场生物安全要求及审核效率，可以使用远程审核的方式；现场审核以视频连线方式进行，文件记录以电子记录形式反馈审核，人员交流沟通以线上会议形式进行视频沟通询问。

（2）审核人员能力提升：客户方审核人员多为食品相关背景，缺乏畜牧养殖专业知识，可能导致审核过程未能全面识别和评估风险，审核方式过于教条，难以有效提升被审核养殖场的管理水平。可以对审核人员能力进行养殖环节相关知识的专项提升。

（3）养殖场机械化、自动化和数字化水平对于审核人员的挑战。随着越来越多的养殖场采用数字化手段，审核员需更多关注设备自动化有效性，并适应通过各类软硬件系统评估养殖场的质量和食品安全状况。

第三节 包装环节良好审核实践

在“大食品”观念逐步普及并成为日常食品安全管理的重要背景之下，食品接触材料（或通俗称为食品包装材料）是大部分企业在供应商管理和审核中极为重要且不可或缺的环节。食品接触材料的审核具有特殊性，与农产品、食品原料及添加剂的审核存在差异。因此，全球食品安全倡议（GFSI）认可的诸多标准中，都明确区分了食品与食品接触材料的审核标准，并单独发布。

从行业成熟度来看，随着食品接触材料生产企业逐步认识到客户审核对其持续改进的帮助，也常见到具有建设性的审核和持续的资本投入。大部分的包装材料生产企业都具备良好的GMP车间，并且配备自动化或半自动化的生产设备，以实现高度精益化生产，从而保障了产品质量和消费者安全。

需要明确的是，包装材料不仅用于食品领域，还广泛应用于宠物饲料、日化、样品等诸多行业，其基本原理是相通的。因此，本文以食品包装为重点，分享实际审核中的良好实践。

本篇将探讨的内容来自笔者的审核经验，包括如下四方面的内容：

（1）包装审核的主要参考依据；

（2）包装审核前的准备工作；

（3）包装审核过程中的侧重点；

（4）包装审核后的沟通与成长。

一、包装审核的主要参考依据

大多数食品安全审核员在入行初期，都会被安排审核食品接触材料供应商。这是因为食品接触材料属于工业制品，工艺成熟，质量表现容易量化，且微生物风险较低，化学性风险主要依赖外部检测。如果在成为审核员之前，已经具备接触性材料生产制备工厂的经验，或者专业学习过相关包装材料知识，则能更高效地开展包材企业的审核。

一些大型食品生产企业聘请了专职包装研发工程师，秉持“包装材料的质量与安全源于设计”的先进理念，为审核员提供了更多底层技术设计支持。比如：包装材料的预期使用目的、材料的基本结构和基础组成、包装材料的接触性风险、反复使用的可能性及可回收的必要性。这些都是审核前十分重要的参考依据。

当然，“前人披荆斩棘，后人乘凉而行”。许多审核员前辈和专业人士凭借自身经验和对产品特性的理解，编写了大量有价值的参考资料。刚入行的审核员，不妨尝试通读这些资料，从而有助于精炼问题、磨炼思路的作用。

（一）审核标准

1. GFSI 基准要求

全球食品安全倡议（GFSI）基准要求（Benchmark）提供了诸多前瞻性指导，尤其在包装材料方面，强调了以下几点：

（1）与食品接触材料相关的危害分析和风险评估；

（2）包装生产设施的良好生产规范（GMP）要求；

（3）针对包装材料的特定可追溯系统指南；

（4）印刷材料和印刷环节的标签控制。

2. IFS

IFS 包装材料标准 IFS Packsecure 的完整名称是“国际食品标准包装材料”（International Featured Standards for Food Contact Materials）。这是一个专门针对食品接触材料（包装材料）的审核标准，是 IFS（国际食品标准）系列标准中的一个重要组成部分。它专门用于评估和认证生产食品包装材料的企业，确保这些材料符合食品安全和质量要求。

3. BRCGS

BRCGS 包装材料的完整名称是“全球包装材料标准”（Global Standard for Packaging Materials）。这是由英国零售商协会（British Retail Consortium）开发的一个全球认可的食品包装和其他包装材料安全标准。

BRCGS 还发布了一些很好的扩展阅读文件，其中就有如何解读各类接触材料污染物迁移的原理及管控策略。

4. FSSC22000

FSSC22000 下有分多个产品分类，其中分类 I，就是专门针对包装材料的生产而设计的审核体系。在具体实施过程中，ISO/TS 22002—4 成了重要的前提方案与参考依据，为实际的风险管理带来显著的指导性帮助。

（二）书籍阅读

除了已经经过实践检验过的标准体系可以参考以外，审核员也可以从更基础的知识框架入手。关于接触性材料的书籍有很多，见表 4-5，但建议从两个方面入手。第一方面是材料与工艺，可以帮助审核员探究目标产品的生产工艺的轮廓，避免进入到现场后“沉迷于”工艺的学习，而忘了审核是任务的重点。第二，接触性材料的危害和风险。其中，化学性迁移是重点关注对象，审核员应提前了解前人犯过的错误和经验教训。

表 4-5　食品接触材料相关书籍

参考书名	ISBN	主编	出版日期
食品接触材料危害物检测与风险评估	9787030770202	王志伟	2023 年 11 月
食品接触材料质量控制和检验监管实用指南	9787122166326	商贵芹，陈少鸿，刘君峰等	2013 年 6 月

（续表）

参考书名	ISBN	主编	出版日期
食品接触材料化学成分与安全	9787530467718	刘伟丽，周明强等	2011年1月
产品设计材料与工艺	9787301341162	敖进	2023年6月
玻璃工艺学（第二版）	9787122444004	原晓艳	2024年5月
塑料使用指南	9787122331878	Ulf Bruder	2019年6月
纸包装容器加工技术	9787514235845	杨永刚	2022年3月
绿色低碳与包装创新设计	9787122413741	王丽	2022年6月

（三）行业协会

对于有余力的读者，还可以关注一些海外接触性包装材料协会，及时了解行业动态和科技变化。

1. 欧盟食品包装相关协会

欧洲塑料转换商协会（EuPC）：https：//www. plasticsconverters. eu/

欧洲印刷油墨协会（EuPIA）：https：//www. eupia. org/

欧洲软包装协会（FPE）：https：//www. flexpack－europe. org/

欧洲纸业联合会（CEPI）：https：//www. cepi. org/

欧洲铝箔协会（EAFA）：https：//www. alufoil. org/

2. 美国食品包装相关协会

美国食品包装协会（IOPP）：https：//www. iopp. org/

美国软包装协会（FPA）：https：//www. flexpack. org/

二、包装审核前的准备工作

和其他食品安全审核一样，充分的审核前准备意味着审核成功了一半。但具体要做哪些准备呢？

除了要明确审核开展的流程（参考本书第二章），审核员应该通过各种资源做足审核前的准备。笔者尝试根据自身的经验去总结资料的明细，但未必涵盖所有的接触材料种类与应用，因此读者还得根据实际情况，酌情调整。

（一）工厂资料

1. 资质证书

根据《食品安全法》第四十一条的规定，对直接接触食品的包装材料等具有较高风险的食品相关产品，按照国家有关工业产品生产许可证管理的规定实施生产许可。市场监管总局发布了食品相关产品生产许可证实施细则。属于实施细则规定范围的，应当办理生产许可证，不属于实施细则规定范围的，无需办理生产许可证。一般而言，对于纸制品、塑料制品或者纸塑复合产品，都有必要向工厂索要有关的生产资质，又或者是市场监管局对无需进行有关资质评定的有关意见书。

2. 体系认证证书

查询生产企业获得的体系认证证书及其相关信息（如产品名称、未认证但共享生产区域的产品）。

3. 工艺流程图

生产企业通常能提供通用版本的工艺流程图，用于宣传和介绍产品特性。但是这样的工艺流程图未必能帮助审核员预判到一些现场的情况，尤其是首次拜访。所以在索要工艺流程图的时候要强调获得以下的信息：

(1) 原料组分的横向罗列，即包括基础材料（或者粒子）、添加剂、工艺助剂（如润滑油、抗静电剂等）；

(2) 配方控制的策略（若涉及保密性，则可简单说是人工设定或者系统自动）；

(3) 半成品的生成或者使用（建议有一个单一步骤来呈现某一个中间态的材料存在于工艺过程中）；

(4) 关键控制点（对食品安全危害和使用安全危害进行风险控制和消除）；

(5) 储存与配送（目的是确保储存得当，不受二次污染）。

4. 厂区布局图

随着工业化程度的提升，中小型包装加工企业通常具备多条生产线，大型或头部企业则更为复杂。因此在审核前能获得厂区布局图，并且勾勒出以下几点，则会对实际现场审核带来帮助。

(1) 化学原料（如油墨、溶剂）等储存区域；

(2) 与采购方有关的生产流水线（组）所在物理位置；

(3) 人流与物流路线图；

(4) 在线实验室；

(5) 报废材料处理区（特别针对有印刷客户品牌的情形）。

(二) 产品资料

1. 产品技术书

产品技术书是很多包装生产企业来承载包装材料技术信息的重要媒介，英文 Technical Data Sheet。在部分细分领域，也常被产品介绍书替代。通过产品技术书，审核员可以进一步确认包装材料是否具备既定功能，如防腐、确保印刷效果、适配其他包装组件等。审核员在获得这份产品技术书时，应当仔细阅读，因为其中所带来的信息或许比产品规格书更有利于现场评估工作的开展，包括：

(1) 包装材料的基本结构或多结构组成信息（如金属包装应当包括焊接点、表面涂层或精油）；

(2) 包装的预期用途（如包装涉及内容物在油脂、酸度、水分方面的特征、储存温度和条件、使用场景等）；

(3) 包装材料保质期（如抗紫外强度、抗冻性等）；

(4) 功能性指标（比如拉伸强度、透湿透氧率等）；

(5) 对转基因材料、过敏原物质的涉及情况；

(6) 产品可回收、可分离、可填埋的可能性；

(7) 有关标识管理（用于符合 GB 4806.1《食品安全国家标准　食品接触材料及制品通用安全要求》的附录 A 有关要求）。

2. 产品规格书

产品规格书详细描述了产品技术参数、性能指标和质量要求，通常包括尺寸、材质、功能特性、包装要求等具体信息。它是生产商和客户就产品细节达成一致的重要依据。在食品接触材料的产品规格书中，如有可能，应详细描述以下信息，以便后续商务活动的开展和职责明确。

(1) 本材料所需要依法满足的法律法规、国家标准、行业标准等依据；

(2) 检测项目的清单，包括批检和型式检验；

(3) 检测方法（国内的检测方法一般参考食品安全国家标准，国外的可以参考 ISO、ASTM 或者 AOAC 的检测方法）；

(4) 检测频率（部分检测频率或在新产品上市前采用加严抽检的力度以实现数据积累和信心建立）；

(5) 免责声明（其往往会对客户滥用、误用等特殊情形进行约束）；

(6) 产品样例照片（建议包含印刷图稿）。

3. 质检计划单

多数企业叫质检计划单，有些企业会做得相对简单点，叫缺陷检查表，也有些企业则通过 QC 计划书来呈现。质检计划单主要是侧重非化学检验的项目，通过预先设定一个抽样计划，实现对 AQL（Acceptable Quality Level）的监督与控制。通常参考 GB 2828.1《计数抽样检验程序　第 1 部分》，基于统计学对缺陷分布和严重程度进行评估。生产包装材料的企业应该是制定质检计划单的主要负责人，从而充分且客观地体现出实际的生产水平和能力。但是客户也可以参与其中，从“料”的角度，前置预包装后的产品的缺陷管理。主要需要探讨设计的细节包括：

(1) 需要质检的指标（主要是组件完整性、外观、克重、标签等）；

(2) 缺陷的定义及严重程度（或配有量化指标或图例）；

(3) 对应这些指标的检测方法和判断依据；

(4) 取样量（根据生产量而定）；

(5) AQL（此处往往会有通用版和客户约定版）；

(6) 产品质检判定依据（往往以逻辑树形成呈现）。

4. 符合性声明

根据 GB 4806.1《食品安全国家标准　食品接触材料及制品通用安全要求》中 8.4 款的有关要求，符合性声明应包括遵循的法规和标准，有限制性要求的物质名单及其限制性要求和总迁移量合规性情况（仅成品）等。为了方便行业内进一步规范符合性声明的撰写格式，疏通上下，就关键信息的传递，食品工业协会发布了多项团体标准，包括《食品接触材料符合性声明行业指南通则》《食品接触材料及制品用黏合剂符合性声明指南通则》《食品接触材料及制品用油墨符合性声明要求》。审核员可以下载、转发、宣贯有关参考资料给予生产企业，又或者直接索取来自生产企业等同的符合性声明文书。

三、包装审核的实施

在准备充分的情况下，审核即可开始。大部分注意事项和要点与食品原料审核相似，此处不再赘述。以下建议旨在帮助审核员在审核前梳理思路，提高审核效率和质量。

（一）审核活动开展时的注意事项

审核员需注意以下几点：确保自身安全、抓住审核重点、根据实际情况灵活调整。

（1）安全第一。包装生产企业部分工艺涉及机械冲压、高压高温环境及化学暴露风险，审核员需提前准备或索要个人防护用品，必要时释放静电，确保自身安全。

（2）产品小样。若审核对象为复杂多组件材料，建议提前获取样品，实地感受其特性，以便调整审核路线和策略。

（3）风险评估。审核接触性材料工厂时，审核员常将食品工厂审核要求直接套用。但需注意审核条款的适用性，并采用风险评估手段，避免生搬硬套增加企业成本。

（4）图稿信息。图稿信息的准确性关乎企业是否符合 GB7718 及其他标签标识条例。图稿错误在后期包装过程中难以发现，可能导致财务损失扩大。审核时需仔细分析图稿信息的确认方式、确认人及确认内容。

（5）使用安全。包装材料本身的天然属性是一个审核员不可以忽视的地方。比如，金属罐体带有毛边容易划破手，玻璃器皿在热灌装时出现爆裂，不锈钢保温杯密封性差等。这些虽然不是直接的食品安全问题，但是可能对消费者带来的危害也是极为严重的。审核开展过程中，审核员应该秉持着全方位保护消费者的心态，或从设计上提出合理化建议。

（二）现场审核与文件审核

审核实施的过程由两部分组成，一部分是文件审核，一部分是现场观察，缺一不可。通常先进行现场审核，发现优点和待改进之处；文件审核则基于这些观察项进行系统评估，确保风险管理及预防措施到位。

1. 现场审核路线覆盖区域与关注点

（1）原料存储区域（此处要注意如何通过物料标识卡对不同种原料、配料进行区分、避免错拿误用）；

（2）原料留样区（这个区域的设置往往会被忽略，尤其是对于那些只是做物理二次成形的包装工厂更是不可或缺）；

（3）工艺配方调配室（在审核员能进入的情况下，记得对如何批准工艺单、验证配方添加量，尤其是添加剂添加量进行确认）；

（4）空压机房（一些包装材料冲压设备、剔除装置、清洁装置都是由压缩空气驱动的，因此压缩空气的洁净度需要慎重考量）；

（5）化学品存储区（一些化学品或许会和参与生产的辅料发生化学反应，或者其他不可预估的后果，因此非生产用化学品和生产用化学品建议单独存放）；

（6）工艺用水的预处理（这个步骤往往涉及一些需要水冷的加工工艺，如挤出工艺，水污染会导致产品不洁）；

（7）不合格品存放区、扣留区（接下去的思考是，不合格品的二次检查在哪发生呢?）；

（8）在线实验室（随机抽样检查可评估在线 QC 的业务质量，但需注意实验时间）；

（9）综合实验室——必须获得可靠的实验数据，用于提升对产品质量的信心，参考包括：

① 和第三方实验室的能力比对试验（一对多）；

② 和客户（自己或者指定的）实验室的比对试验（往往是一对一）；

③ 实验室自身的资质（比如 CNAS 或 CMA）；

④ 实验室内外部校准方案；

⑤ 报废区（报废方法值得关注，单纯意义地售卖固废，已不能达到保护客户品牌形象的初衷）。

2. 文件审核的重点模块内容

（1）HACCP（危害分析及关键控制点）或 HARM（危害分析及风险管理）；

（2）客户投诉及对突出的问题的根本原因（不可以忘记对行动效果的确认）；

（3）模拟召回和追溯演练（物料平衡能带着你完成一次“奇妙之旅”）；

（4）供应商名录及评审资料汇总（如果有极个别供应商没有任何评审资料，该如何处理呢?）；

（5）过程分析（质量控制点有哪些？缺陷率目标设定为哪？防呆措施有哪些?）；

（6）主动维护保养计划（“主动”的程度和设备的运作良好状态有关）；

（7）卫生管理程序（工厂如果实施 5S 一类的现场管理工具，则为加分项）；

（8）员工健康体检表（对于大部分涉及图稿的包装企业，色盲和色弱员工不得从事表面处理和印刷工作）；

（9）食品防护计划（这可不是仅限于食品生产企业，包装也是容易投毒的路径之一）。

（三）审核不同包装材料的风险关注点

审核员可能已通过咨询同行或阅读文献积累了包装材料专业知识，但现场审核时可能因信息量过大而抓不住重点。此时应回归产品特性，聚焦必问项，实现突破。

1. 纸包装材料

（1）纸纤维的来源；

（2）漂白工艺中所使用的化学试剂及其残留；

（3）荧光增白剂的使用；

（4）纸张改造过程中的环境卫生（因为纤维在潮湿的环境下有助于微生物滋长）；

（5）成品的包装和保护（尤其是研判虫害藏匿的可能）；

（6）油墨、黏合剂的 MSDS、符合性声明；

（7）终产品迁移报告（此处小心模拟物的选择）；

（8）未雨绸缪：纸基回收链中非有意添加物质的危害评估。

2. 塑料包装材料

（1）添加剂使用及控制生产过程中的温度控制；

（2）工厂内、外的回收料的使用情况；

（3）空气洁净程度及通风系统的过滤能力；

（4）润滑油的食品级证明；

（5）双酚 A（尤其是使用了聚碳酸酯材料的物质）；

（6）三聚氰胺（尤其是用于婴幼儿、小龄儿童的餐具）；

（7）未雨绸缪：PFAS（全氟和多氟烷基物质）、MoSH/MoAH（饱和烃矿物油及芳香烃矿物油）。

3. 金属包装材料

（1）原材料涂层的种类和完整性；

（2）功能性结构的安全性（比如用于罐头加工工艺的双卷边结构）；

（3）重金属迁移检测报告、涂层迁移检测报告（如相关）；

（4）对于带有垫片的金属盖，则垫片作为主要食品接触材料予以单独分析和研究；

（5）未雨绸缪：铁皮防滑用润滑油（来自上游）的残留。

4. 玻璃包装材料

（1）原料熔融的参数摸排；

（2）退火的工艺设定和温控管理；

（3）玻璃的缺陷检查；

（4）现场碎玻璃的清理、清扫和处理；

（5）未雨绸缪：全面可视化缺陷检查设施与设备。

（四）包装工厂的审核常见问题

作者在审核众多包装材料工厂，发现有如下共同的差距点。

1. 原材料管理薄弱。与食品加工企业相比，包装材料企业对基础原料的把控主要集中在质量和功能性方面，进厂验收多依赖供应商提供的单证，而非现场审核。部分塑料粒子加工企业因保密性原因，不允许外部审核。因此，包装企业需明确供应商管理的预期要求，如选择知名生产企业，并获取相应的符合性声明和检测报告。

2. 设备维护不到位。市场竞争激烈，许多包装材料企业为连续生产，侵占了设备维护资源，导致设备无法发挥预期效果，甚至产生额外风险（如漏油、铁丝等）。此外，维护保养团队的能力水平也值得关注，如润滑剂使用、维护后清洁处理及设备性能检查等，审核员需进一步交流和查验。

3. 生产过程控制不足。部分企业引入精益生产理念，通过统计学过程控制方法，逐步优化生产过程。审核时需关注设备自动化程度（包括自我纠错能力）、人工干预（包括防呆机制）及全员质量管理（包括根本原因分析能力）。

4. 私人物品带入及办公用品混入。在劳动密集型接触性材料企业中，员工私人物品管理问题突出，部分工厂缺乏足够的更衣室或私人物品储存区域，导致员工将私人物品带入生产区。此外，工厂文具选择和管理不当也可能导致问题，如磁石吸附金属罐、订书钉成为金属异物、测量工具不完整等。

5. 产品留样空间不够。因为包装材料的特点，即容器有大有小，且并不规则，因此在存放留样时，很多包装企业都面临空间不够的情形。为了解决这个问题，生产企业要反复推敲取样规则，一定程度上调整好取样量，但是归根结底，还是要确保存储空间的充分性。

四、包装审核员的成长

当前包装行业处于变革转折点，生物可降解、减塑运动、可回收包装、再生材料和智能包装等为生产企业带来新机遇。然而，这些变革也因工艺改变、供应链调整和舆论焦点转移，给审核员带来前所未有的挑战。审核员应如何应对?

这需要回归底层逻辑，帮助审核员实现“万变不离其宗”。无论审核员经验如何，或工厂基础如何，这些原则都不会改变。

第一，深入了解食品供应链发展趋势。包材审核标准多源自食品标准，因此需关注食品标准的发展。

第二，加强包装材料专业知识学习。许多包材审核员背景为食品专业，需补充包装材料专业知识。

第三，关注化学迁移物检测手段的提升。尽管化学迁移物令人担忧，但工厂检测手段和水平在不断进步。

第四，定期观察包材性能和变化趋势。包材就在我们身边，通过观察可了解其更多性能和趋势。

第四节　物流仓储环节良好审核实践

物流环节是食品供应链中至关重要的部分，起着承上启下的作用。它不仅关系到食品的储存安全，还直接影响食品质量和食品安全，进而影响企业的经济利益。如果食品企业在物流环节保持良好运行状态，将为产品质量和食品安全提供有力保障，降低产品损失和质量成本，提高运行效率，从而显著增强企业的市场竞争力。

物流环节的审核是食品企业审核中不可或缺的部分，对物流环节进行审核是确保食品安全、提高运营效率和降低成本的重要手段。通过明确审核目的、标准、流程和注意事项，可以有效地发现物流环节管理中存在的问题，并提出改进建议，从而提升食品企业的整体管理水平。因此，确认食品企业的管理情况时，不能忽略对其物流环节的审核。本章节将详细描述如何在食品企业开展物流环节的审核。

一、物流环节法律法规和国际标准要求

（一）物流相关法律法规要求和标准

在开展审核前，审核员需要明确食品物流环节有哪些相关的法律法规要求和标准。食品企业应遵守国家和地方有关于食品物流的法律、法规、标准和要求。

以仓库的硬件要求为例，在《冷库设计标准》(GB 50072—2021) 中规范了仓库在硬件方面的要求。

直接针对食品物流的法律法规较少，但《中华人民共和国食品安全法》《中华人民共和国食品安全法实施条例》《中华人民共和国食品生产通用卫生规范》《食品生产经营监督检查管理办法》以及各地区食品安全条例中，均包含与物流环节相关的规定。

同时，审核员还需提取与原辅料、包材、成品储存和运输相关的温度和湿度要求。《食品安全国家标准　食品冷链物流卫生规范》(GB 31605—2020) 规定，需冷冻的食品储存和运输温度不应高于−18℃；需冷藏的食品储存和运输温度应为 0～10℃。北京市《冷链即食食品生产审查实施细则》中也规定了：冷链即食食品贮存冷藏库库温应≤10℃，运输箱内温度应≤10℃。以下是笔者罗列了部分跟食品冷链物流相关的标准，如表 4-6 供读者参考：

表 4-6　部分食品冷链物流相关的标准

标准号	标准名称	颁布部门
GB 31605—2020	食品冷链物流卫生规范	国家市场监督管理总局
GB 50072—2021	冷库设计标准	住房和城乡建设部
GB/T 23346—2009	食品良好流通规范	国家质量监督检验检疫总局
GB/T 24400—2009	食品冷库 HACCP 应用规范	国家质量监督检验检疫总局
GB/T 22918—2008	易腐食品控温运输技术要求	国家质量监督检验检疫总局
GB/T 30134—2013	冷库管理规范	国家质量监督检验检疫总局
GB/T36088—2018	冷链物流信息管理要求	国家质量监督检验检疫总局
GB/T 24616—2019	冷藏、冷冻食品物流包装、标志、运输和储存	国家市场监督管理总局
WB/T 1104—2020	食品冷链末端配送作业规范	国家发展和改革委员会
GB/T 40956—2021	食品冷链物流交接规范	国家市场监督管理总局
GBT/28577—2021	冷链物流分类与基本要求	国家市场监督管理总局
GB/T28843—2024	食品冷链物流追溯管理要求	国家市场监督管理总局

(二) 物流相关国际标准要求

在全球范围内，《BRCGS 全球仓储和配送标准》和《IFS 物流标准》均是应用非常广泛的物流标准，且都是获得全球食品安全倡议 (GFSI) 认可的基准标准。

《BRCGS 全球仓储和配送标准》在食品和消费品物流领域认可度较高，尤其在欧洲市场。《BRCGS 全球仓储和配送标准》涵盖食品、包装材料和消费品在存储和配送过程的安全、品质及合规的所有活动，包括合约存储和配送服务商所提供活动。该标准包含八大核心要求：高级管理层承诺、危害和风险分析、质量管理体系、现场和建筑物标准、车辆作业标准、设施管理、良好作业规范 (GMP) 和人员管理。同时该标准允许组织增加强调具体业务活动的可选模块，包括：批发模块、交叉装运、电子商务、外包服务。

《IFS物流标准》在国际物流领域被广泛认可，许多大型零售商和跨国企业要求物流供应商获得该标准认证，以确保全球供应链质量。《IFS物流标准》评估物流活动的质量和安全，包括运输、储存、配送、装卸等，支持物流公司满足客户日益增长的透明度和可追溯性要求。《IFS物流标准》适用于所有物流领域，例如通过卡车、铁路或船舶运输，以及所有类型的食品和非食品产品。《IFS物流标准》的模块主要包括：治理与承诺；产品安全质量管理体系；资源管理；物流服务的实现；测量、分析、改进。

食品生产商可根据业务需求，选择适合企业自身业务的物流标准。

二、物流企业良好审核实践

结合企业自身制定的仓库管理制度、质量标准和客户要求，以及上文提到的法律法规和标准中的相关条款，可作为食品企业物流环节审核的依据。

审核食品企业物流环节需综合考虑人员管理、环境管理、设备设施管理、储存管理、运输管理、安保管理、应急管理及外部物流管理等多方面因素。通过对这些环节的综合评估，可确认物流环节是否处于良好运行状态，并评估其风险程度。下文将一一阐述在食品企业物流环节审核时，每个环节的良好审核实践。

（一）人员管理

1. 人员培训与资质

物流相关人员上岗前应接受专业技能和食品安全培训，并掌握相关知识和操作技能。培训内容应包括但不限于仓库良好操作规范（GWP，Good Warehouse Practice）、食品安全要求、人员卫生规范、产品操作规范、安全操作规范、异物控制规范等。企业还应定期组织人员进行培训复习。审核时，应确认企业是否制定了物流人员培训计划，验证培训进展是否与计划一致，培训师是否具备资质，培训效果是否进行了有效评估，以及培训文件是否按规定存档。

审核时应确认特种设备操作人员是否持证上岗，如叉车操作人员是否持有特种设备作业人员证。

与生产制造环节类似，食品企业应明确物流环节的岗位职责和人员考核机制。审核时应确认这些内容。

2. 人员卫生要求

审核员应确认企业是否制定了物流人员的个人卫生要求，如健康证、工作服、洗手及场所内饮食要求等。该要求应涵盖物流环节的员工、承包商和访客等，如装卸人员、司机和第三方虫害防治人员等。审核时应检查这些要求的执行情况。

物流企业虽非食品制造环节，但需关注员工着装带来的异物风险。审核时应确认企业是否控制员工和访客掉落异物的风险，并检查物流环节人员的着装是否整洁，有无松散物品掉落。

（二）物流环境管理

物流环境包括仓库储存环境和运输环境，应防止食品污染、变质或损坏。物流环境包括仓库储存环境和运输环境，物流环境应能防止食品受到污染、变质或损坏。

对物流现场的检查，是对环境管理审核的主要手段。审核时应确认物流环境是否满足对应产品的储存和运输要求，如仓库墙壁、地面、天花板是否完好且封闭严密；物流环境是否存在污染源（如仓库内外的废弃物、化学品），以及原辅料和包材是否可能污染成品。

审核员应确认食品企业是否制定了针对物流环境的防止污染程序，防止污染程序可能是一系列的程序，包括清洁计划、过敏原管理程序、玻璃制品和易碎塑料的管理程序、虫鼠害管理等。

清洁是维护物流环节卫生的主要手段。审核员应确认企业是否制定了物流环节检查计划并实施检查和记录；是否建立了包括日清洁、周清洁、月清洁和年度清洁在内的清洁计划；清洁计划是否涵盖仓库内设施、设备、墙壁、地面、天花板、运输工具和运输容器等。通过检查物流现场和清洁记录，审核员可确认企业物流环节的清洁执行情况。

在某些情况下，仓库会使用设备对重复使用的工器具（如周转箱）进行清洗和消毒。审核时应确认清洗设备的工作原理和工艺参数是否与设备使用说明或标准操作程序（SOP）一致，并验证设备是否能按预期完成清洗或消毒工作。如果使用化学品进行辅助清洗和消毒，其管理应符合企业化学品管理标准。

审核玻璃制品和易碎塑料管理程序时，应确认企业是否定期检查并记录监控清单项目。除常规灯具外，还应检查企业是否将叉车照明灯、警示灯、安全指示灯、消防栓玻璃门及电子屏等纳入监控和管理。

食品企业的虫鼠害管理程序应覆盖物流环节。审核时应检查该程序在物流环节的落实情况，包括防虫、防鼠设施是否完善，有无虫害滋生迹象，仓库出入口是否妥善防护，大门在无货物进出时是否保持关闭，以及运输前是否检查运输车厢的密封性。

无论是储存阶段还是运输阶段，如原辅料、包材或产品有温度或湿度的需求，物流环节的硬件都应确保能对温度或湿度进行控制，例如仓库的墙体使用保温隔热材料并使用密封结构，码头装卸门的大小与车型匹配，使用充气柱或门帘以减少码头与外界直接相通的面积。审核时应验证上述内容。食品企业应建立物流环节的温湿度控制标准，并进行监控。监控设备的数量和位置应符合法律法规或标准要求。例如，《食品冷链物流卫生规范》（GB 31605—2020）规定，温度传感器或温度记录仪应放置在最能反映食品温度或平均温度的位置，建筑面积大于 100m^2 的冷库，温度传感器或温度记录仪数量不少于 2 个。审核员应检查温度或湿度监控设备的数量和摆放位置是否合理，调阅历史温湿度监控记录，确认数据是否符合要求。如果温湿度数据超出标准限值，应进一步调查企业是否及时发现并采取纠正措施。

（三）设备设施管理

物流环节会使用各种类型的设备和设施，例如货架、叉车、托盘等等。审核员应检查各类设备设施是否完好，性能和数量是否能满足货物存储和搬运的需要。例如叉车是电动叉车还是燃油叉车。

审核员应检查仓库通风设备、制冷设备以及车辆发动机、制冷机等是否正常运行，并确认是否制定了维护保养计划且定期执行。

审核时还应关注设备卫生维护情况，例如：设备是否维护得当，不运行时各组件是否保持卫生和干燥，设备是否纳入清洁保养计划，以及待使用的工器具是否存放在适宜环境且不被污染。

对于物流环节使用的温度或湿度测量记录设备和称重设备，企业的设备计量和校准程序应涵盖这些设备。审核员可从以下几方面进行审核：

（1）确认企业是否建立了设备台账，并核对台账信息与实际设备是否一致。

（2）确认企业是否制定了合理的设备校准要求（如校准方式和频率）。

（3）确认企业是否按程序要求进行了校准并保留了校准记录。审核员应特别关注校准报告中校准点与日常检测点的匹配度。例如，如果温度计的日常检测范围为－20℃至30℃，则校准点应覆盖此温度范围，而不是仅校准其在100℃或200℃时的精准度。

（四）储存管理

物流环节可分为储存和运输两个环节。对于储存环节，食品企业除了建立和维持良好的卫生环境外，还需采取措施确保产品储存得当，避免交叉污染，并确保追溯的准确性和及时性。

审核员应检查企业货物进出库管理制度，并确认企业在货物验收、储存和出库环节是否进行了严格管理。

1. 储存环节防止交叉污染

企业应确保产品在仓库中储存安全，不会被污染或变质。审核员应在审核期间确认仓库如何防止货物混淆和交叉污染，可从以下方面进行核实：

（1）检查仓库布局是否合理，是否便于货物进出库和存储。

（2）检查仓库是否划分了不同区域，如原材料区、成品区和不合格品区。查看库存货物摆放是否合理，有无混放或错放现象。

不合格品管理，是否避免与合格产品混放发货，不合格品台账是否与实物一致，不合格品存放区别是否是CCTV监控覆盖的区域？不合格品处置是否有明确的要求并执行。

（1）确认化学品和液体类的产品是否分区存放，以避免对其他产品造成污染。

（2）检查隔离品或次品储存区，验证隔离品或次品的实物与台账的一致性。隔离品或次品的存放是否可能造成被误用？次品是否可能对库存产品造成污染。

（3）各类产品是否离墙离地存放，以便有足够的空间进行清洁、检查及减少鼠害的影响。

（4）托盘管理。是否使用木托盘，检查托盘完整性，避免对货物的损伤及带入异物风险；如何管控托盘携带的虫害及发霉风险；

（5）当仓库的产品或设备在车间和仓库之间转移，尤其是涉及户外储存和转移时，应审核该环节是否可能对产品或设备造成污染，进而影响产品安全或质量。

2. 追溯检查

物流环节作为追溯的环节之一，对追溯的准确性和及时性有着至关重要的影响。

审核员应做好如下检查：

（1）验证仓库的库存记录，包括入库、出库、库存数量、生产日期、到期日等信息是否准确和完整。

（2）是否对各种状态的货物做了明确标识。

（3）是否应遵循先过期先出或先进先出原则。

（4）是否定期进行库存盘点，以确保库存数量的准确性。

（5）是否定期开展物流环节的产品追溯测试，并至少追溯到产品下游客户，以确保追溯的时效性和准确性。在追溯测试或真实追溯后，企业是否对发现的问题进行分析和改进。审核员可通过抽样产品验证追溯的有效性。

（五）运输管理

运输环节是物流环节的重要组成部分，虽然名称简单，但实际操作复杂。我们需要检验食品企业如何在运输环节保护产品，防止产品受到污染或损坏。

（1）确认企业是否根据产品的特性、运输距离、成本等因素选择合适的运输方式，如公路运输、铁路运输、水路运输、空运等。

（2）确认企业是否根据产品对环境、清洁度和光线敏感度的要求，选择合适的运输工具。例如，对卫生要求高的产品，应使用封闭厢式货车运输。审核时应确认运输工具的适宜性。

（3）对于有温度或湿度要求的产品，确认企业是否使用控温运输车厢；是否配备在线温度监控装置以全程监控运输过程；是否配置报警系统，以便在运输过程中温度异常时及时报警。审核时应验证报警系统的及时性和有效性。

（4）确认企业在每次运输前是否检查车况，以确保无污染物（如异味、垃圾、木屑、虫鼠害痕迹）且车厢内灯具是否防护。

（5）如果使用罐车运输产品，确认企业是否调查并确认罐车此前的使用情况和清洁状态，以确保其符合运输要求。

（6）如果企业使用运输容器（如恒温箱）运输，确认企业是否对容器进行预冷及清洁性和完整性检查。

（7）确认企业是否在运输环节采取有效防护措施（如使用托盘、缠绕膜等）以防止物料损坏和污染。对于易碎、易损物料，是否采用特殊搬运方式和防护措施。

（8）确认企业是否存在混装运输。如果存在混装，确认混装产品是否可能污染企业产品以及运输人员是否采用合理隔离方式防止污染。

（9）配送期间，确认企业是否做好物料标识和记录，以便追溯物料来源和去向。例如，对于不同批次或生产日期的产品，是否分托摆放或使用清晰标识进行区分。

审核时尽量安排在装、卸货期间进行检查，以确认操作的过程是否会存在对产品的污染行为。例如搬运人员是否有踩踏产品的行为、搬运工具是否会污染产品、搬运期间是否将清洁的产品直接落地存放、是否有适宜的工具以应对雨雪天气下的产品移动。应检查企业所用的车况检查表是否能详细列出每一项检查，以方便员工实施检查并记录。如果检查表过于笼统，则应在审核时提出。企业应配备适宜的工具用于支持运输前的检查工作，如强光手电或可移动的光源。

(六) 安保管理

如同食品企业对生产区域的管理，进入仓库也应受控。审核时应关注企业是否对外来人员进入仓库进行了适当管理，如通过门禁、保安登记等方式进行管控。特别是长期合作的服务商（如司机、装卸工、虫鼠害服务人员等）因频繁进入仓库作业，审核时应重点检查仓库对这些人员的出入管理。审核员可通过对比操作记录上的人员签字、上岗记录和出入库记录，确认出入管理的执行效果。

审核员应确认企业是否在仓库内的关键区域（如产品分拣区、高价值产品存放区、隔离品储存区等）安装了视频监控系统。对于限量添加的食品添加剂，还应进行上锁管理，审核时也需确认该要求的执行情况。

对于运输环节，审核员应确认企业是否识别了运输过程中可能存在的产品安保风险，并采取了必要的措施（如对司机和搬运工进行背景调查，使用锁具或封签等）。如果是使用锁具，应确认锁具钥匙的管理要求和执行情况；如果是使用封签，应确认封签是否得到有效管理，是否可通过其他途径获取（如采购），以及仓库是否记录了封签号码。

(七) 应急管理

作为应对突发情况的重要手段，企业应制定应急管理程序，以便在紧急情况下快速响应。审核员可从以下方面审核应急管理程序：

(1) 企业是否建立了应急管理程序，并覆盖到了物流各环节。

(2) 应急管理程序是否完善，是否涵盖物流环节可能发生的各种突发情况。

(3) 是否定期进行应急测试，以检验管理程序的有效性并完善发现的漏洞。

(八) 外部物流管理

如果企业使用第三方物流公司（3PL，3rd Party Logistic,），应将3PL的管理要求纳入合同，并对其进行操作培训。审核时，应将3PL纳入审核范围，并按本章节的审核实践指引进行审核。特别提醒，如果3PL除运营本企业产品外，还运营其他客户的产品，应关注其他客户的产品类型，分析其对本企业产品的污染风险。如果存在污染风险，应确认3PL是否采取了必要的措施来降低或避免污染。

使用外部仓库（包括自有外部仓库和3PL）时，不应忽略食品企业在自有仓库与外部仓库之间转仓操作的符合性。其操作要求应等同于食品企业向下游客户发货。审核员应确认该环节的操作执行情况，是否能保证食品质量和食品安全，并确认企业的追溯管理程序是否覆盖该环节。

三、本章小结

本章提到的审核要求和关注点适用于各类食品企业。在实际审核中，审核员应结合受审核企业的特点和产品类型，策划审核重点并制定详细的审核细则。例如，对于易腐食品，审核时应重点关注物流环节的温度和湿度控制；对于高价值食品，应关注物流环节的安保措施。

随着科技进步，越来越多的先进技术和设备被应用于食品物流环节，如自动化仓储系统和智能化温湿度监控。审核时应关注这些新技术的应用情况，并评估其对仓库管理的影响。例如，应关注自动化仓库对库存准确性的影响以及智能化温度监控记录的保存时长和自动温度报警的有效性与及时性。

在审核过程中，审核员应保持客观、公正和全面，并与企业管理层和相关部门密切合作，顺利实施审核。同时，审核员可以将行业内的最佳实践分享给企业，通过借鉴先进的物流管理工具和理念，帮助企业持续改进，支持企业的良性发展并达成经营目标。

第五节　贸易商环节良好审核实践

一、贸易商介绍和相关标准要求

贸易商是指在某一区域和领域内从事销售或服务的单位或个人，具有以下特点：独立经营、拥有商品所有权、获取经营利润、多品种经营、经营过程受供货商限制较少，且与供货商权责对等。根据业务模式，贸易商可分为批发商、中间商、销售代理商、经销商和进口商等。他们自身不生产产品，而是通过提供服务帮助企业获取所需产品。在此过程中，有些贸易商并不接触产品（如很多的进出口贸易公司），而有些贸易商则接触产品，即覆盖有物流运行环节活动。

贸易商在食品供应链中扮演重要角色。尽管许多企业在采购原材料时倾向于直接从生产厂家采购，以确保从源头获取原料，但企业有时也会从贸易商处采购原料，主要基于以下原因：

（1）资质。进出口许可、品牌特许等。例如很多品牌指定代理商服务。

（2）财务风险与资金管理需求。很多生产厂家对于资金（如账期）可能不满足要求，而贸易商可以提供类似的服务。

（2）服务与能力。谈判技巧和专业性。通过贸易商，则更容易达成协议中相关要求的一致。

（4）降低运营成本等。对于品项多、采购额少的情况，通过贸易商则会大大减少管理成本。

企业使用贸易商虽能解决一些问题，但也面临合规风险和食品质量安全风险。因此，食品加工企业必须对贸易商进行系统管理，包括制定管理标准、选择、评估、批准和绩效评估等。

贸易商的管理标准可参考 GFSI 基准比较行业类别 FII 食品贸易商/代理商，主要涉及 HACCP、产品规格书、可追溯性、产品标签管理、产品放行、投诉处理、不符合控制、纠正措施、食品防护和食品欺诈等方面的要求，这些要求与食品生产商的非常相似。

二、贸易商审核良好实践

贸易商的审核有两种形式：现场审核和非现场远程审核。是否需要现场审核主要取决于是否有物料储存及仓库。对于不涉及物料储存及仓库的贸易商，可通过远程审核完成。

通常贸易商主要涉及储存和运输，少部分可能涉及分包。由于贸易商的业务特性，其现场审核的具体内容和深度与加工制造业有很大区别，但审核的思路、方法和流程是相似的，即采用风险思维和过程方法进行评估。制造商的系统评估方法同样适用于贸易商。审核流程通常包括“审核策划、审核准备、审核实施、报告编写及跟踪整改”五步（见图4-1）。本节将重点分享审核策划、审核准备及审核实施三方面的内容，而报告编写和跟踪整改则与生产型企业非常相似。

图4-1 贸易商审核流程

（一）审核策划

审核策划的关键内容包括审核范围（一个场所或多个场所）、覆盖区域、审核时长、审核日程、采用的审核标准以及通知被审核方、议定审核日程和路线。

1. 审核方案的建立

审核方案通常包括以下几个方面：

（1）审核目的：根据不同的审核需求，评估贸易商管理体系的有效性，以确定是否批准或继续批准其成为合格合作伙伴。

（2）审核依据：审核贸易商的依据和标准可基于公司内部标准（即审核需求方的要求），或依据国际食品安全管理体系或质量管理体系的相关内容（如IFS、BRCGS、FSSC等条款）。

（3）审核范围：与审核需求方沟通确定审核范围，并与贸易商沟通，明确其经营活动范围，包括物料存储区域的地点和数量、文件资料存放地点及管理权限。

（4）审核日期和时间：与受审方协商确定审核时间安排，确保审核期间重要岗位负责人在场，现场有正常运行安排，并根据审核范围确定审核员人数和审核时长。

2. 初步确定审核方案

针对以上内容，审核方案应包括以下内容：审核对象、审核员、审核标准、审核目标、审核范围及审核时间。通常贸易商一个场所的审核时长不超过1天。

（二）审核准备

审核方案初步确定后，将进一步开展文件初步审核工作。

（1）首先，收集贸易商材料，包括相关资质、有效的质量体系认证证书、贸易商声明、产品合格证明及仓储区布局图等。

（2）收集信息后，应对文件进行初步审核，确认贸易商资质是否符合法律法规要求，资质和证书是否覆盖审核业务范围且在有效期内，并审查材料和信息的准确性、相关性、完整性和正确性。

（3）通过场地平面图和相关信息，确认审核的关键区域和重点关注项，制定审核计划并编制检查表。产品相关信息：主要包括贸易商提供的产品规格书以及产品在过去一段时间内的质量表现和相关投诉事件。

(4) 准备工作完成后，将审核计划书以书面形式发送给贸易商，并与其确定最终审核计划，包括审核人员和时间安排（即审核活动的具体时间安排和需要访问的员工等）。

(三) 审核实施

执行审核通常包括以下四个重要环节：首次会议、现场审核、文件审核及末次会议。

1. 首次会议

首次会议通常由审核员控制和主持，包括以下议程：

(1) 自我介绍，包括审核员职位、所在单位和审核小组成员情况；

(2) 要求对方与会人员进行自我介绍；

(3) 再次明确审核目标、范围和标准；

(4) 介绍审核计划，确认末次会议的日期和时间，以及审核小组和受审核组织管理层之间的临时会议等；

(5) 列出执行审核时需要用到的方法和程序（不符合项的分类、取样方法等）；

(6) 确认在审核中审核小组可以获得必要的资源和设施以及是否准许使用一些工具，如相机等；

(7) 询问是否有合租或外租库的使用以及对其的管理权限；

(8) 有关工作安全程序和紧急情况下的操作程序；

(9) 介绍报告的方法，包括不符合项目的分类方法；

(10) 询问企业对于审核活动是否有疑问。

2. 审核实施

审核实施的具体内容主要是依据策划和准备过程中制定的审核检查表来完成。审核方法包括现场评估、人员访谈、文件审核和记录检查，以了解和核实贸易商的实际运行情况和存在的问题。

对于有仓储环节的贸易商，现场评估主要关注储存管理、运输管理和人员管理。具体内容可参考前一章节《第四节 仓储物流环节良好审核实践》，此处不再赘述。

3. 人员访谈

人员访谈和沟通有助于深度评估贸易商的现场管理有效性，因此访谈和沟通技巧至关重要。那么采用怎样的沟通方式呢？通常在访谈过程中尽量采用开放式问题，这样更容易发现问题以此推动改善。由于贸易商规模通常较小，很少有独立的质量部门，访谈对象通常是主要的销售人员或管理者。访谈问题可包括以下内容：

(1) 请问公司的证照是由哪个部门管理的？能让我看看证照的原件吗？公司的经营范围是什么？

(2) 公司的产品从订单到交付过程中，都有哪些经营活动流程？分别由哪些部门人员负责？公司的质量管理制度如何制定和维护？

(3) 公司在质量方面有哪些目标？今年接到多少客户投诉？都是怎么处理的？麻烦提供一下投诉处理和分析报告？

(4) 公司在日常的管理会议和活动中，哪些时候会去讲质量？讲哪些内容？

（5）您可以陈述一下来货接收的流程吗？（如到货接收时查验什么?），怎样填写进货记录表？

（6）目前我们的经营活动过程中，有哪些主要的记录？

（7）怎样保证物料的 FIFO 先进先出？

（8）感谢你的配合（结合审核目标与需求，如需要可就做得不足之处给予反馈）。

4. 文件审核

文件评审的目的是考察贸易商文件管理的适宜性、有效性和符合性。文件包括资质、证书及相关操作规程。应考虑以下内容：

（1）文件中所提供的信息是否完整、正确、一致、现行有效；

（2）所评审的文件是否覆盖审核的范围并提供足够的信息来支持审核目标；

（3）依据审核方法确定的对信息和通信技术的利用，是否有助于审核的高效实施；

（4）依据适用的数据保护法规对信息安全予以特别关注（特别是包含在文件中但在审核范围之外的信息）；

（5）将所需要评审的文件（不包括记录，证书）列成清单；

（6）现场记录好相关设备、监控设备的编号以及人员的姓名，在后续文件评审中抽样进行审查；

文件可在现场进行部分查看，例如针对物料储存管理，公司制定了哪些操作标准？这些标准如何在现场实施？现场管控是否符合文件策划要求？特别关注文件中策划的内容是否得到有效执行。例如，公司规定每天记录仓库温度，现场是否按规定执行？进行一一对应的验证。当现场操作发生变更时，及时更新文件。具体程序和文件记录要求见表 4－7。

表 4－7 贸易商部分常见记录

程序文件	操作程序/指引
相关管理程序	文件与记录保存 合同评审程序 产品标准管理制度 变更管理制度 产品放行及不合格管理 产品召回 人员培训 仓库操作规范 进货查验规范 仓库清洁操作标准规范 仓库玻璃易碎品点检清单 投诉管理流程 过敏原管理制度 追溯和标识程序 FIFO 及效期管理

关于文件审核，下面是一些小技巧：

(1) 带着问题评审文件，通篇阅读并合理抽样；

(2) 对于产品标准及相关法律法规要求的关注；

(3) 程序、操作规程与记录的交叉检查，保证其一致性。

5. 记录审核

记录审核应从记录的表单设计、填写和执行情况入手，查看记录是否有效填写。例如，查看出货批次信息，验证是否对出库物料进行了相应记录。

记录的及时性同样需要关注，例如是否存在记录不及时或临下班补填记录的情况。查看审核记录的执行有效性，确认规定的审核记录是否有效实施复核。

记录审核通常通过选择某一批产品进行模拟追溯，验证其从订单到交付过程中的主要记录信息（如批次、数量、不合格品）是否完整，这些信息通常通过追溯获得。表 4-8 是贸易商部分常见记录。

表 4-8　贸易商部分常见记录

记录类型	主要记录
核心记录	合同台账及评审记录 产品规格书 变更管理记录 订单记录 入库记录 发货记录 不合格品记录 投诉处理记录 仓库温度监控记录
相关记录	仓库玻璃易碎品点检记录 仓库清洁记录 内审报告等

6. 末次会议

(1) 末次会议的目的

① 总体评价，对该审核进行全面总体评价，不仅是发现项，好的做法也需要进行简单的陈述；

② 陈述发现项，也是审核报告的主要内容，需要注意的是，审核发现项一定要具体、详细，并需要对方的确认；

③ 需要就整改计划和贸易商达成一致，明确下一步跟进整改的计划和时间；

④ 结束审核前，一般需给贸易商留出时间，让其代表发言。一方面可以就分歧问题进一步回顾，另一方面让公司代表表明决心，以便顺利完成审核。

(2) 开好末次会议

如何才能开好一次末次会议呢，以下六点可以给我们提供一些建议：

① 首先要对公司的配合，表示感谢，创造良好的会议氛围。

② 对审核的问题点，要清晰、明确、具体的描述，必要时，进行详细的说明和解释。

③ 所有的问题必须基于审核时发现的事实，包括看到的事实和记录的信息，一般听到的不要轻易作为证据。

④ 制定整改计划并和贸易商一起确定整改的计划。

⑤ 控制好会议时间，尽量避免对有争议的问题反复讨论。

⑥ 末次会议上避免公布审核结论。但对于可能不通过审核的贸易商，必须清晰解释关键不符合项，指出其可能对产品带来的潜在风险，并说明该问题不符合审核标准。至少要让贸易商了解问题的严重性，避免简单带过，造成误解，使贸易商感觉审核现场没有问题，但最终报告未通过，带来“惊喜”和意外。

三、贸易商常见问题与风险

贸易商审核中可能出现的常见问题，见表 4 - 9 所列。

表 4 - 9　贸易商审核常见问题

类型	常见问题/风险	备注
现场评估（适用于有仓储环节）	a. 食品原料与其他物料混放：仓库中食品原料与其他物料（如家具、生活用品等）混放。 b. 物料无中文标识或标识不全：进口物料无中文标签，或中文标签由经销商在中国制作，无法证明标签内容与产品一致。 c. 仓库温湿度计校准问题：没有对温湿度计进行内部校准。 d. 物料存放环境不满足预期要求：光敏、热敏的原料有温度存放环境要求的未满足要求。 e. 过敏原缺少标识和分区：过敏原物料未做区分或者单独存放。 f. 化学品管理问题：仓库喷洒杀虫剂，存放杀虫剂，润滑油，清洁剂等。 g. 缺少异物管控措施：仓库窗户玻璃未贴保护膜、破损未清理和更换，灯无保护罩，托盘破损等。 h. 虫害控制问题：无灭蝇装置、粘鼠板、挡鼠板、门帘、风幕等，窗户敞开且无纱网，或这些设施状态不佳导致功能失效（如纱网破损）。 i. 不合格品管理问题：没有不合格存储区，如破损物料和不合格物料与正常物料存放在一个区域	
文件评估	a. 无投诉处理流程：无投诉处理流程或未按规定要求进行处理。 b. 无过敏原清单：员工不清楚哪些是过敏原，应存放在哪里。 c. 缺少破损物料管理要求：未明确破损物料的管理要求	
记录评估	a. 不能有效开展追溯，物料平衡不能做到 100%。 b. 收货记录批号缺失：收货时仅记录了一个批号，遗漏其他批号。 c. 记录不及时：员工随意用破旧纸张记录进货信息，下班后补填正式记录。 d. 车辆检查与清洁记录不完整：车辆信息和清洁记录缺失	

（续表）

类型	常见问题/风险	备注
人员评估	a. 人员培训不足：相关人员未接受培训并保留记录，如仓库保管员、叉车司机等。 b. 职责不清晰，特别是投诉后的问题跟进调查	

四、对行业的建议

为了更好地开展贸易商的管理，企业可以采取如下措施：

（1）明确标准。食品企业应提出对贸易商的要求，贸易商需加强仓储环节管控。目前许多企业尚未制定贸易商检查标准。

（2）明确源头。食品企业应要求贸易商从公司认可或批准的生产商处购入原材料，避免采购源头失控。

（3）抽样现场评估。对贸易商进行食品安全、质量及合规性评估，包括资质、证书、可追溯性、召回、撤回管理、规格书管理、合同管理、标签管理和来料验收等。目前许多企业尚未将贸易商纳入现场评审范畴。

第五章
审核能力建设与提升

供应商审核过程中，除了审核流程和审核技巧外，审核人员的能力提升及审核机构的管理水平也非常重要，同时越来越多的企业希望借助于数字化的方式来进行供应商审核。本章节将从如下这几个方面进行相关的介绍：

审核人员能力管理和提升。主要介绍审核人员的能力矩阵和培养路径。

审核机构如何有效开展供应商审核工作。以悦孜咨询的工作流程要求为例介绍审核机构如何开展供应商审核工作。

供应商审核的数字化系统。介绍供应商数字化系统的建设方式和注意事项，以及以悦孜咨询的供应商审核系统为例介绍数字化系统的大致功能。

第一节　审核人员管理与能力建设

在开展一方、二方、三方审核时，审核人员的团队管理与能力建设在审核质量中占据举足轻重的地位。三方审核的组织管理和人员发展计划，往往能在人员能力建设上展现出较为完善的面貌。相比之下，那些由企业主导、针对供应商的审核活动，往往因内部资源有限，在审核人员管理与能力提升方面往往会力不从心，较为薄弱。

对于那些拥有数十乃至数百家供应商的大型食品集团而言，构建一套健全、高效的审核人员管理与能力建设机制，无疑是当务之急。试想，当我们的审核人员能力得到质的飞跃，他们对食品链中潜在风险的洞察力也将随之增强，如同拥有了敏锐的“雷达”，能够精准地捕捉到每一个风险和可能引发危机的信号。这样一来，我们便能在风险初露端倪之时，便采取预防性的管控措施，将危机扼杀于摇篮之中，确保食品链的安全与稳定。

一、不同标准对于审核人员的要求

在探讨供应商审核时，众多大型食品企业习惯做法都是委托有资质的机构进行或者自己的审核人员进行审核，即二方审核；二方审核对于审核人员的要求也同样重要，二方审核人员的要求一般是由委托方甲方来规定，因此对于审核人员没有统一的标准要求，那么要如何进行管理呢？我们不妨参考管理机制比较成熟的三方审核标准来执行，如下笔者也找到一些国内外最新的相关标准要求，以供参考。

（一）中国认证认可协会（CCAA）的要求

中国认证认可协会在2022年10月11日发布和实施的《管理体系审核员确认准则》（第1版第3次修订）2.3条款中提出了对管理体系审核人员申请人的初次确认要求如下：

1. 教育经历要求

申请人应具有大学专科（含）以上高等教育学历，其中规定乳制品生产企业良好生产规范（GMP）审核员应具有大学本科（含）以上学历，并具有国家承认的食品工程或相近专业。工作经历及专业工作经历要求，申请人应满足下列条件之一：

（1）大学本科及以上学历申请人应具有至少4年全职工作经历，且至少具有2年与所申请的领域相关的专业工作经历；

（2）大学专科学历申请人应具有至少8年全职工作经历并取得中级（含）以上技术职称，且至少具有6年与所申请的领域相关的专业工作经历。

（3）工作经历应在取得教育经历之后获得，研究生学习经历可按50%计算工作经历，专业工作经历与工作经历可以同时发生。

2. 个人素质和审核原则

列举部分要求如下：

（1）有道德，即公正、可靠、忠诚、诚信和谨慎；

（2）思想开明，即愿意考虑不同意见或观点；

（3）善于交往，即灵活地与人交往；

（4）善于观察，即主动地认识周围环境和活动；

（5）有条理，即有效地管理时间、区分优先次序、策划，以及高效；

（6）信息技术及其工具应用能力，即能够熟练使用计算机、手持终端设备及其应用软件等实施认证工作；

（7）文字表达能力，即能够以足够的速度、准确度和理解力阅读和记录，并形成报告；

（8）健康，即身体健康状况良好。

个人素质方面，拥有众多因素，但以审核几百家经验的笔者来看，首先应该考察的还是思想道德，保持绝对的客观公正是审核有效的基础。有了这个保证之后，审核执行过程需要考虑更多的才是知识与技能。最后，需要良好的体能状况，以便保持充沛的精力，才能高效地完成审核任务。

（二）GB/T 19011—2021/ISO19011：2018《管理体系审核指南》的要求

审核的特征在于其遵循若干原则，这些原则有助于使审核成为支持管理方针和控制的有效与可靠的工具，并为组织提供可以改进其绩效的信息。遵循这些原则是得出相关的和充分的审核结论的前提，也是使独立工作的审核员在相似的情况下得出相似结论的前提。标准中提出审核的七大基本原则有：

（1）诚实正直：职业的基础。

（2）公正表达：真实、准确地报告的义务。

（3）职业素养：在审核中尽责并具有判断力。

（4）保密性：信息安全。

（5）独立性：审核公正性和审核结论客观性的基础。

（6）基于证据的方法：在一个系统的审核过程中得出可信和可重现的审核结论的合理方法。

（7）基于风险的方法：考虑风险和机遇的审核方法。

对于该标准提出的七项审核原则，整理的相对比较精炼，也提到了基于风险和证据的审核方法，这对于食品企业更突出了食品安全的重要性，更具有借鉴意义。

其他国际标准对审核员要求大致相仿，在此不再一一赘述。

二、审核人员的知识和能力矩阵

食品企业审核人员的能力结构是审核管理过程无法回避的问题，如果考虑管理的直观性，不妨建立一个矩阵来进行罗列，不仅仅是直观也更系统。能力矩阵的维度方面可以从知识、技能和意识三个方面来考虑，如图 5－1 所示。

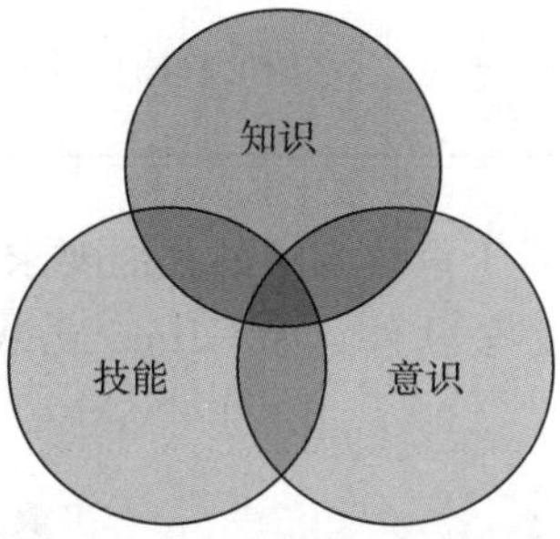

图 5－1 审核人员能力模型

有经验的审核老师应该都十分清楚，审核人员的知识结构包括审核通用的知识，比如合格评定基础知识、质量管理基础知识、食品安全管理基础知识、各类体系标准基础知识、法律法规等；也包括行业专业知识，比如饮料生产工艺技术、乳制品生产工艺技术、罐头生产工艺技术、水产品生产工艺技术等等，同时还包含管理的基础知识，比如质量与食品安全管理、采购管理、生产管理、仓储物流管理、研发管理、市场营销以及人事行政管理等。知识的丰富程度不要求学富五车，但审核过程确实需要不少专业知识的储备，俗话说有备无患。知识相关的能力矩阵格式可以参考图 5－1，具体知识内容根据不同行业也有所不同。

表 5－1 审核人员能力矩阵——知识

序号	模块	学习途径	培训人	评估方法		
				培训方法	培训材料	评价方法
KG－1	法规与标准知识					
KG－1－01	法律法规	伙伴网	自学/外部讲师	自学/讲授	PPT	考试
KG－1－02	标准	标法数据库	自学	自学	文本	考试
KG－2	体系知识					
KG－2－01	ISO9001/FSSC22000 等	在线课堂	悦孜	自学	课件	考试
KG－2－02	HACCP	在线课堂	悦孜	自学	课件	考试
KG－2－03	GMP	在线课堂	悦孜	自学	课件	考试
KG－3	产品知识					
KG－3－01	产品制作 SOP	课堂培训/应知应会	内部讲师	讲授	文本	实操
KG－3－02	产品标准	书籍材料	外部讲师	自学	文本	实操

（续表）

序号	模块	学习途径	培训人	评估方法		
				培训方法	培训材料	评价方法
KG-4	检测知识					
KG-4-01	实验室基本要求	课堂培训	内部讲师	授课	制度文件	考试
KG-4-02	常用的检测标准	自学	自学	自学	制度文件	考试

对于审核人员的技能要求（见表5-2），一般是以工作执行需要为前提必备的技能包括办公软件，如Office或WPS，质量管理工具如鱼骨图、柏拉图、统计图、检测方法等。

表5-2 审核人员能力矩阵——技能

序号	模块	学习途径	培训人	评估方法		
				培训方法	培训材料	评价方法
SK-1	沟通、协调技能					
SK-1-01	访谈、提问	课堂培训	外部讲师	集中培训	课程教材	笔记/实操
SK-1-02	策划组织	课堂培训	外部讲师	集中培训	课程教材	笔记/实操
SK-2	审核能力技能					
SK-2-01	审核策划	课堂培训	外部讲师	集中培训	指南/案例	实操
SK-2-02	审核实践	课堂培训	外部教练	带教	PPT	实操
SK-3	总结、分析、报告技能					
SK-3-01	逻辑	课堂培训	外部讲师	线下授课	PPT	实操
SK-3-02	归纳演绎	课堂培训	外部讲师	线下授课	PPT	实操
SK-3-03	办公软件应用	在线课堂	自学	自学	PPT	实操
SK-3-04	质量管理工具					
SK-3-05	统计管理工具	课堂培训	外部讲师	线下授课	PPT	实操

审核人员意识方面的要求也是其是否能做好审核工作的关键。所以，对于意识的培养也是十分的重要，如何提升审核人员意识是需要深思熟虑的，关于意识方面的内容一般可考虑企业文化、法规、管理等方向，企业文化比如愿景、使命、价值观等。当前 GFSI 认可的食品安全标准基本上建立了食品安全文化的标准条款，所以，企业也应该把质量安全方针、管理承诺、人员激励等食品安全文化的内容纳入。在法规方面，食品企业所需要掌握的法规也是纷繁复杂的，而且食品安全的国家法规建设也越来越严格与规范，因此，企业经营的基础长远来看必然是合规。在管理意识方面，还应树立以客户为焦点，兼顾内部成本与效率的要求，正如企业战略管理需要考虑的相关内容，内在其实有着潜在的一致性。在意识方面的能力矩阵，内容可以相对简略，具体可以参考表 5-3。

表 5-3　审核人员能力矩阵——意识

序号	模块	学习途径	培训人	评估方法		
				培训方法	培训材料	评价方法
MS-01	企业文化	课堂培训	HR	集中授课	PPT	考试
MS-02	学习和分享	现场培训	HR	集中授课	案例	问答
MS-03	法律法规	课堂培训	外部讲师	集中授课	PPT	考试
MS-04	质量与食品安全意识	课堂培训	外部讲师	集中授课	PPT	考试
MS-05	质量成本	课堂培训	外部讲师	集中授课	PPT	考试
MS-05	企业管理基础	课堂培训	外部讲师	集中授课	PPT	考试

三、审核人员的总体培养路径

供应商审核人员和三方审核执行的专业机构审核人员一样，也需要长期培养，以便在企业内部形成人才梯队，在持续改善的基础上兼顾工作可持续。但实际操作过程中，不可避免地也经常遇到一些问题或痛点，比如：

（1）内部缺乏训练有素的讲师，往往无法兼顾理论丰富又有实战经验；

（2）审核人员培训未建立规范的管理流程，无人才能力矩阵及职业发展规划；

（3）缺乏专业知识、技能的积累，往往审核人员面对的是数十个行业，需要十分广泛的知识结构和技能储备，企业无法像第三方专业机构一样，术业有专攻；

（4）风险识别能力弱，基于上述问题，导致现场审核过程无法识别食品安全风险或质量缺陷，从而无法降低供应链的整体风险水平；

（5）管理意识和沟通弱，无法有效地传达公司对供应商的期望以及公司的质量安全文化方面的长期承诺和价值观，无法提供长期价值。

对于审核人员的培养目前审核行业内已经形成了一套成熟的管理方法，从传统的传帮带发展到了标准化、流程化阶段。常见的相对比较成熟和标准的培养方式包括：自学、专题培训（结合能力矩阵进行良好审核实践和各类的专业知识模块）、跟审学习、见证审核、年度定期的验证。

（1）自学。自学的渠道众多，审核人员要尝试做个有心人，不断积累需要的知识结构。

（2）专题培训。对于大型集团公司，若供应商管理团队自行组织审核工作，则需要系统策划，编制全面的年度培训计划，对审核人员进行系统的知识结构搭建。对于食品企业来说，比如法规、标准、质量及食品安全相关管理体系、设备管理知识、微生物知识、卫生设计知识、虫害控制、计量管理等等。在审核实务方面可以参考国际食品安全标准的良好实践指南来培训。

（3）跟审学习。跟审学习也是审核人员培训的常规方式之一。跟审学习往往能快速地通过经验丰富的审核老师现场演示，带来示范效应，不仅能在知识、技能方面有所启发，在项目管理、沟通技巧等多个维度都可以给审核新人一定的帮助。

（4）见证审核。通过以上几个步骤的学习与培训后，审核人员可以尝试进行自主审核，安排经验丰富的审核老师进行见证，观察审核人员整体审核表现，审核完成后作出客观评价，帮助审核人员复盘与改善。

（5）年度定期验证。年度定期验证也是一项较好的审核员培养实践，通过系统制定一定的验证周期，在审核人员审核后的短期内对工厂进行复审验证，从而判断审核员的尺度把握，并可以对审核的尺度进行校准。

以上供应商审核人员培养的路径方法，是比较常用的几种方法，相对比较系统和有效，建议企业策划审核员培养时进行参考与展开，制定更为细致的管理标准，也更具有操作性。

四、审核人员的职业规划

审核人员职业发展的目的是帮助有意愿从事审核工作的人员系统全面地学习，掌握一定的知识与技能，最终可以独立承担审核工作，甚至是培训新人或承担审核管理工作，另外一个角度来看，也是对员工的认可与激励。审核人员的职业发展，建议一般按照3～5年规划，可以考虑如下五个级别：

（1）新手审核员：该个人在该能力领域几乎没有或没有专业知识。通常会参加学术课程或其他技术/专业培训，以在该领域获得知识和/或技能。

（2）初级审核员：这个角色是针对职业生涯刚开始的个人，其重点是在监督学习、积累经验和发展能力，而不是独立执行任务。

（3）见习审核员：该个人在该能力领域有一定的专业知识，可以在较少的日常监督下执行工作，但在出现新情况时仍需要定期的指导或帮助。通常，该个人可能已在该能力领域接受过培训或获得了学术资格，或者正在获得实践经验。

（4）审核员：该个人在该能力领域定期执行任务，并且可以在没有监督的情况下有效地进行日常工作，但在面对不寻常情况时，可能需要更有经验的审核员偶尔的指导、帮助或支持。

(5) 专家

① 技术专家：在该能力领域拥有高度技能，通常承担国内和国际方面的工作职责。该个人对该能力领域有直觉性的理解，除了管理外不需要其他监督。他们在这方面充当导师和创新者，并被同行视为国内或国际专家。还可能担任审核团队领导人或培训师。

② 审核团队负责人/培训师：在该能力领域具备足够的专业知识，能够领导他人并处理异常或不寻常的情况。该个人拥有丰富的专业知识和经验，仅需要管理监督即可履行职能。他们也可能是技术专家。

本章节根据相关国家和国际标准的要求，给大家梳理了供应商审核人员能力建设的框架，包括审核人员的能力矩阵、培养路径和职业规划几个模块。除了这些基础模块之外，审核人员培养过程，除了关注风险识别，还需要通过审核引导供应商持续改善，以期达到供应商审核的预期目的。

第二节　悦孜咨询供应商审核良好实践

食品企业对供应商审核主要有三种模式：一是企业自行审核，即品牌商直接派遣企业内专业人员进行现场评估；二是委托第三方服务机构审核，期望加强审核的专业性和公正性；三是混合审核模式，企业将自行审核与委托服务机构审核相结合。自行审核和委托审核拥有各自的优势和劣势，自行审核对于流程优化和专业人员培养要求高，而委托审核的审核人员对于业务的了解程度比企业自行人员要弱，而且委托审核的人员管理难度相对较大。无论采用何种审核模式，其核心是审核流程完善和审核人员管理。

悦孜咨询是一家中德合资的专业食品安全和质量咨询公司，其团队人员主要由国际国内头部品牌方的高级质量管理人员组成，拥有 20 多年从事食品供应商审核的经验，同时悦孜咨询担任 IFS（International Featured Standard 国际卓越标准）亚洲代表处，借鉴 IFS 审核员的准入和管理的很多良好实践，将供应商审核管理工作进行很多的提炼和总结。本文将介绍悦孜咨询在过去审核评估服务国内上千家客户过程中积累审核流程和审核员管理方面的经验，希望能够给更多企业在开展供应商审核工作时带来启发和思考。

一、供应商审核当前的现状和挑战

供应商审核是食品企业供应商管理的重要环节之一，尤其是对于大型的规模品牌企业，目前在这项工作开展过程中，主要存在以下挑战：

(1) 审核存在较大浪费。首先，因缺乏对供应商合理的风险分级分类，对高风险和低风险供应商审核频率相似。其次，审核活动规划不合理，导致人员成本和差旅成本不合理。

(2) 审核人员能力参差不齐，一致性差。审核人员基本靠师傅“传帮带”，师傅和徒弟缺乏系统的能力需求识别和培训，导致审核人员之间的能力水平差异很大，从而导致审核结论的可靠性和一致性较差。

(3) 审核过程没有形成标准化。审核过程中，没有标准化流程，每个审核员的审核思路和关注点可能差异很大，导致审核过程风险识别不足和容易产生疏漏。

(4) 审核没有进行有效的闭环。目前很多审核，在审核员离开现场，提交审核报告后，就宣告审核的基本结束，审核后的供应商持续改善和提升没有进行有效跟踪和反馈，供应商对待审核更多的是被动的应付。

(5) 审核商业诚信管理。在审核商业诚信管理方面，目前部分供应商审核对审核商业诚信（如“红包”潜规则）缺乏有效监管方法

基于上述供应商审核现状和面临的挑战，我们将简要介绍悦孜在供应商审核策划方面、审核实施、审核统计总结、审核人员管理四个方面的良好实践。

二、审核策划良好实践

在供应商审核策划方面，包括了很多内容，下面重点介绍审核标准建立、审核流程标准化工具包两个方面的内容。

(一) 审核标准建立

供应商审核标准是开展供应商有效审核的重要依据。供应商审核标准条款既不能太粗线条，也不能太事无巨细。企业在建立和优化二方审核标准时，主要考虑如下三方面因素：

(1) 供应商总体质量和风险水平。基于供应商当前的总体风险水平和能力制定恰当的检查要求，避免过严和过松要求。

(2) 品牌方自身经营现状和影响供应商的能力。品牌方对于其供应商的影响程度是很重要的，供应商重视这次审核，才会让审核更有价值。

(3) 品牌方后续风险控制能力。企业在生产过程中是否具有相应的风险后续管控能力。

考虑到如上几个因素后，就是制定检查表内容，检查表的条款要求主要包括如下四个模块：

(1) 法规要求方面。将如过期原料、日期早产等法规列为重点红线要求，纳入审核标准。

(2) 食品安全要求方面。食品安全是基本要求，主要包括 HACCP、GMP 及其他食品安全体系模块要求，其内容框架可参考 GFSI 基准比较相关内容。

(3) 质量要求方面。根据企业产品特殊性能，将企业对产品、工艺和标准的相关

要求融入条款制定。

(4) 品牌要求方面，将品牌企业特别关注的如客户信息及宣传、客户标签管理等相关要求纳入审核标准。

审核条款检查表的制定，并不是越严越好，需要与企业的经营发展保持协同，更不是越松越好，那样是形式主义的审核。

在确定审核检查标准内容后，另一个重要内容是审核条款的判定级别及对应的计分准则优化完善。一个好的计分准则能够将好供应商和差供应商清晰地区别开来，反之则很难将不同水平供应商给区别开来。比如某品牌企业的供应商准入要求是 90 分以上，这样会导致所有审核企业都是 90 多分，供应商实际水平很难通过审核得分来进行区分。

审核条款计分准则优化需通过分析企业历史审核报告及得分，提出优化建议，并模拟测试历史报告以验证计分准则合理性。审核条款的计分，若使用传统 Excel 报表，可通过设定公式自动计算得分，减少审核员统计工作量；若使用审核相关软件，则需将优化后的计分准则重新录入系统。

（二）审核流程标准化工具包

对于供应商审核的流程优化，悦孜通过辅导品牌企业建立供应商审核流程 SOP 及完善各个文件，形成审核流程标准化的工具包，按照审核的总体要求及流程，指导企业建立其相应的审核工具包，审核工具包的总体内容框架案例，如表 5－4 所示：

表 5－4　审核工具包内容清单案例

类型	序号	文件名称	说明
总体流程	1.0	《供应商审核实施 SOP》	
审核前	2.1	供应商审核通知	
	2.2	现场审核实施计划	
	2.3	供应商文件预审清单表	
	2.4	首次会议要求	
	2.5	保密协议	必要时
	2.6	商业行为准则声明	必要时
审核实施	3.1	审核检查表和依据	必要时提前发送
	3.2	审核不符合项清单及确认单	
	3.3	审核确认书	
	3.4	审核总结和照片	必要时
审核报告和跟进	4.1	审核报告技术评审标准和要求	对于审核报告评价
	4.2	审核报告分发邮件模板	
	4.3	不符合项整改跟进通知	
	4.4	不符合项整改关闭及跟进表	

审核工具包的内容，可以根据企业的要求，进行相应的调整和优化。

三、审核实施良好实践

（一）审核实施良好实践

为了更全面和更系统地开展供应商审核，发现供应商的相关风险及企业的相关良好实践，悦孜专家在审核实施过程中，积累了一些独特的良好实践：

（1）全套审核工具。包括工作服、安全帽、反光镜、磁棒、管窥镜、手电筒等全套的审核工具，以便于在现场更便捷和更深入地查看现场风险点。

（2）现场审核时长分配和深入度。现场时间通常是50%～60%左右，现场审核时，通过对于员工访谈及对现场的深入审核，全面了解企业的质量管理体系运行水平。

（3）交叉验证。审核过程中，对于现场和文件发现的相关问题，进行交叉检核。避免企业在审核过程中的过度准备甚至造假导致的相关信息失真。

（4）高级管理者访谈。高级管理者访谈这一点在很多审核中，容易被审核员忽略。悦孜咨询在审核中利用STAR的访谈方法，与高级管理者开展访谈，从顶层设计层面了解企业的质量水平。

（5）审核反馈调查。审核结束时，通过二维码问卷调查方式，让参与审核人员匿名评价审核反馈，了解企业对于审核价值的真实看法。

（二）审核报告良好实践

审核结束后，提供一份好的审核报告，将是审核的重要输出之一。审核报告的主要目的是让没有参与审核的人员能够全面清楚地了解审核的现状。悦孜在服务客户时，会辅导企业建立重点突出的审核报告，通常包括以下方面：

（1）审核总结。包括本次审核的总体相关信息，企业的总体优势和不足等。

（2）审核发现项。包括不符合项描述及重要项目的事实描述。

（3）审核照片集。对于企业基本信息、产品实现过程的关键信息及代表性的不符合项，收集相关的照片证据，以便未去现场的人员更好地理解现场的情况。

对于审核报告的质量把关，悦孜设有报告技术评审人员及技术委员会两个角色：

（4）报告技术评审人员。负责评审报告的符合性、专业性和一致性。

（5）技术委员会。对于当报告技术评审人员与审核人员有异议不能达成一致时，由技术委员会进行讨论确定，技术委员会由3～5名技术专家组成。同时技术委员会对相关的案例进行汇总和整理，然后在内部进行再培训分享和校准。

通过报告评审，能够更好地把控好审核质量，交付出高质量的审核报告。对于技术评审合格的报告，将发送给委托方，由委托方发送给受审核的企业。

对于审核报告发送后，并不意味着审核的结束，而追踪企业的有效整改，是供应商审核的重要环节之一。一份高质量的审核报告将触发供应商采取的是真正的根本原因的整改，而不仅是浮于表面的整改。为了更好地帮助供应商开展有效整改，悦孜采取的措施通常有如下方面：

现场审核时充分沟通，并提供一些必要的建议。二方供应商审核与三方认证审核的很大不同是二方审核是帮助供应商识别风险和改进，因此审核员在时间允许的情况下，允许给予适当的整改建议，帮助企业少走弯路。同时悦孜可以借助在线培训系统、视频号、公众号等众多渠道，帮助企业在审核员离开后，能够更深入的理解不符合项的相关知识点并进行有效整改。

四、审核统计总结良好实践

企业每年对供应商开展的审核，积累的审核报告非常多，若不能进行良好地复盘统计分析总结，那么这些供应商审核报告里很多有价值的信息，则不能很好发挥其作用。悦孜对于服务的客户，会根据客户要求，进行定期的总结分析，通常每半年会对所审核的所有供应商进行统计分析，主要包括如下方面的内容：

(1) 所审核供应商的总体信息。包括其行业类别，供应商的得分水平。

(2) 不同产品类型供应商的总体优点和风险点。

(3) 审核不符合的主要类别及问题点分类。

(4) 供应商提升和整改反馈的总体情况。

对于供应商的复盘，结合上面的复盘内容，与受委托方的质量和采购人员，进行线上或线下专题会议交流讨论，同时制定出后续的行动计划和改善机会点汇总。

五、审核员管理良好实践

审核员是供应商审核管理的关键因素所在，而审核员平时都是处于在各个企业出差的状态，如何有效管理和提升审核员能力，需要系统的方法和技巧。目前，审核员这个职业比较辛苦，而且收入相对并不算有吸引力，优秀的人才在选择职业时，未必将审核员当成优先考虑的职业。市场上不少审核员由于工作量的过于饱和，疲于每个企业的审核，个人成长缓慢且缺少长期规划。

悦孜咨询结合其专家团队在供应商二方审核行业 20 余年的沉淀，阐述其在审核员的选择、培养和管理方面的良好实践。

(一) 审核员的选择

作为专业的咨询公司，悦孜并不存在只做审核工作的审核员，而更多的是能够帮助客户解决问题的咨询顾问和教练。成为一个合格审核员并不难，但是成为一个优秀的审核员并不容易，筛选咨询顾问与筛选优秀审核员的很多标准是不谋而合的，悦孜咨询公司特别关注人员如下能力：

(1) 学习能力。审核员虽有专长，但面对食品行业各类知识，难免有不擅长领域。通过审核接触企业获取信息并快速学习提升，是优秀审核员和咨询顾问必备技能。优秀的审核员能够从每一次审核中取得进步，而平庸的审核员只是将一次审核重新复制做一遍，自己并没有什么成长。

(2) 沟通能力。审核过程中需与受审核企业各层级人员大量沟通，因此沟通能力至关重要。

(3) 结构化归纳总结能力。审核过程中会获取大量信息，优秀审核员需掌握归纳总结并与企业沟通交流的技能。

（4）专业能力。专业能力是基础，审核员必须具备过硬的专业能力。

因此，悦孜咨询在审核员的选择过程中，会选择能力“超配”的优秀人才来进行审核，而不是按照及格线的标准来选择人员。人员能力超配的主要原因是希望通过深入审核发现风险和机会点，帮助企业持续改善提升。

（二）审核员的培养

悦孜在审核员的培养方面，结合审核员的能力矩阵，建立了系统的内容和流程，主要的培养流程如图 5－2 所示：

图 5－2　审核员培养流程

（1）专业技能学习。专业技能学习内容丰富，涵盖法规知识、食品科学、工艺、产品知识、体系知识、审核标准等，详情可参考前一章节内容。

（2）审核技能培训。审核人员需参加《供应商良好审核实践》专题课程线下工作坊培训，以全面深入了解审核技能，为现场审核奠定基础。

（3）跟审学习。审核跟审学习时，根据审核人员工作背景和能力，安排其向经验丰富老师观摩学习，学习次数和时长依经验能力而定，并在过程中逐步分配审核任务。

（4）审核见证批准。定期见证验证环节，根据审核员表现和报告水平，每隔 1～3 年进行一次现场见证，验证其能力是否持续达标，只有见证通过的审核员，方可批准为正式的二方审核人员。见证审核的标准可以参考 IFS 对于审核员的见证流程及方法。

（5）定期校准培训。由于审核工作，由不同的审核人员开展，这就需要将不同审核人员在审核过程中遇到的相关问题进行汇总，对相关的审核报告案例进行归纳整理，及将具有代表性的案例进行内部分享和校准，同时制定案例模拟讨论，从而让所有审核员对标准和不符合项等级判定有一个共同的认知。

（6）定期见证验证。定期见证是指对于审核员，根据审核员的审核表现和报告水平，每隔 1～3 年开展一次现场见证，以验证其能力是否能够持续满足要求。

悦孜咨询希望助力更多企业提升审核人员能力，赋能企业培养自身供应商审核团队或管理好第三方审核人员，使供应商审核更具价值。

（三）审核员的诚信管理

近些年，随着各方对于审核员商业诚信的关注，审核活动过程中的“潜规则”红包现象相比来说有所减少，但是难免还会有些供应商想走捷径，同时，审核员团队中也可能会有少数没有职业操守的审核人员。

悦孜服务的客户中，与客户共同讨论和完善诚信机制，并加强审核人员的诚信管理，保证杜绝潜规则现象的发生，悦孜咨询公司主要采取的措施如下：

（1）委托方相关诚信政策的制定、完善和宣导。悦孜指导委托方制定和完善其诚信政策，并在供应商伙伴中进行宣导，同时将这些政策在审核过程中进行沟通和可视化，做好充分沟通。

（2）悦孜商业行为规范承诺签订。通过与委托方和审核员签订商业行为规范承诺，明确规则，让审核员不想也不敢进行不诚信的行为。

（3）价值观宣传。悦孜公司将“诚信正直”纳入公司的价值观，并在公司进行充分宣传和案例讲解，让整个公司形成一种诚信的文化。

（4）激励和鼓励政策。对于审核员汇报的供应商的不诚信行为，公司进行公开的宣导和表扬，并纳入价值观践行案例中，从而让审核人员面对商业不诚信行为，能够毫无心理负担去汇报和举报。

六、总结

供应商审核工作是涉及多重技能相关的工作，既需要很多的专业能力，也需要很多管理技巧和方法，悦孜咨询公司愿意将其摸索和总结践行的良好实践与行业分享，虽然这些经验未必全面，可能还有很多不足之处，也不见得能解决企业遇到的每个具体问题，但是希望这些良好实践的框架结构和解题思路，能够给企业的供应商审核工作带来启发。若大家在供应商审核过程中，有任何问题希望进行交流讨论，欢迎联系我们（peter. wang@iqc－china. com）。

第三节　供应商审核数字化的应用

供应商审核在降低企业食品安全风险和维护品牌声誉方面发挥了重要作用。但随着行业发展和市场环境变化，传统供应商审核暴露出效率低、透明度不足、数据易丢失且分析难等局限与挑战。随着数字技术的革新及食品企业数字化转型速度的加快，越来越多的食品企业已将数字化工具与供应商审核深度融合，通过构建供应商数字化审核管理系统，有效应对并规避传统管理模式下的潜在风险及问题。本章节就数字化供应商审核管理系统建设的注意事项及应用实践进行阐述，以帮助食品企业更顺畅地开展供应商审核。

一、传统供应商审核管理现存的问题

传统的供应商审核管理，多数企业还是依赖于 Office 软件，具体而言，审核表的编制和运用主要依托于 Excel，信息的传递交互主要借助电子邮件予以实现。但随着业务体量的扩增以及管理精细化诉求的日益攀升，这种方式也突显出一系列的问题：

（1）效率低下。从任务发布到报告交付，环节脱节，难以实现多人协作共享。

（2）流程监督管控无法可视化，难以实现精准管控。信息安全存在隐患。报告交付过程中，可能会被有意无意地篡改，篡改后很难发现，溯源很难。

（3）不利于统计分析。传统的供应商审核结果都是孤立存在，很难实现自动化统计分析。若企业想对供应商的审核结果与过去几年做比较，只能耗费大量人工逐份筛查比对，难以高效提取分析。

二、数字化供应商审核管理系统的特点

工欲善其事，必先利其器。数字化供应商审核管理系统是基于食品企业的审核体系，利用数字技术，将审核标准及过程进行模块化、结构化、信息化，包括但不限于供应商信息管理、准入审核、绩效考评、风险管理等，从而实现对食品供应商审核全流程的管理。审核数字化需充分考虑审核的策划、执行、检查、报告分发及结果分析等环节，通过标准化流程打通关键环节，增强审核信息互通共享，提升企业各部门与供应商的协作效率及透明度。以下是数字化审核的主要特点：

（一）提高整体审核效率

数字化审核方式可以替代传统纸质或电子表格的审核方式，通过使用软件工具和算法，从审核计划的安排、文件的预审、审核表的在线评分、审核报告自动生成、不符合项的跟踪关闭、审核数据对比分析等，减少大量人工重复性工作和沟通成本。与此同时，审核系统的电子文档及进程可视化管理，可以方便快速的检索并督促各部门与供应商及时互动沟通，按时按要求完成各阶段审核任务，大大促进跨部门和跨地区的协作，减少了信息孤岛现象。

（二）增强审核标准化及一致性

数字化供应商审核系统预设的审核标准流程及模板，可以让所有审核员按照统一的审核标准及评价准则开展全面的审核工作。通过数字化系统可将审核专家对审核流程及标准进行梳理，转化为审核思路，积累专家的审核知识并固化到系统中，形成指引强化对新审核员的指导，减少传统审核主要依赖于审核员的个人经验造成较大的审核差异的风险，提升审核结果的一致性。另外，通过数字化审核记录易于追踪修改痕迹，有助于确保审核信息的真实，提高审核结果的可靠性。

（三）审核数据的挖掘运用，强化风险管理

基于历次的审核数据，系统可将多模块的数据从多个维度深入地进行分类及共性分析，识别潜在的风险点及发展趋势，综合评定供应商食品安全风险，形成系统的风险剖析报告，为降低供应商食品安全风险，不断改进质量提供科学决策的客观输入，并采取相应的措施和行动。同时，系统可以给供应商推送最新的食品安全法律法规和审核要求，帮助企业及时更新并符合最新要求，减少违规风险。

三、数字化供应商审核管理系统建设方式的选择

目前，数字化供应商审核管理系统在食品行业的应用日益普及，这一趋势主要归因于食品行业对上游供应链安全与质量管控的要求以及数字化技术的快速发展。食品企业确认建设供应商审核管理系统后，首先要面对的问题之一就是谁来做？目前行业中主要两种方式，一种是依靠企业内部的专业技术团队开展自主研发，另外一种是借

助采购功能齐全的成熟软件。至于究竟选用哪种方式，企业需结合自身业务的繁杂程度、技术积淀状况，以及未来战略规划等实际情况综合权衡。本章节将从以下三个维度展开分析，希望为企业提供一些可以借鉴的思路。

(一) 业务体量规模及系统功能需求

首先，企业应考虑供应商数量规模、采购业务量以及业务流程的复杂程度。对于大型食品企业或品类复杂的食品企业，可能涉及多种复杂的流程和标准，往往需要一套功能强大、可扩展性强的系统予以支撑。若企业审核流程具有高度的个性化和复杂性，且与行业通用标准存在显著差异，那么，自主搭建系统可能更能精准满足及匹配业务需求。反观中小型食品企业，可以遵循简约实用的原则，选择适配成熟的审核系统。

另外，无论企业规模大小，明确对供应商审核管理系统的具体功能需求均至关重要。企业需要审视现有信息系统，如 ERP、SRM 等，剖析是否进行集成，以实现数据的高效共享和协同工作。若企业对系统集成有较高要求，自主建设系统在集成方面可能具有更大的灵活性，但也需要投入更多的技术资源来确保集成的顺利实现。而若选择直接采购第三方系统，则需着重关注其与现有系统的兼容性，及是否具备开放易用的接口等。

(二) 技术能力与行业实践经验

企业自建供应商审核系统需要具备专业的技术开发团队，自有团队对企业业务相对熟悉且有深入的理解，能够根据企业自身的特定需求、业务流程和管理要求进行全方位定制，与企业现有的管理模式和工作流程匹配契合，更好地满足企业在供应商审核管理方面的个性化需求。不过企业在自建系统时也要注意，技术团队不能仅基于自身的经验和认知来进行设计开发系统，应充分借鉴行业内供应商审核系统的最佳实践经验，避免系统在功能完备性和性能卓越性层面存在一定的局限性。

采购第三方成熟软件则对企业的技术人员专业要求相对宽松，第三方系统供应商具有丰富的行业审核项目落地经验及案例，审核系统经过其他食品企业的检验和实践应用，具有常规的审核功能和成熟的业务流程，一般涵盖供应商信息管理、资质审核、审核计划、审核实施、审核标准管控、整改跟进等核心业务功能模块，有些还会包含风险预警、绩效评估等模块，能够满足食品企业在供应商审核管理方面工作中的大多数需求，并且系统会不断地更新和优化，以适应行业发展的变化。同时，三方系统供应商会提供专业的技术维护升级及培训服务，企业仅需配合提供业务数据、阐明具体需求及使用系统等，无需过多关注技术细节，整体实施难度显著降低。

(三) 项目实施周期与成本

企业自主建设系统的实施周期通常较长，需依次经历系统架构设计、开发、测试、上线等多个阶段。系统建设不仅需要投入大量的资金用于硬件设备购置、软件开发、技术人员招聘和培训等，还需考虑后期的维护、升级成本。此外，自主建设系统还需综合考虑潜在风险，如开发失败、技术难题无法解决等风险，这些风险可能导致企业投入的成本无法得到预期的回报。企业需综合考虑整体的数字化战略规划，确保系统建设符合长期的业务发展。

第三方成熟软件的实施周期相对较短，一般需进行标准系统的部署配置和部分功能的二次开发，能够更快地满足企业对供应商审核管理数字化的迫切需求。费用方面，企业一般需支付软件采购费用和实施费用，相对成本可控，且能够快速上线使用。当然，第三方审核软件也存在一定的风险，如软件功能与企业实际需求不完全匹配、技术供应商服务质量不佳等，但相对来说，标准的软件及定制化的DEMO测试（指一个简短的、可展示的版本或样本，用于展示软件产品的某些特性或功能）等让风险相对更为可控。

四、企业自建供应商审核管理系统的流程与注意事项

在食品企业中，建设供应商审核管理数字化系统是一项跨部门的综合项目。通过联合质量、采购、IT等多个部门，从多个角度审视审核系统的建设，可以避免单一部门视角的局限性，使系统更加全面并贴合企业实际审核业务需求。本节将从业务部门的视角出发，分享企业自建供应商审核管理系统的关键流程，如图5-3。

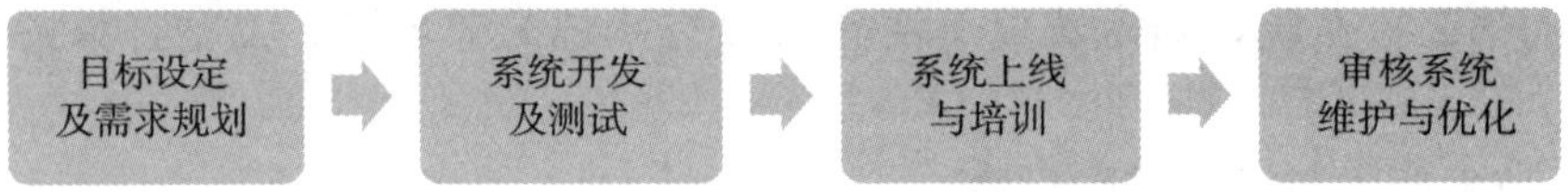

图5-3 供应商审核管理系统建设重点流程图

（一）目标设定及需求规划

首先，企业要明确建设供应商审核系统的目的。是为了提高审核标准化、实现审核数据的深度分析利用，还是要提升二方审核的质量及诚信管控，或是提升内部各部门的协同效率等。相关业务部门，如质量、采购、生产乃至法务等多部门应共同商讨，深入剖析企业自身的供应商管理现状及业务流程，明确审核系统的实施范围及建设目标。

其次，业务部门需向IT技术部门详细说明供应商审核管理的业务流程。包括从供应商的初次准入、资质文件管理、现场审核实施、整改跟进、样品检测，到后续的日常审核、临时抽查、飞行检查、风险管理等各个环节。业务部门可以通过典型的供应商审核案例，向IT技术同事展示每一类型审核的具体操作流程、涉及的相关部门、输入输出的文件和数据，流程节点间的逻辑，审核表及绩效的计分规则等。在细化各项需求后，汇总形成详细的需求清单，并据此制定系统建设的整体规划，确定项目开发的优先级、时间表以及资源协调计划。

食品企业在流程及需求梳理环节，可能会发现一些制度不明、流程不通的情况，也可以利用审核系统建设的契机，对行业良好供应商审核实践进行调研，或借助第三方咨询公司的专业知识和经验，优化迭代自身的供应商管理制度和审核流程。

（二）系统开发与测试

许多企业在系统进入开发阶段后，业务部门便认为轻松了，仿佛提供需求后就可坐等系统上线。结果可能发现开发出来的系统功能模块都有，但不符合预期，不适用于实际业务实施，从而引发业务部门和IT技术部门之间常见的互掐和矛盾。

系统开发过程中，业务部门和IT技术部门应建立定期沟通机制，IT技术部门应及

时沟通开发进度，展示已完成的功能模块，并演示操作流程；业务部门根据实际业务情况，提出细节优化建议，确认是否符合实际业务流程逻辑及操作习惯，并及时反馈需要调整的需求。重点模块应利用以往供应商审核数据进行测试，以验证系统流程、数据流转及数据处理结果的准确性。这样的开发过程管控，能有效推进既定的开发方案并把控整体项目进度，避免不必要的返工。

（三）系统上线与培训

系统经过充分测试后，就可以上线。正式全面使用前，业务部门和IT技术部门应共同制定系统培训计划，确定分类的培训内容、对象和方式等，并组织相关人员进行培训。培训可采用现场演示、操作手册、视频教程等多种方式，确保大家能熟练使用系统。很多系统刚上线时会产生一些差评和抵触，有一部分是因为培训不到位，用户操作不熟悉造成的，良好的培训能大大增加大家对于新系统的满意度。

新的系统应用过程中总会出现各式各样的问题，使用初期，要密切关注系统的运行情况，及时响应各类问题，并进行分析分类，如操作不便、功能故障、培训不到位、新增优化需求等，按优先级去解决技术故障和优化系统。

（四）系统维护与升级

很多企业系统会规划分批上线，不同阶段实现不同的建设目标。因此，审核系统运行一段时间后，应及时收集业务发展和实际使用中的反馈，分析后纳入系统调优迭代计划中。企业的业务活动是动态的，供应商审核管理工作也不是一成不变的，业务部门也要及时与IT部门沟通，评估新的需求，共同参与升级规划。同时，系统的常规技术维护、数据备份及信息安全机制也需与IT部门提前确认，以避免不必要的风险。

只有持续关注系统，把系统优化打磨成审核业务管理工作的得力工具，而不是让业务人员去配合将就使用系统，才能使业务部门及供应商主动积极地使用系统，更好地为供应商审核管理工作赋能。

五、外部采购供应商审核系统注意事项

在食品行业，外部采购供应商审核管理系统是常用方式之一。本节将阐述外部采购系统时需关注的因素。

（一）行业适配性与成熟案例

不同行业的供应商审核具有其特殊要求，食品行业供应链流程复杂，非标品类多，且食品安全风险高。在选择供应商审核系统供应商时，首先应考察其系统是否能够满足食品行业的审核需求，以及技术开发团队是否具备同类型食品企业供应商审核系统的项目经验。技术团队若拥有丰富的食品行业供应商审核系统项目经验和成熟案例，将能更好地理解企业的需求，提高沟通效率，并为企业提供宝贵的参考和借鉴，从而真正帮助企业通过系统优化供应商审核管理工作和提升效率。

（二）系统功能核对与验证

企业需详细梳理自身对供应商审核管理系统的功能需求，并与外部技术公司的系统功能清单逐一核对，确保需求的完整性和匹配性，防止需求有遗漏或者不适用。对

于外部技术公司而言，需求的增加或变更，可能导致项目进度延迟和开发成本增加，可能就不如企业内部团队那么配合，或产生额外的费用。

此外，一些标准审核系统功能模块看起来很多也与需求类似，但若前期考察不细致，后期使用时可能发现功能模型过于简单，不符合企业供应商审核的特有流程。在正式确认供应商前，应通过产品演示、试用版测试等方式，深入了解系统功能能否符合需求。

（三）系统的扩展性和定制开发能力

一些标准的系统架构可能比较固化，难以调整定制额外功能。因此，企业应根据自身审核业务的情况，在外部系统现有功能的基础上，考察系统功能的可扩展性。

（1）能否在标准系统基础上进行定制的二次开发，以完全满足企业特有的审核业务要求和操作习惯。

（2）能否与企业现有系统无缝集成，整合不同来源的供应商数据，实现数据交互和业务协同。

（3）企业需考虑未来的业务发展需求，如出海业务，系统是否能够进行功能扩展升级，以满足新业务审核的特殊要求等。

综上所述，企业在选择外部采购供应商审核系统时，应综合考虑行业适配性、系统功能核对与验证，以及系统的扩展性与定制开发能力，以确保所选系统能够满足企业当前及未来的需求。

六、数字化供应商审核管理系统的良好实践

全面的供应商质量管理系统是一个系统工程，悦孜团队凭借 20 多年在供应商质量评估及咨询领域的实战经验，联合食品加工、餐饮、零售等行业专家，深入探讨食品行业供应商质量管理的流程与面临的挑战。我们综合分析了食品行业供应商管理的共性需求及企业的个性化需求，共同研发并建设了一款标准模块化的供应商质量管理系统。该系统可通过功能及流程配置，支持企业食品安全质量部门高效闭环管理供应商质量工作，其中，审核管理模块是整个供应商质量管理系统的核心模块之一。悦孜供应商质量管理系统共有四大核心模块，如图 5 - 4 所示。

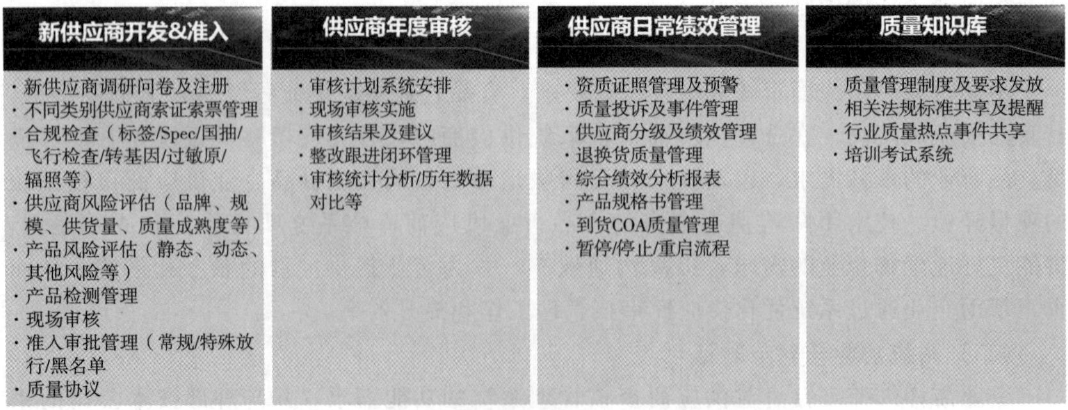

图 5 - 4　供应商质量管理系统核心功能图

本节重点阐述供应商审核管理模块的核心功能及其在实际审核过程中的应用。标准化供应商审核模块全面覆盖了不同类型供应商审核的全过程，涵盖从供应商信息建立、审核计划安排、审核实施、审核报告生成、不符合项跟进、整改关闭等。通过标准化的功能模块及流程设计，食品企业可提高审核效率及审核过程的可追溯性，以下将结合审核实际场景来详细说明。

（一）供应商信息及资质管理

供应商信息及资质管理模块提供全面的供应商信息管理功能，支持企业集中存储、高效检索及审批供应商的基本信息、资质证照、合作历史等关键数据，确保信息的准确性和及时性。系统可根据供应商的不同类型及产品质量管理要求进行灵活设置，定义企业特定的供应商信息采集项及审批流程，如图 5－5 所示。

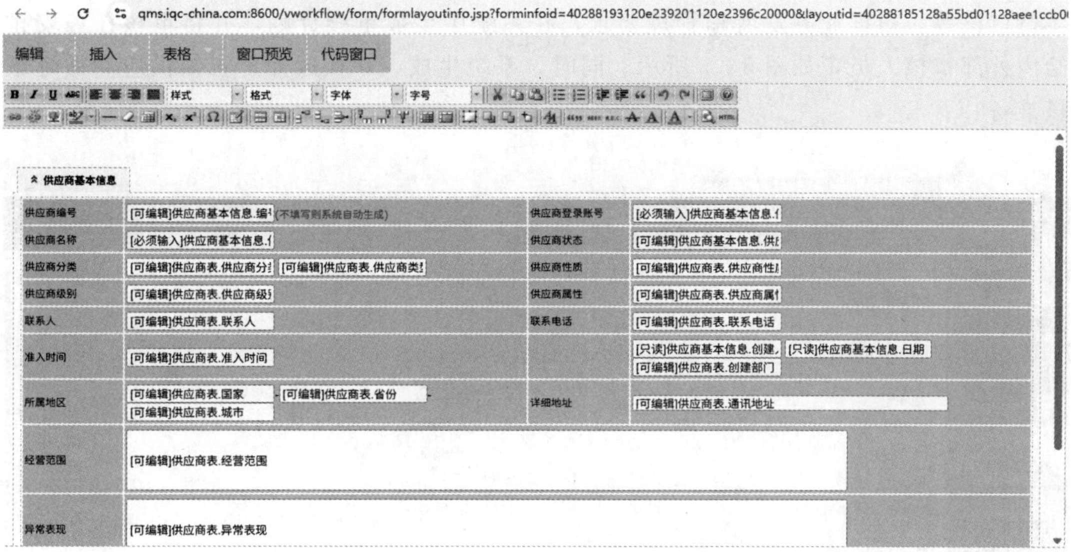

图 5－5　供应商信息表单自定义页面示意图

对于供应商的资质文件，如营业执照、生产许可、经营许可、进出口资质、质量证书等，以及根据品类按质量管理制度需要的各类的检测报告，系统可以进行标准化归档及效期预警管理，如图 5－6 所示。检测报告具体的必检的项目也可在系统中明确要求，便于供应商自查，避免漏项。

物料编码

物料名称	贸易商信息			生产商信息			外检报告
	贸易商名称	营业执照期限	食品经营许可证期限	生产商名称	营业执照期限	食品生产许可证期限	
**牛奶测试	上海悦孜咨询企业信息有限公司	2024-12-31	NA	NA	NA	NA	3.png
**小麦草测试	**设备有限公司-测试	2059-12-31	NA	XX食品有限公司	2024-11-04	NA	11.png

图 5－6　索证索票一览表页面示意图

业务部门可以对供应商的信息及资质进行初步审核，评估供应商资料的合规性和风险等级，有效防止与不具备资质的供应商合作，从而降低后续流程的风险。对于未通过审核的情况，系统自动通知供应商及相关部门跟进并补充材料。整个供应商信息审核进程及结果在关键节点上，系统会自动提醒管理部门及供应商。

供应商及产品信息可以通过多种途径获得，可以集成企业其他系统调用接口匹配已有的供应商信息、以预设格式批量导入系统或授权供应商自行输入信息等方式，也可以组合使用这些方式获取有效数据等，从而减少传统审核单一的信息获取方式造成的低效沟通问题。此外，通过权限设置，供应商及相关部门可授权填报数据、查看权限内的报表、参与审批流程等。

(二) 现场审核计划安排及任务可视化

供应商审核安排分类两类：一是由业务部门手动发起的准入审核、质量事件审核、飞行审核等。根据业务发展和管理要求，在系统中生成审核计划，并将审核任务安排给内外部审核人员，如图 5－7 所示。同时，系统生成《审核通知》告知供应商做好审核准备。

图 5－7　准入审核发起页面示意图

另一类是系统自动生成审核计划，系统根据供应商上次审核结果和风险等级，按照企业的审核频次要求自动安排下次的审核时间。业务部门可对初步的审核计划进行调整及安排审核员，如图 5－8 所示。整个审核计划和任务流程全程可视化，使供应商审核工作组织和分工清晰明了，便于监督和执行。

(三) 现场审核报告及整改跟进

业务部门可在系统中配置或导入不同类型供应商的审核表模板，供审核员后期直

图 5－8　年度审核计划页面示意图

接使用，如图 5－9 所示。同时，业务部门可定期审视更新审核标准与流程，积累历史审核案例，将审核思路及指引文件整理成标准化材料，用于新人及审核员培训。

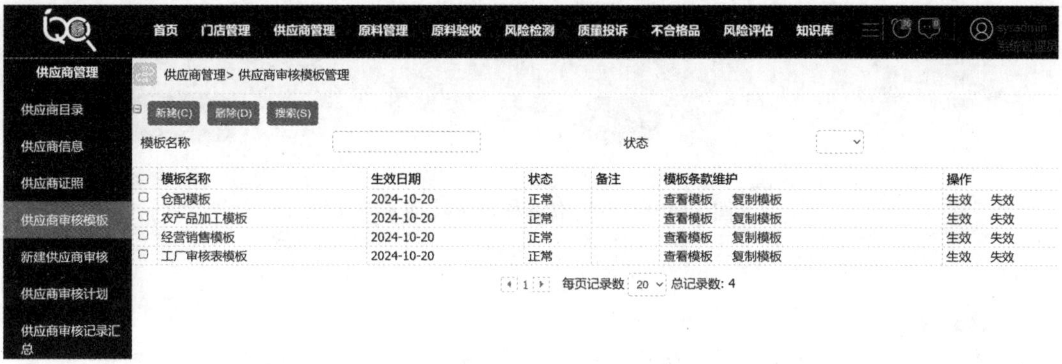

图 5－9　审核表模板页面示意图

审核员可在系统中确认审核计划，现场审核前可查看审核历史数据，然后根据既定的审核表通过电脑端或手机端方式编写审核报告。系统根据审核员对每个条款的评分、描述及审核证据附件，自动生成审核报告和不符合项汇总报告，如图 5－10 所示。审核报告经管理人员审批后，根据审批建议，确定是否需要限时整改，复审，审核不通过或特殊放行等。若需整改，供应商需在规定时间内提供整改措施及证据，审核员验证后，方可关闭归档此次审核，如图 5－11 所示。

基于审核数据，系统可生成多维度数据分析报告，评估不同供应商的表现，识别高风险供应商，分析高风险的不符合项及因素，如图 5－12 所示，通过相关性分析发现潜在的规律和问题，为优化供应商管理提供数据支持。

图 5-10　手机端审核评分页面示意图

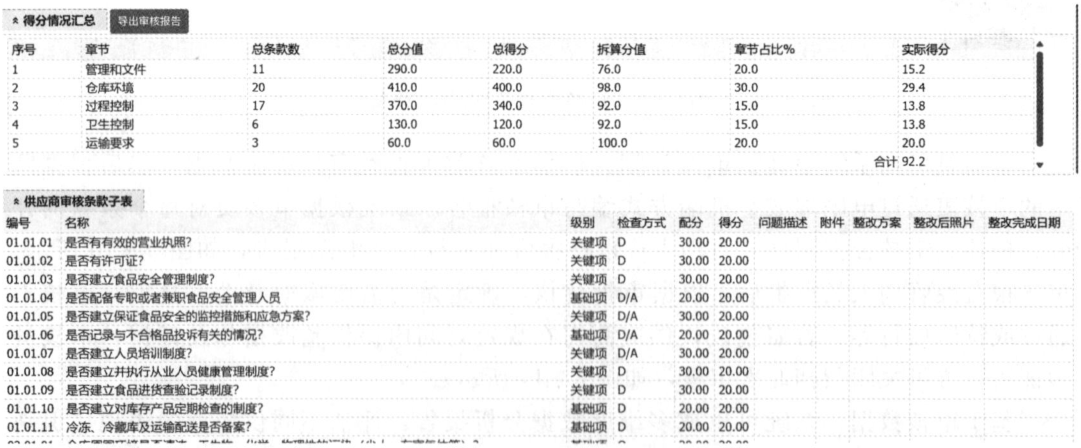

得分情况汇总　导出审核报告

序号	章节	总条款数	总分值	总得分	拆算分值	章节占比%	实际得分
1	管理和文件	11	290.0	220.0	76.0	20.0	15.2
2	仓库环境	20	410.0	400.0	98.0	30.0	29.4
3	过程控制	17	370.0	340.0	92.0	15.0	13.8
4	卫生控制	6	130.0	120.0	92.0	15.0	13.8
5	运输要求	3	60.0	60.0	100.0	20.0	20.0
							合计 92.2

供应商审核条款子表

编号	名称	级别	检查方式	配分	得分	问题描述	附件	整改方案	整改后照片	整改完成日期
01.01.01	是否有有效的营业执照?	关键项	D	30.00	20.00					
01.01.02	是否有许可证?	关键项	D	30.00	20.00					
01.01.03	是否建立食品安全管理制度?	关键项	D	30.00	20.00					
01.01.04	是否配备专职或者兼职食品安全管理人员	基础项	D/A	20.00	20.00					
01.01.05	是否建立保证食品安全的监控措施和应急方案?	关键项	D/A	30.00	20.00					
01.01.06	是否记录与不合格品投诉有关的情况?	基础项	D/A	20.00	20.00					
01.01.07	是否建立人员培训制度?	关键项	D/A	30.00	20.00					
01.01.08	是否建立并执行从业人员健康管理制度?	关键项	D	30.00	20.00					
01.01.09	是否建立食品进货查验记录制度?	关键项	D	30.00	20.00					
01.01.10	是否建立对库存产品定期检查的制度?	基础项	D	20.00	20.00					
01.01.11	冷冻、冷藏库及运输配送是否备案?	基础项	D	20.00	20.00					

图 5-11　审核记录页面示意图

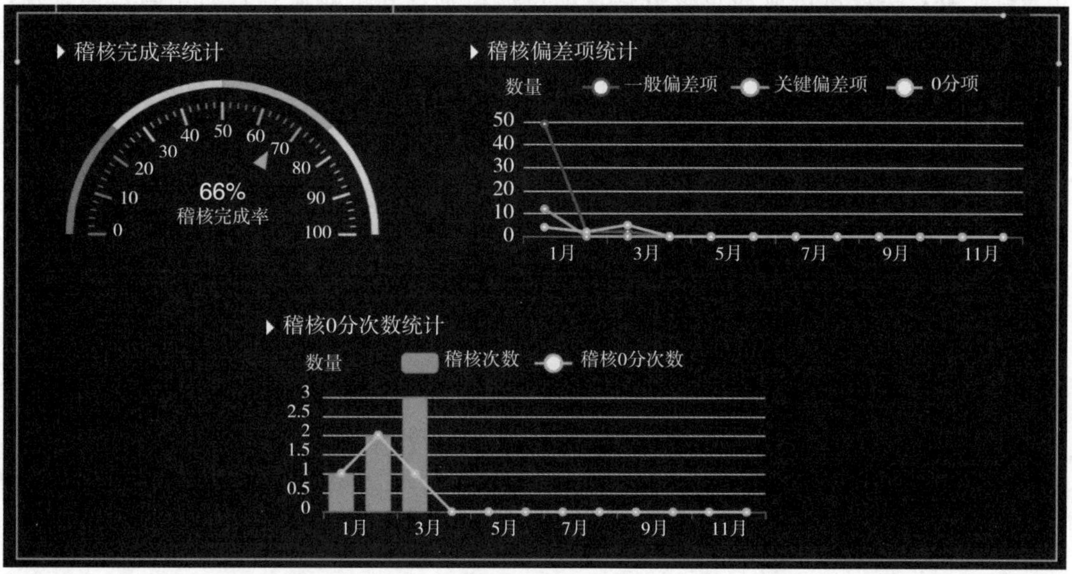

图 5－12　审核数据分析部分页面示意图

（四）食品质量知识库

食品质量审核知识库具有文件上传、授权分发、下载等管理功能，能够根据不同分类及群体将指定文件共享给相关部门及供应商，文件种类涵盖供应商审核标准及指南、企业质量要求及制度、检验检测要求、法规库、行业资讯等，如图 5－13 所示。

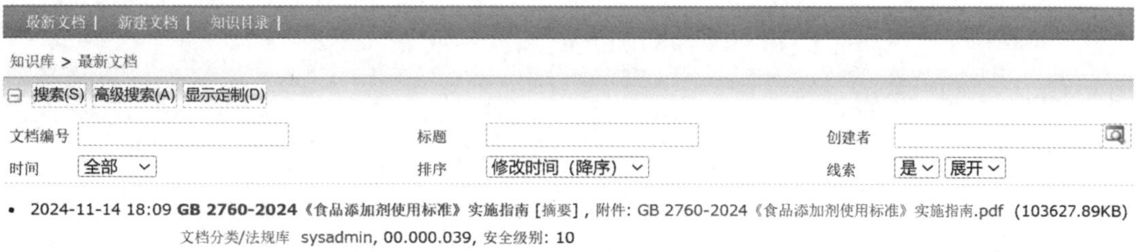

图 5－13　知识库页面示意图

整个供应商审核模块专为食品行业设计，基于行业通用的审核流程和规范，同时具备高度的灵活性和可扩展性，可以强化食品加工、连锁零售、餐饮茶饮等企业对供应商审核工作的管理，深化企业对供应商审核数据的细致分析，显著提高了审核工作的效率和透明度。

七、本章小结

在信息技术的迅猛发展和供应商审核管理规范化的双重推动下，食品企业供应商审核系统功能正迎来功能上的持续优化与创新迭代。这将促使企业更高效地运用数字化系统工具，实现从供应商审核数据自动便捷识别，到审核流程自动化的延伸管控，再到审核数据自动验证及风险预警精准度提升等细致功能的持续升级。

展望未来几年，预计食品行业对于供应商审核系统及质量管理系统的普及应用将会迎来快速增长，这将进一步推动食品行业在供应商审核方面向更高效、更规范的方向发展。

悦孜咨询公司将继续在数字化审核及供应商质量管理系统领域积极探索和实践，致力于分享更多良好实践案例。若大家关于供应商审核系统希望进行交流讨论，欢迎联系我们（yulia. yao@iqc - china. com）。

第六章

食品供应商审核的发展趋势与展望

食品企业普遍认为，在食品安全管理中最为棘手的环节是供应商管理。鉴于供应商能力良莠不齐，加之供应产品风险各异，识别与控制这些风险就成了一项艰巨而长远的任务。20 世纪末，国际上一些大型食品企业开始重视供应商管理，催生了供应商审核的理念与实践，这一做法逐渐在食品行业普及。随着现代食品安全管理体系的不断完善，供应商审核已成为供应商管理中最常用的策略之一。

食品供应商审核并非一成不变，而是随着时间推移持续进化。审核标准、审核人员的专业能力以及审核的核心价值都在不断升级和迭代，尤其在 AI 兴起后，数字技术在供应商审核管理中的应用日益广泛。

本章将深入探讨这些变革，以洞察和理解供应商审核未来的发展趋势。

一、审核标准的变化

为更好地契合现行法律法规及相关利益方诉求，审核标准正处于持续优化与升级中。以 GFSI 为例，其惯例是每四年发布一次最新对标文件。一旦新版发布，已获认可的标准需依据新版要求进行更新。例如，产品防护与食品安全文化要素也是近年来作为对标要求加入对标文件中，目前已被所有获认可的标准纳入。这些变化也体现了近年来审核标准的不断完善。

无论企业是直接遵循上述广为认可的审核标准，还是间接借鉴这些标准制定自己的审核框架，都需深刻认识到供应商审核标准需要动态变化。鉴于内外部环境的变化无常，为确保供应商的产品合规、安全并符合客户期望，审核标准也需与时俱进。尤为重要的是，在制定供应商审核标准时，务必秉持与时俱进的理念，切忌仅凭过往经验行事，否则可能忽略一些核心风险环节。为简化操作，企业可紧跟主流标准步伐，直接采纳或同步升级自身的供应商审核标准，从而提升审核效能，确保审核工作的精准与实效。

二、审核人员的变化

根据 GFSI 发布的《食品安全审核员专业发展框架》，食品安全审核目前面临严峻挑战，表现为审核员数量大幅下降，且该领域缺乏新人才。此外，据相关报告，审核的一致性和质量也在下降，这对整个行业的食品安全制度和实践构成了严重威胁。虽然这些威胁主要来自欧洲市场，但中国也面临类似情况。

20 年前，食品安全审核员在中国是一个受人尊敬的职业，也是优秀人才向往的职业发展方向。然而，随着市场竞争加剧，审核员收入增长缓慢，且需长期出差、无法照顾家庭，导致食品安全审核员逐渐成为一个普通岗位。在这个过程中，食品审核人员也发生一系列变化。

（一）审核人员的专业能力不足

在 GFSI 颁布的《食品安全审核员专业发展框架》中，清晰界定了审核员须具备的两大能力：核心能力和审核交付能力（见图 6－1）。值得注意的是，审核的执行过程并非遵循一种刻板的线性模式，而是一个充满动态性且全面的过程。这一过程涵盖知识、技能和意识等多个维度，这些维度相互交织，共同构成了审核人员的专业能力体系。

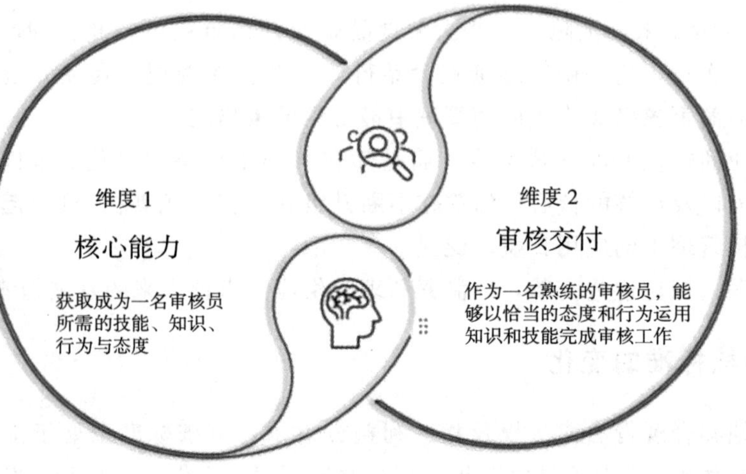

图 6－1　审核员实施过程应具备的能力

因此，食品安全审核并非易事，对审核人员的专业素养要求极高。然而，当前供应商审核人员的专业度存在不足，主要体现在以下两方面：

（1）知识与技能层面：由于供应商审核人员无需持有正式认证审核员资格，他们往往缺乏食品安全领域的专业教育背景，也未积累实际的企业运营经验，导致审核工作流于表面，无法全面、科学地评估供应商的食品安全管理水平。

（2）态度与行为层面：由于缺乏持续有效的监管及面对繁重工作量的压力，部分审核人员未能深入企业现场及与各级员工充分交流，审核活动往往沦为任务导向，仅以交付审核报告为目的。

针对当前审核人员专业素养不足的问题，企业亟须构建系统化的人才培养与监管机制。具体到审核人员的培养，企业可参考前文第五章关于审核人员管理与能力提升的内容，精心培养一批高素质的专业审核员。若企业内部资源或能力不足，可寻求与第三方平台合作，这也是一个明智的选择。以“一起食安行”为例，该平台是食品行业从业人员终身学习的平台，提供从入门到精通的课程体系。企业可借助此类平台合作，定向培养所需的审核人才。在确保审核人员掌握必要知识与技能后，还应关注审核员的职业态度与行为规范。行业普遍采用的监管机制，尤其是第三方认证审核员的成熟管理方式，值得企业借鉴。例如，IFS 国际卓越标准机构基于风险评估，采取诚信监督审核，随机抽取一定比例的审核员进行监督审核，这一做法为企业提供了可参考的监管模式。

（二）审核人员短缺

随着市场竞争加剧和消费者对品牌信赖度的提升，行业资源向领军企业聚拢。食品行业的集中度攀升，已成为当前行业发展的显著特征，催生了企业对供应商审核工作的广泛投入。过去，只有少数企业实施供应商的审核与管理；如今，集团企业、连锁企业及知名品牌企业都启动了供应商审核流程，导致合格审核员的匮乏问题愈发凸显。

由于审核员职业特性，从业者需长期在外奔波，频繁前往供应商实地进行审核，这对个人生活和家庭无疑是严峻考验。对于00后员工而言，这种工作模式往往缺乏吸引力。此外，部分现职审核员为70后甚至更早年代出生，现已临近退休年龄，人员更替迫在眉睫。上述情况共同作用，导致短期内人员短缺问题难以缓解。

鉴于当前审核人员不足的问题，为确保业务顺利进行，亟须采取以下措施：

(1) 吸纳专业人才，构建职业成长通道：主动吸引具备食品安全背景的大学毕业生，为其规划从入门级到专家级的职业发展路径，增强岗位吸引力和人才留存率。

(2) 跨部门人才转型，强化内部资源利用：鼓励非质量部门员工向审核岗位转岗，并提供专业培训，确保其具备相应技能。同时，在公司内部明确审核员角色的重要性，激发员工主动转型的动力，优化人力资源配置。

(3) 灵活运用兼职模式，平衡工作与生活：鉴于部分资深审核员因个人原因难以承担长期出差任务，可适当引入兼职审核员机制。这既能满足其工作与生活的平衡需求，又能缓解审核工作高峰期的人手紧张状况，实现双赢。综上所述，通过上述措施的实施，我们不仅能够解决审核人员短缺的问题，还能构建更加合理高效的人力资源管理体系，为公司的持续发展奠定坚实基础。

三、审核的价值演变

供应商审核作为企业供应商管理体系的关键环节，其重要性不言而喻。然而，随着企业不同发展阶段的变化，供应商审核所凸显的价值亦呈现出差异性，具体如图6-2所示。根据企业管理体系的成熟程度，其价值依次体现为：提供符合标准的证明、识别潜在风险和促进持续改进。

图6-2 审核的价值

(一) 提供符合性的证据

作为最基本目的，供应商审核旨在确认供应商是否严格遵守相关法律法规、食品安全标准及采购方要求。通过审核过程，采购方可以收集充分证据，证明供应商的作业流程和管理体系符合既定审核标准。因此，本阶段供应商审核的核心价值在于提供合规性证据，为供应商的遴选与评估提供客观依据，企业关注焦点集中在评估分数上。

(二) 识别潜在风险

当企业供应商管理发展到一定阶段后，逐渐认识到量化评分并非全貌反映。例如，评分较高的供应商，其客户投诉率可能高于评分较低的供应商。因此，企业的视角不再局限于分数，而是转向更审慎地考量风险。在供应商审核流程中，企业希望审核人员能精准识别食品安全管理中的潜在风险环节，包括原料品控、生产流程、仓储和物流等多个维度。在审阅审核报告时，企业的关注焦点不仅在于总分和合格与否，更在于深入探究不符合项及其可能诱发的风险。依据审核过程中识别的风险，企业能够更精准地制定管理决策，确保供应链的稳定与安全，从而实现更稳健的经营发展。

（三）促进持续改进

在供应商审核的严谨程序中，识别出的各类风险的最终目标是希望供应商将这些风险管控至可接受水平。通过周期性的审核与评估，企业能够持续激励供应商改进其食品安全管理体系，从而全面提升食品安全标准。供应商食品安全审核，并非一蹴而就之举，实为一个持续的过程。经由周期性的审核与评估，企业得以持续激励供应商精进其食品安全管理体系，从而全面提升食品安全之标准。

综上所述，供应商审核的核心价值不仅在于提供符合性证据，更在于识别风险和推动改进，这些要素都应融入企业的供应商管理策略中。随着企业供应商管理体系的日益完善，对供应商持续改进能力的关注显得尤为重要，供应商审核正是驱动供应商改进的关键策略。唯有如此，企业与供应商才能携手并进，相互赋能，共创辉煌，奠定企业长青的基石。

四、新的数字化工具应用

随着数字化进程的加速，新兴工具在供应商审核领域的应用日益凸显。尤其在2020—2023年疫情期间，由于出行限制，远程审核曾一度成为企业评估供应商的关键手段。然而，远程审核的实施需要依托稳定高速的网络连接和高清晰度摄像头等技术支持，加上线上沟通的局限性，导致多数企业在疫情后未能继续采用。尽管如此，鉴于远程审核能显著削减差旅成本和时间消耗，时至今日，仍有一部分企业或其特定审核环节持续沿用此法。展望未来，若技术发展能有效克服远程审核的固有缺陷，其将成为现场审核不可或缺的辅助方式，与之相得益彰。

随着人工智能（Artificial Intelligence，AI）领域的日新月异，AI技术已然深深嵌入我们的工作与日常生活之中，其影响力不可小觑。近年来，企业界更是将AI技术广泛应用于供应商审核流程，具体体现如下：

（1）合规性审查：通过AI系统，企业能迅速对照供应商行为与全球各地法律法规，确保其合规性。此外，AI还能够执行标签合规性检查，进一步为合规审核提供支持。

（2）文件审核：利用AI工具，企业得以实现对文件的快速审阅，极大地提升了审核效率，为传统审核流程注入了新的活力。

（3）风险识别与预警：AI技术能够快速识别产品风险及行业潜在风险，为供应商审核提供有力的数据支持与分析，助力企业及时发现并规避潜在风险。

尽管目前食品行业尚未有AI独立执行审核的实例，但展望未来，全面应用AI技术于供应商评估的愿景有望实现。以国家能源集团物资公司为例，该公司已成功部署我国首套“智能无人评审系统”。该系统覆盖了非招标采购的全类别和全评审方式，智能评审的精确度高达97%，极大地提升了评审效能，并实现了采购评审流程的自动化和智能化转型。

五、总结

在前面的章节中，笔者从系统且全面的视角，详细阐述了审核工作的基础概览、流程管理体系、最佳实践及案例分析，为读者提供了极具价值的洞见和指导。在本章中，我们将聚焦于食品供应商审核领域的未来趋势和前瞻性思考，阐明审核标准并非一成不变，其演进需紧密贴合法律法规、安全标准及顾客期望的变化，以实现与时俱进。

随着时代的进步，审核人员的专业素养提升和人才储备成为不可或缺的一环。为适应这一需求，建立健全的培训与人才培养机制势在必行，以不断充实和优化审核团队的专业能力。同时，需深刻理解不同企业所处发展阶段对审核工作价值的差异化定位，从单纯提供符合性证据，逐步过渡到风险识别与持续引导供应商改善的深度。

科技的飞速发展推动了数字化工具在审核工作中的广泛应用，远程审核与人工智能辅助已成为供应商审核流程的常态，极大地提升了审核效率和准确性。因此，我们呼吁企业应前瞻性地认知并适应这些变革趋势，积极采取措施优化供应商审核流程，从而为企业的食品安全筑牢防线。

图书在版编目(CIP)数据

食品供应商审核实践/熊传武,汪伟伟主编. --合肥:合肥工业大学出版社,2025.
ISBN 978-7-5650-7218-5

Ⅰ.F426.82

中国国家版本馆 CIP 数据核字第 2025J53P28 号

食品供应商审核实践

SHIPIN GONGYINGSHANG SHENHE SHIJIAN

熊传武　汪伟伟　主编　　　　责任编辑　张择瑞

出　版	合肥工业大学出版社	版　次	2025年6月第1版
地　址	合肥市屯溪路193号	印　次	2025年6月第1次印刷
邮　编	230009	开　本	787毫米×1092毫米　1/16
电　话	理工图书出版中心:0551-62903204	印　张	19.25
	营销与储运管理中心:0551-62903198	字　数	433千字
网　址	press.hfut.edu.cn	印　刷	安徽联众印刷有限公司
E-mail	hfutpress@163.com	发　行	全国新华书店

ISBN 978-7-5650-7218-5　　　　定价:99.00元